KB202308

숨겨진 모험

숨겨진 모험

초판 1쇄 발행 | 2025년 6월 2일

지 은 이 | 팀 한셀

옮 긴 이 | 한원선
펴 낸 이 | 이한민
펴 낸 곳 | 아르카

등록번호 | 제307-2017-18호
등록일자 | 2017년 3월 22일
주   소 | 서울 성북구 숭인로2길 61 길음동부센트레빌 106-1805
전   화 | 010-9510-7383
이 메 일 | arca_pub@naver.com

홈페이지 | www.arca.kr
블 로 그 | arca_pub.blog.me
페이스북 | fb.me/ARCApulishing

책   값 | 뒤표지에 있습니다
I S B N | 979-11-89393-42-7 03230

아르카 ARCA는 기독출판사이며 방주 ARK의 라틴어입니다(창 6:15).
네가 만들 방주는 이러하니 ⋯ 새가 그 종류대로, 가축이 그 종류대로,
땅에 기는 모든 것이 그 종류대로 각기 둘씩 네게로 나아오리니 그 생명을 보존하게 하라 _창 6:15,20

숨겨진 모험

우리가 찾아내야 할 믿음의 열쇠

팀 한셀 지음 | 한원선 옮김

The Hidden Adventure

아르카

"미래는 이제 예전 같지 않은 무엇이다."

우리는 우리의 최선을 요구받게 될 역사상 가장 어려운 시기를 향해 나아가고 있습니다. 이런 때에, 이 책은 제가 "하나님께서 우리에게 주신 수많은 선물을 어떻게 탐구하며 온전히 활용할 수 있을까? 그것들은 무엇을 위한 것일까? 삶이라는 여행에서 궁극의 목적은 무엇일까?"를 다시 발견할 수 있는 기회가 되기를 바라며 쓴 것입니다.

_**팀 한셀**

탁월하다는 것은 평범하고 작은 일을 비범한 방식으로 수행하는 것이고, 우리는 사소함에 최선이어야 탁월함에 이른다는 큰 깨달음을 이 책을 읽으면서 여러번 느꼈다. 실패를 딛고, 다시 한번 용기 내어 도전을 준비하고 있는 모든 사람들에게 이 책을 추천한다. 이 책의 내용처럼 성공적으로 실패하는 능력을 통해 변화의 자유를 찾고, 온전한 내가 될 수 있는 모험으로의 초대에 응해보자. 가장 평범한 사람을 통해 놀라운 일을 이루시는 그분의 능력을 믿으며!

_**이윤재**, G&G School 이사장, (주)지누스 창업자 겸 이사회 의장

바람은 누구에게나 불어오지만, 아무나 그 바람으로 풍차를 돌리지는 않는다. 바람은 그것을 원망하고 무겁게만 느끼는 사람에게는 추위가 되고, 파괴로 남는다. 그러나 바람을 있는 그대로 인정하고, 그 속에서 새로운 가치를 발견하는 사람은 바람을 자신과 타인을 풍요롭게 하는 에너지로 변화시킨다.

이 책을 쓴 저자는 자신에게 닥친 시련에 낙담하지 않았다. 책에서도 조금 언급됐지만, 탐험가이자 등반가였던 저자는 미국 네바다주 시에라 산맥을 오르다 추락 사고를 당했고, 그 결과 심각한 장애를 입었다. 그는 극심한 고통 가운데에서 잠시 우울한 시기를 보내기도 했지만, 그를 창조하시고 주목하고 계셨던 하나님은 그를 다시 일으켜 세우셨고, 선하신 섭리 가운데 인도하셨다. 이 책은 그가 시련 속에서 묵상한 하나님에 대한 기록이고, 희망에 대한 이야기다.

저자는 하나님께서 우리에게 원하시는 믿음의 삶은 거룩한 땀을 마다하지 않으며, 우리 앞에 놓인 산을 용기 내어 오르는 것이라고 말한다. 그러한 모험을 통해 '무엇'을 해야 하고, '왜' 그래야 하며, '어떻게' 해야 할지를 배울 수 있으며, 그 결과 정상에 이를 수 있다고 말한다. 이 책에는 또한 '믿음'과 '모험' 등을 다룬 성경 말씀과 신학

적 가르침, 신앙 선배들이 몸으로 체득한 금언 등이 풍성히 담겨 있다. 무엇보다 저자의 확신에 찬 목소리는 신뢰를 더하게 한다. 그 확신은 자신이 몸소 경험해본 것이라 실제적이다. 또한 등반가들이 흔히 쓰는 전문용어들이 비유를 풍성하게 하고, 읽는 재미를 더한다.

저자가 사용한 등산의 전문용어 중 하나가 '약속 이동'이다. 암벽 등반에서 '피할 수 없이, 가장 중요한 곳으로 여겨지는 지점에서 움직이는 일'을 말한다. 대부분의 등산 초심자들은 등반용 줄이 몸에 감겨 있음에도, 대부분 겁을 먹고 움직이기를 마다한다고 한다. 저자는 바로 그 지점에서, 예수님께 묶여 있는 줄이 있음을 믿고 과감히 발을 내디디라고 말한다. "그분의 줄은 믿을만하며, 오랜 세월에 걸쳐 검증된 것"이라는 저자의 말은 참이다.

갈수록 믿음이 쇠퇴하는 시대에, 책에서 저자가 생생히 그려낸 '약속 이동'이 독자들의 체험이 되기를 바란다. 특별히 이 책은 우리 교회에 출석하는 믿음의 사람 한원선 집사님이 유학 생활 중에 은혜를 받은 책으로, 한국의 독자들을 위해 바쁜 시간을 쪼개 번역한 소중한 책이기에 더욱 귀하다. 적극 추천하는 바이다.

_호용한, 옥수중앙교회 담임목사, (사)어르신의 안부를 묻는 우유배달 이사장.

옮긴이의 글

이 말도 안 되는 일은 제가 2002년에 신혼여행을 다녀온 후부터 시작되었습니다. 인사차 들렀던 학과의 교수님께서 제게 이 책의 원서를 선물해주셨습니다. 하지만 그 후 약 10년간, 이 책은 저의 책장에서 먼지만 쌓이고 있었습니다. 그러던 어느날 우연히 이 책을 집어들어 읽기 시작했는데, 이 책이 제 안의 작은 떨기나무에 불을 붙였습니다. 저는 이 감동을 감출 수도, 숨길 수도 없었습니다. 제가 사랑하는 가족, 친지, 친구들에게 모두 읽히고 싶은데, 한국어로는 아직 번역되지 않은 책이었습니다. 이토록 무모한 번역은 그렇게 해서 시작되었습니다. 하루에 한두 장씩, 어느 날엔 겨우 몇 문장을 번역해놓고도, 그 문장의 감동을 되새기느라 해가 저무는 것도 모르곤 했습니다. 그렇게 번역을 시작하고서, 달이 가고 해가 바뀌어갔습니다. 몇 년의 세월이 흘러, 드디어 이렇게 책으로 출판됩니다. 제게는 감동 그 자체입니다! 그 긴 시간 동안, 제가 이 일에 대해 잊을 만하거나 포기할 만하면 제게 말씀으로, 삶의 상황으로 등을 떠밀어주시고 격려해주신 주님의 손길이 계셨음을 고백합니다.

이 큰 사역에 동참해주신 옥수중앙교회 호용한 목사님과 청년부에게 감사드립니다. 서투르고 투박한 번역이 책의 형태가 되게끔 해주신 아르카의 이한민 대표님과, 아낌없이 지원해주신 플러스파운틴㈜의 김우진 대표님께 감사드립니다. 또한 넘치는 격려와 함께 이 책의 내용을 온전히 삶을 통해 보여주고 계신 ㈜지누스 창업자이시며 G&G School의 이사장이신 이윤재 회장님께 깊은 감사를 드립니다. 마지막으로, 저의 든든한 지원군이자 서포터가 되어주는 남편과 딸에게 감사를 전합니다.

이 책을 번역하는 과정이야말로 평범한 사람을 통해 일하시는 주님을 제 삶 가운데에서 경험하는 놀라운 기회였습니다. 이 책을 읽는 모든 분께 동일한 축복이 임하시길 기원합니다.

_한원선

당신이 해본 적 없는
믿음의 모험으로 초대합니다

어느 날 어린 소년이 엄마에게, 다윗이 돌로 골리앗을 쳤을 때 골리앗이 뭐라고 말했는지 아느냐고 물었습니다. "엄마는 골리앗이 말을 했다는 것도 몰랐는데?"라고 엄마가 말하자, 소년은 알고 있었다는 듯 고개를 끄덕이며 말했습니다.

"골리앗이 정말 그랬다니까요! 다윗이 새총에 돌을 넣고 던져 골리앗의 두 눈 사이를 맞히니까, 이렇게 말했대요. '으윽, 이런 일이 일어날 줄 상상도 못 했는데…'"

이 책을 쓴 목적도 어쩌면, 지금까지 당신 마음속에 한 번도 있지 않았을 새로운 아이디어를 당신에게 드리기 위함입니다. 이 책이 그렇게 무거운 내용은 아니지만, 그래도 미리 경고는 하고 싶네요. 이 책은 당신을 자극하고 도전하여 새로운 차원의 생각을 하게 하여서, 마침내 행동하게 할 것입니다.

예레미야서 30장 2절은 말합니다. "이스라엘의 하나님 여호와께서 이와 같이 말씀하여 이르시기를 내가 네게 일러 준 모든 말을 책에 기록하라."

지난 20년간, 특히 정상탐험대Summit Expedition와 함께한 17년간, 하나
님께서는 이 책에 드러내신 개념들을 제 삶에서 강조해오셨습니다. 따
라서 저는 그것을 기록해야만 했습니다. 이 책은 문자 그대로 '삶을 변
화시키기 위한 책'입니다. 이 책의 중요한 목적 중 하나는 "하나님께서
우리에게 필요한 것을 늘 공급해주시며, 우리는 그것을 사용해야 한
다"라는 걸 생각나게 해드리려는 것입니다.

이 책이 적어도 한 사람의 삶은 변화시켰다고 저는 확실히 말할 수
있습니다. 바로 저이기 때문입니다. 저는 이 책대로 살았고, 이 책 속의
진리가 살아서 역사한다는 것을 발견했습니다.

이 책의 기본 주제는 두 단어로 요약할 수 있습니다. '거룩한 땀'holy
sweat입니다. 당신이 바로 이렇게 묻는 말이 들리는군요. "우리가 힘을
쓸 때 나오는 냄새 나는 땀이 어떻게 거룩한가요?" 네, 맞습니다. 말이
안 되는 모순 같지요? '거룩'과 '땀'이라니, 두 단어는 전혀 어울리지
않습니다. 그렇지요. 하지만 바로 이것이 요점입니다.

'거룩한 땀'은 '모순어법'oxymoron입니다. 두 개의 반대되는 단어로 이
루어진 형용 모순적인 말이지만, 이 단어들이 합쳐졌을 때는 놀랍도
록 새롭고 흥미로운 이미지를 전해줍니다. 다른 말로 하면, 두 개의 다
른 개념이 병렬로 이어진, 전혀 새로운 개념이라고 할 수 있습니다. 이
말은 우리를 즐거운 방법으로 놀라게 하는 것이고, 새로운 사고방식을
갖게 합니다.

'거룩한'이라는 단어는 우리에게 가장 중요한 소명을 다시 한번 일깨워줍니다. '땀'은 우리가 그 소명을 이루는 과정에서 일어나는 지속적인 변화와 갱신을 의미합니다. 어쨌든, '거룩한 땀'은 모순입니다. '거룩한'에는 우리가 기독교인으로서 공통으로 느끼는 유대감이 있지만, '땀'은 우리 스스로 해야만 하는 '무엇'입니다. 성경은 이런 모순적인 말로 가득 차 있습니다. 우리가 자신을 찾기 위해서는 자신의 삶을 버려야 한다, 살기 위해서는 죽어야 한다, 얻기 위해서는 주어야 한다, 옳다고 인정받기 위해서는 잘못했다는 것을 시인해야 한다, 가장 약할 때 강하고, 가장 작을 때 위대해진다 … 등등.

하나님이 인간으로 오셨다는, 즉 말씀이 육신이 되었다는 성육신의 개념도 사실 역설이며 모순입니다. 하지만 이런 모순이야말로 심오한 진리를 발견해나가는 좋은 방법입니다.

모순paradox이라는 단어의 어원은 '영광과 함께'para and doxia입니다. '거룩한 땀'은 그런 개념인 겁니다. 제가 전달하고자 하는 이미지는 영과 육, 곧 성스러운 것과 육체적인 것, 두 모습의 적극적인 혼합이며, 우리가 기독교인이라고 불리는 삶의 중심에 있는 심오한 모순입니다.

'거룩한 땀'은 거룩이 우리 안에 있으며, 그것이 우리로부터 쏟아져 나오길 기다리고 있으며, 우리가 생각했던 것보다 그것에 다가가기가 훨씬 쉽다는 것을 나타내줍니다. 그것은 '물집이 잡힌 은혜'이며, '분에 넘치는 구원'입니다. 이렇게 놀라운 이미지를 통해, 그동안 기독교인의 삶에 대해 당신이 갖고 있던 생각이 바뀌기를 바랍니다. 당신 안에 있는 모순, 그 놀라움과 가능성을 볼 수 있기를 바랍니다.

영과 육은 만날 수 있고, 만납니다. 우리는 종종 영적인 것과 육적인 것을 구분하는 심각한 실수로 인해 하나님께서 우리 안에 심어주신 능력을 약화시킬 때가 많습니다. 우리는 성경의 첫 장에 나오는 것들, 곧 하나님께서 창조하신 것들이 사랑, 선, 믿음, 희망 같은 무형의 무엇이 아니라, 땅, 식물, 동물, 남자와 여자 같은 유형의 무엇임을 다시 한번 기억해야 합니다. 영적인 것과 육적인 것은 태초에 서로 배타적이지 않았으며, 이 주제는 성경 전체에 일관되게 남아 있습니다.

성경은 변화된 인생들과 세속적인 이야기, 실제 일어난 사건들로 가득 차 있습니다. 선별된 개념이나 이론의 기록이 아닙니다. 우리는 성경에서 관념적이거나 미묘한 원리가 아닌, 살아계신 하나님과 그분의 백성 사이의 실제 만남을 보게 됩니다. 성경의 놀라운 진리는 우리가 외워야 할 몇 가지 고립된 원칙이 아니라, 삶을 진정으로 변화시키는 이야기들을 통해서 알게 됩니다.

우리 개개인도 하나님께서 그분 자신을 나타내고 계시는 각각의 독특한 이야기입니다. 나는 엘리 위젤Elie Wiesel이 "하나님은 이야기를 너무나 사랑하셔서 인간을 만드셨다"라고 한 멋진 말을 좋아합니다.

이야기story라는 단어는 그리스어인 '알다'eidenai(to know)에서 왔습니다. 당신의 이야기는 중요합니다. 당신이 어떻게 살아가느냐를 보여주는 것입니다. 그리고 성경에서 가장 놀라운 미스터리는 하나님의 이 말씀입니다. "네 본질이 무지한 시대의 욕망에 의해 변형되지 않도록 네 삶의 모든 영역에서 거룩하라. 이는 너를 부르신 이가 거룩하심이니라. 성경에 기록된 것처럼, 내가 거룩하니 너희도 거룩하라"(베드로전서

1:15-16, 필립스성경의 역자 번역).

우리는 거룩한 삶을 살도록 부르심을 받았습니다. 제가 아는 한, 예외가 없습니다. 하지만 이 말이 무슨 뜻일까요? 저는 거룩함이 개념 이상의 무엇이라고 믿습니다. 우리의 삶은 거룩해지기 위한 것입니다. 고통의 순간에도 즐거운 순간에도, 삶을 충만하게 살아가려고 애쓰는 우리의 모든 노력은 거룩해질 수 있습니다. 언젠가 아브라함 헤셸Abraham Heschel이 이토록 아름답게 말한 적이 있습니다. "존재 자체가 축복이다. 살아가는 것이 거룩이다."

이 책은 축복과 모험으로의 초대장입니다. 그 중심에는 제가 개인적으로 '절정(絶頂)의 삶을 사는 과정'process of personal peak performance이라고 이름 지은 것이 있습니다. 이것이 바로, 이미 당신 안에 있는 거룩을 꺼내는 열쇠입니다. 원칙이 아니라 열쇠라고 부르는 데는 분명한 이유가 있습니다. 열쇠는 상대적으로 작고 단순한 도구이지만, 당신이 원하는 것을 열어서 꺼내는 데 매우 유용하게 사용됩니다. 단순히 열쇠를 돌림으로써, 광대한 자원의 창고가 당신에게 열리게 됩니다. 또한 그것이 열쇠라고 불리는 이유는, 우리가 그걸 이미 주머니 속에 넣어두고 다니기 때문입니다. 제 기도는, 당신에게 있는 한 개 혹은 여러 개의 열쇠들이 하나님께서 이미 당신에게 주신 어마어마한 가능성을 해방시켜, 당신이 사용하도록 하는 것입니다.

'절정의 삶'라는 말이 좀 어색하다는 건 인정합니다. (원서의 표현은 peak performance인데, 직역하면 '최고의 성과'여서, 이 책에는 '절정의 삶'

으로 옮겼습니다. 한글 사용자에겐 아마도 '절정의 삶'보다 '최선의 삶'이라는 말이 더 와닿을 겁니다. 역자와 편집자의 주.) 세상은 이런 말을 우리가 정신 바짝 차리고 불굴의 정신력을 발휘해서 늘씬한 몸매를 유지하거나, 상장이나 트로피, 높은 연봉이나 칭찬 또는 최고의 훈장을 받는 공적(功績)의 행동으로 간주해왔습니다. 하지만 제가 말하는 절정의 삶이라는 개념은 그런 공적에 근거한 것이 아닙니다. 이 책은 '성공에 이르는 10단계의 쉬운 방법' 같은 것이 아니거든요. 이 책에서 말하는 최고의 인생이 된다는 것은 깊이있는 영적 기초를 바탕으로 한 것으로, 완벽이 아니라 온전함을 향하는 거룩한 생활방식이 우리 안에 형성되도록 도와주는 과정입니다. 여기에는 자유롭다는 차이가 있습니다.

그렇다면, 이 책은 무엇일까요? 이 책은 지침서가 아닌 일종의 '발견'입니다. '숨겨진 모험'hidden adventure으로의 초대이며, 그 모험을 향한 축복입니다. 숨겨진 모험이란 '섬김의 리더십'에 관한 것이며, 온전함에 관한 것이며, 펼쳐지는 계시에 대한 흥분이며, 당신이 될 수 있는 최고의 인생이 되려는 열정이며, 그 정점(頂點), 곧 절정에 이르게 되었을 때, 그것을 몽땅 남에게 거저 주는 것입니다. 그리고 … 이 모든 것의 중심에는 '기쁨'이 있습니다.

"그런 걸 내가 어떻게 해?"라며 당신이 당황하고 있다면, 어쩌면 잘못된 질문일지 모릅니다. 대신 저는 이렇게 묻기를 바랍니다. "내가 어떻게 그런 사람이 될 수 있지? 내 안의 깊은 곳에 이미 존재하는 진정한 내가 어떻게 될 수 있다는 거지?"

세상에는 엄청나게 다양한 종류의 좋은 소식과 나쁜 소식에 대한 이야기가 있습니다. 그중에서도 저는 의사를 만나러 간 어떤 환자의 이 이야기를 좋아합니다.

의사가 환자에게 말합니다. "좋은 소식과 나쁜 소식이 있습니다."

환자가 말합니다. "좋은 소식부터 말해주십시오."

의사가 말합니다. "좋은 소식은 당신이 앞으로 24시간을 살 수 있다는 것입니다."

그러자 환자가 놀라며 묻습니다. "그게 좋은 소식이면, 나쁜 소식은 도대체 뭡니까?"

의사가 주저하며 말합니다. "나쁜 소식이란 바로 … 제가 어제 환자분께 전화를 못 드렸다는 것입니다."

대부분의 사람이 자신의 가능성 가운데 오직 10퍼센트만 실현하며 산다는 이론가들의 가설을 저는 받아들입니다. 작가 존 파월Author John Powell은 사람들 대부분이 세상의 아름다운 것들 가운데 10퍼센트밖에 보지 못하며, 살아가면서 맛있는 음식의 10분의 1밖에 맛보지 못한다는 놀라운 사실을 우리에게 깨닫게 해주면서 이 가설을 통찰력 있게 설명합니다. "사람의 심장은 오직 10퍼센트만 사랑에 깨어 있고, 사람의 마음은 할 수 있는 생각과 반응과 이해의 아주 작은 부분만 수용한다." 이것이 나쁜 소식일까요? 아니면 좋은 소식일까요? 글쎄요.

나쁜 소식은 많은 사람이 단지 정보나 동기가 부족해서 자신의 최고의 삶을 살아가는 때를 놓친다는 것입니다. 하지만 좋은 소식은, 당신의 선택 여부에 따라 나이나 상황과 상관없이, 당신 인생의 절정의 때는 지금도 당신 앞에 있다는 것입니다. 왜냐하면 90퍼센트에 달하는 당신의 가능성은 아직 손이 닿지 않았고, 사용되지 않았을 뿐 아니라, 여태 발견되지도 않았기 때문입니다. 이건 그냥 좋은 소식이 아니라 믿기 힘들 만큼 기쁜 소식입니다! 또한 앞에 나온 의사와 환자의 이야기와 달리, 당신의 가능성에 손을 대는 일은 결코 늦지 않았습니다. 이 책에 나와 있는 '절정의 삶의 열쇠'는 이 일을 염두에 두고 디자인된 것입니다. 또한 놀라운 것들로 가득 차 있습니다. 얼마나 많은 절정의 삶의 개념이 죄다 사라지는 것으로 결말이 나고 있습니까.

아, 제가 너무 앞서나간 것 같습니다.

당신도 알게 되겠지만, 이 책은 예사롭지 않습니다. 우리도 평범하지 않은 사람이 되도록 부르심을 받았거든요. 이 책은 아마도 '그걸 내가 어떻게 해?'보다, '나는 왜 안 돼? 못 할 건 또 뭔데?'에 대한 책일 겁니다. 바로 여기에서, 바로 지금 말이지요.

우리는 우리 안에 계신 예수 그리스도의 능력을 알아야 하고, 그 능력에 손을 대야 합니다.

제가 배운 성경 말씀 중에서 가장 최고는 고린도후서 13장 3절입니다. "너희가 대하는 예수님은 네 외형의 모습처럼 약하신 분이 아니다. 네 안에 계신 엄청난 능력의 주님이시다."(필립스성경의 역자 번역)

시인 웬델 베리poet Wendell Berry가 말한 것처럼, 우리는 계속해서 '부활을 실천'practice resurrection하도록 부르심을 받았습니다. 이 메시지는 바울이 에베소서 3장 14-21절에 기록한 말씀에 가장 잘 나타나 있는 것 같은데, 이것이 또한 이 책의 성경적 바탕이 되는 말씀입니다. 필립스 성경은 이 구절을 "너희가 너희 안에 일하시는 하나님의 능력을 알기를 기도하노라"라는 말로 시작합니다.

> 내가 주님의 이 위대한 계획을 생각할 때, 나는 하나님 앞에 무릎 꿇고, 그분의 영광의 풍성하심을 따라 성령이 우리의 내면을 강화시키시는 힘, 즉 예수님께서 진실로 우리의 마음과 믿음 안에 사신다는 것을 알게 되기를 기도합니다. 또한 여러분이 사랑 속에 뿌리를 내리고 터를 잡아, 모든 그리스도인이 예수님의 사랑이 얼마나 넓고 깊고 높은지 깨달을 수 있게 되고, 여러분 자신이 우리의 이해를 초월하는 그분의 사랑을 알게 되길 빕니다. 그리하여 여러분의 존재 자체가 하나님으로 가득 차기를 바랍니다. 우리 안에서 일하시는 분의 능력을 따라, 우리가 구하거나 생각하는 것 이상으로 더욱 넘치게 주실 수 있는 분에게, 교회 안에서와 그리스도 예수 안에서 영광이 영원무궁하게 있기를 빕니다. 아멘. _에베소서 3:14-21, 필립스성경의 역자 번역

이것이 바로 우리의 목표입니다. 얼마나 멋진 목표입니까!

하지만 여기에는 위험도 있습니다. 이런 절정의 삶을 살아가려면 "우리가 왜 이런 삶을 살기를 바라야 하는가? 어떻게 그렇게 살 수 있는가?"에 대한 이해가 있어야 합니다. 그러지 않으면 우리 대부분은 쉽사리 '절정의 삶에 대한 전통적 이해'라는 곁길로 빠질 수 있습니다.

산의 정상에 오르려는 등산가들은 세 개의 가닥을 하나로 엮은 줄을 사용하는데, 그 줄은 500파운드, 즉 226킬로그램의 무게를 견딥니다. 한 가닥의 두께는 사람 손의 검지 정도입니다. 가닥 하나만으로는 결코 안전하지 않습니다. 하지만 그런 가닥들이 모이면 절대 끊어지지 않습니다. 등산가는 이 줄에 생명을 의지합니다.

등산가에게 세 가닥이 잘 꼬여 있는 로프가 대단히 중요한 것처럼, 이 책의 개념도 마찬가지입니다. 절정의 삶을 살아가려는 사람이라면 '무엇'을 해야 하는지를 스스로 아는 것에 만족하지 말고, '왜' 그렇게 살아야 하는지, 그리고 '어떻게' 사는 것이 하나님께서 우리에게 예전부터 계획해오신 '섬김의 리더십'을 가진 사람으로서 사는 것인지를 끊임없이 고민해야 합니다.

우리가 강해지기 위해서는 하나 또는 두 가닥으로 이루어진 줄이 아니라 세 가닥이 다 엮인 줄이 필요합니다. 그래서 이 책이 그렇게 구성되었습니다. 저는 첫째, 이런 새로운 삶의 방식이 '왜' 필요한지, 둘째, 그것이 '무엇'인지, 셋째, 우리가 '어떻게' 그렇게 살 수 있는지를 설명할 것입니다.

당신이 이 책을 읽을 때, 제 아이디어에 동의하거나 혹은 동의하지 않을 수도 있습니다. 어떤 경우라도 저는 만족하겠습니다. 왜냐하면 어떤 경우든, 이제 당신이 생각하게 되었기 때문입니다.

'이상한 나라의 앨리스'Alice's Adventures in Wonderland에 나오는 부엉이를 기억하시나요? 앨리스는 부엉이가 '답'을 알고 있다는 말을 듣고서 부엉이를 찾아 나섭니다. 부엉이를 찾은 엘리스는 "당신만이 그 답을 알고 있다고 들었어요"라고 말합니다.

부엉이가 답하지요. "친구야, 나에 대해 네가 들은 말이 다 맞아."

그래서 엘리스는 부엉이에게 물으려던 걸 물었습니다.

부엉이가 조심스레 답합니다. "그건 네가 스스로 찾아야 해".

엘리스가 화가 나서 말합니다. "나 스스로 찾아야 한다는 말이나 들으려고 너를 찾아온 건 아니잖아!"

"하지만 얘야…" 부엉이가 말합니다. "그게 바로 '답'인 걸."

이 책 속에 있는 내용들이 당신 스스로 답을 깨닫게 하며, 스스로 많은 생각을 하도록 자극할 수 있게 되기를 소망합니다. 그것이 언제나 답일 겁니다. 어쩌면 여러분에게 필요한 열쇠를 스스로 만들어내서 제가 찾은 열쇠들에 보탤 수도 있을 것입니다. 정말 그렇게 되길 바랍니다.

이 책의 내용들은 지금까지 저에게 역사하고 작동해온 것들입니다. 저는 온전함에 이르기 위해 매 단계에서 몸부림쳤습니다. 때로는 우회하기도 하고, 때로는 막다른 골목이나 막힌 길에 서보기도 하고, 여기저기 꾸불꾸불한 길을 걸어보기도 했지만, 이 책에 담겨 있는 내용들이 제 삶의 흥미진진한 하루하루의 일상이 될 수 있도록 끊임없이 씨름해 왔습니다. 이 책의 내용들이 당신에게도 역사하기를 기도합니다.

이 책은 '정답'answers이 되려는 것이 아니라 '창문'windows이 되려고 할 뿐입니다. 창문은 바깥을 보기 위한 통로입니다.

차례

 앞장서고 싶다면 맨 뒤에 서라

섬김의 리더십은 어떻게 하는 것인가? 228

1부

모험이 사라졌다,
믿음도 사라졌다

교회 의자가 너무나 편안해졌다

기독교인들이 쉽게 저지르는 실수는 하나님보다 신령하게 되려는 것이다. _프레드릭 비크너_Frederick Buechner_

평탄한 삶을 산다는 것은 대부분 따분하고 지루하고 흔한 삶을 산다는 것이다. 우리에게 가장 필요한 것은 우리의 인생을 열정적이고 창의적으로, 영적 투쟁이 가능한 삶으로 만드는 것이다.
_니콜라이 버디아브_Nikolai Berdyaev_

답을 찾기 위해 소리치고 있는 세대 가운데에서 기독교인들은 말을 더듬고 있다. _하워드 헨드릭스_Howard Hendricks_

당신은 혹시, 주말마다 죽어가는 집 앞의 잔디나 바라보며, 집에서 뒹굴고 있는 것에 신물이 나 있지는 않은지요? 당신이 생각하는 모험이란 게 그저 늦은 밤에 'TV스페셜'을 보는 데 국한돼 있지는 않은지요? 혹은 12시간의 지속력을 갖는 향수를 찾는 건 아닌지요? 당신의 삶에서 영적 성장이 지지부진하지는 않은지요? 삶의 참여자이기보다, 점점 방관자로 변해가고 있지는 않은지요? 위의 질문 중에서 만약 하나라도 익숙하게 들린다면, 다음의 질문에 정직하게 답하면서 자신을 평가해보기 바랍니다.

○ 당신은 기독교인으로서 그저 교회에 조용히 출석만 하고 있습니까?

○ 삶의 어떤 영역에서 그것의 한계까지 도전해보고, 생각한 것 이상의 뭔가가 당신의 삶에 더 있다고 느껴보지는 않았나요?

○ 당신이 독특하고 삶으로 충만하며, 가능성을 모두 실현하고 있다고 마지막으로 느낀 적이 언제였나요?

○ 기독교가 좋긴 하지만, 가끔 비현실적인 종교라고 생각해본 적은 없나요?

○ 당신이 생각하는 선한 기독교인의 삶이란 것이 그저 교회에 출석 잘하고, 기도문을 다 외우고 있는 것이라고 생각하나요?

○ 당신이 생각하는 위험이란 것이 어항을 자동차에 태우고 가는 정도의 일인가요?

○ 당신이 생각하는 성숙한 기독교인이란 것이 교회 안의 세 가지 위원회에 동시에 가입해 있는 건가요?

○ 당신이 생각하는 거룩함이란 것이 그저 주일에 깔끔하게 보이는 건가요?

○ 지금까지 한 번도 무언가를 놓치고 있다고 느껴보지는 않았나요?

만약 위의 질문 중에서 당신의 답이 하나라도 '예'가 된다면, 맞습니다. 당신은 그 무엇과도 비교할 수 없는 '모험'을 놓치고 계신 겁니다.

모험 상실 테스트

모험이 의미하는 바는 무엇일까요? 아래의 질문들에 답함으로써, 스스로 이 질문에 답을 해볼 수 있습니다.

○ 그동안 삶이 좀 지루하다고 느끼지는 않았나요?

○ 그저 기계적인 일상의 반복이라고 느끼지는 않았나요?

○ 당신이 '기독교인으로서 하는 모든 활동이 정말 주님의 충만하심을 경험하는 일일까'라고 스스로에게 물은 적이 있나요?

○ 당신은 시대의 필요보다 기독교인으로서 당신의 평판에 대해서만 더 신경 쓰고 있지는 않았나요?

○ 예수님을 위해 굉장히 급진적인 무언가를 하다가 그로 인해 문제에 빠진 적이 있었나요?

○ 무언가에 도전했다가 전부를 잃은 적이 있었나요? 그럼에도 불구하고 그 일을 통해 살아계신 하나님과 더 깊이 교제하게 되어, 오히려 그 일에 감사한 적이 있나요?

○ 당신은 정말 '나를 강하게 하시는 예수님을 통해 무엇이든 할 수 있다'라고 느끼나요? 혹은 이 구절(빌립보서 4:13)이 그저 암송하기에만 좋은 말씀이라고 생각하나요?

○ 당신의 믿음은 그저 무뎌진 습관 같은 것인가요? 아니면 갑작스러운 열병 같나요?

웹스터 사전은 모험을 '알려지지 않은 미지의 세계로 나아감, 흥미진진한 계획과 불확실한 결과에 대한 담대한 도전, 개인사에 나타난 놀라운 일'이라고 정의하고 있습니다. 놀랍게도 '모험'은 라틴어의 '도착하다, 도달하다'에서 유래했습니다.

다작(多作) 시인이자 작가인 어떤 이는 언젠가 "인생은 살아봐야 아는 미스터리이지 풀어야 하는 문제가 아니다"라고 말했습니다. 인생은 특별합니다. 인생이란 하나님께서 우리에게 그분의 아들 예수를 찾아서 알고 나누라고 우리에게 주신 도전의 장(場)입니다. 아나톨레 프랑스Anatole France는 "인생이란 실로 맛있고 소름끼치고, 매력적이고 달콤하고, 씁쓸한 모든 것이다"라고 말했습니다. 많은 사람들이 이 모험을 하지 않으므로 이런 경이로움, 이런 충만함, 이런 기쁨을 놓치고 있습니다. 물론 나이가 들수록 그런 걸 쉽게 잃기는 하지만, 우리는 요람에서부터 모험이 필요하다는 것을 이해합니다. 뭐라고 불러야 할지 알지는 못했지만, 우리 대부분은 십대 시절에 어떤 모험이 필요하다는 걸 경험했습니다.

젊은이들은 변화하고 발견하고 성숙하기 위해 많은 모험이 필요합니다. 만약 그들이 실제적인 삶의 모험에 의해 충분히 도전받지 못하면 훨씬 가치가 떨어지는 가상의 모험을 찾아다닐 것입니다. 저는 청소년들이 게임을 비롯해 심지어 마약이나 섹스나 불량한 행동에 빠지는 것이 그다지 놀랍지 않습니다. 제가 그런 것을 용납한다는 말이 아니라, 그저 놀랍지 않다는 말입니다. 그런 청소년들의 대부분이 그들 나름의 새로운 무엇과 모험을 찾고 있는 것이기 때문입니다. 이런 행동들을 통해 청소년들은 폴 투르니에Paul Tournier가《모험으로 사는 인생》The Adventure of Living에서 말한 '단조로움'을 깨고 있는 것입니다. 그는 이렇게 말했습니다. "현대 사회의 극도의 단조로움은 청소년들에게 너무나 조직적이고 경직되고 무기력한 것이 되었다."

저는 예수 그리스도의 격정적 메시지를 선포하는 그리스도인들이 좀 더 모험의 끝에 서지 않는 것이 오히려 놀랍습니다. 젊은이나 나이든 사람이나 다 마찬가지로, 예수님을 사랑하고 그분을 위해 일함으로써 겪게 될 큰 희생을 피하기 위해, 친절이나 무관심이나 지루함의 보호막 밑으로 숨어버리는 것을 너무도 많이 보았습니다.

교회 의자가 너무나 편안해졌고 진정한 모험이 사라졌기에, 우리는 엄청난 고통을 당하고 있습니다. 이것이 바로 저와 소수의 동료들이 1970년에 '정상탐험대'Summit Expedition라는 흔치 않은 단체를 만들게 된 중요한 이유 중 하나입니다. 이 단체의 목적은, 이 일을 통해 사람들이 어떤 상황과 환경에서도 한계에 제한받지 않고 예수님을 위해 일할 수 있도록, 기량과 가치, 능숙함과 삶의 태도를 훈련받게 하는 것입니다. 이 탐험대를 시작한 이래, 6세부터 70세에 이르기까지 거의 1만 명에 이르는 사람들이 여기에 참여하였습니다. 그들은 이 모험을 통해 그들 자신이 누구인지를 더 깊은 차원에서 발견하게 되었을 뿐 아니라, 이전에는 경험하지 못했던 하나님을 발견하게 되었습니다.

우리는 이 탐험대를 지탱하고 이끌어나가는 과정에서 종종 경제적 어려움을 겪었지만, 그건 그만큼 값진 일이었습니다. 고작 수일에서 길게는 3개월이 넘는 다양한 기간에 진행된 이 프로그램에 고등학생, 대학생, 비행 청소년, 부부, 아버지와 자녀, 더 많은 능력을 원하는 지도자, 장애인, 기업의 간부, 심지어 유엔UN의 회원들에 이르기까지, 수많은 사람들이 참여해왔습니다.

이 탐험대 프로그램은 참가자들을 헌신의 범위와 아울러 체력과 능력을 넓히는 과정으로 초대합니다. 이런 일에 산(山)이 안성맞춤인 이유는, 우리가 일상생활에서 늘 의지하는 자동차나 화장품과 신용카드 같은 것들로부터 멀리 떨어져 있기 때문입니다.

우리 사회는 우리가 '어떻게 보는가'보다 '어떻게 보여지는가'에 더 초점이 맞추어져 있습니다. 이 시끄럽고 어수선한 세상 속에서 우리가 정신적으로 영적으로, 또한 육체적으로 얼마나 무뎌지고 위축되어가고 있는지 깨닫지 못하고 있습니다. 하지만 우리는 그런 존재의 상태에서 벗어날 수 있습니다.

하나님의 음성을 듣고 신실하게 따르는 사람들에게는 언제 어디서나 새로운 모험이 시작됩니다. 바로 그것이 그 어떤 것과도 비교할 수 없는 모험입니다. 그것은 놀라움으로 가득 찬 여행이며, 우리 자신과 우리를 만드신 분을 더 깊이 알아가는 여행입니다. 주님의 형상을 가지고 있고, 그분만이 주시는 보호하심을 아는 그리스도인인 우리가 지구상에서 최고의 모험가가 아니라는 것이 저는 놀랍습니다.

떡이 되고, 물고기가 되어라

필립 브루어 Philip Brewer 는 언어에 대해 탁월한 감각을 지닌 사람입니다. 얼마 전 저는 그에게서, "하나님께서는 우리가 가진 작은 것을 그저 누군가에게 주라고 요구하고 계신다"라는 걸 상기시켜 주는 시詩 하나를 받았습니다. 우리가 이 시의 내용처럼 사용될 때라야, 비로소 하나님은 그분만이 하실 수 있는 일을 하실 수 있으십니다. 이 놀라운 여행은 우리가 누구이며 어디에 있는지로부터 시작됩니다. 그 시의 제목은 '떡 다섯 개와 물고기 두 마리'입니다.

하나님은 사용하십니다.
당신이 갖고 있는 것으로,
당신이 결코 채울 수 없는 결핍을
채우시기 위해.

하나님은 사용하십니다.
당신이 있는 곳에서,
당신이 결코 도달할 수 없는 곳으로
데려가시기 위해.

하나님은 사용하십니다.
당신이 할 수 있는 것으로,
당신이 결코 할 수 없는 일을
이루시기 위해.

하나님은 사용하십니다.
당신의 모습 그대로,
당신이 결코 될 수 없는 사람이
될 수 있도록.

_필립 클라크 브루어 Phipip Clarke Brewer

너의 믿음이 너의 자서전이 되게 하라

말씀이 육신이 되었다. 그리고 신학자들을 통해 다시 말씀이 되었다. _칼 바르트Karl Barth

예수님은 우리에게 이 세상에서 그분의 형상을 닮은 최고의 전달자가 되라고 요청하고 계신다. 영이신 그분은 세상에서 보이지 않으신다. 그분은 우리가 그 보이지 않는 영에 살을 붙이고 하나님의 형상을 증거하기를 기대하고 계신다. _폴 브랜드Paul Brand

당신은 왜 우리 대부분이 모험을 놓치고 있는지 아시나요? 왜냐하면, 우리가 신학theology을 삶의 자리로 가져오는 법을 배우지 못했기 때문입니다.

어느 날 저는 '머브 그리핀 쇼'Merv Griffin Show에서 사회자가 보디빌더들을 인터뷰하는 것을 보았습니다. 근육 위에 또 근육을 얹어놓은 것처럼 보이는 그들에게 사회자가 예리한 질문을 했습니다. "이 근육들을 다 어디에 쓰십니까?" 그러자 한 사람이 답을 하려는 듯 몸을 푸는 동작을 했습니다.

"아니, 제 질문을 잘못 이해하셨습니다." 사회자가 다시 물었습니다. "그 근육들을 대체 어디에 쓰고 계십니까?" 그러자 보디빌더는 또 몸을 푸는 동작을 보여주었습니다. "아니, 아니, 아직도 이해를 못 하셨습니다. 잘 들으세요. 그 근육들을 무슨 일에 사용하고 계시나요?" 그러자 그 보디빌더는 다시 포즈를 취했습니다.

비극적인 사실은, 기독교인들 중에도 그 보디빌더 같은 사람이 있다는 것입니다. 그렇지 않나요? 그런 기독교인들은 대부분 교회에는 잘 참석하고 있습니다. 예배는 물론이고, 세미나와 회의, 성경공부에도 참석합니다. 그들의 영적 근육은 계속 자라고 있지만, 그들이 창조된 이유를 위해서는 전혀 사용되고 있지 않습니다. 영적 근육은 지식과 경건으로 가득 차 있지만, 정작 그 근본의 목적과 능력은 활용되지 않고 있습니다. 그래서 결국 그 모든 근육은 행동을 위해서가 아니라, 그저 멋있게 보이기 위한 쇼로 전락하였습니다. 그러나 대부분의 사람들은 보디빌더처럼 깨닫지 못하고 있습니다. 이런 일은 우리 누구에게나 있을 수 있으며, 종종 알아차리기가 쉽지 않을 때도 있습니다.

삶의 전환점이 될 한 단어

이야기story의 어원은 '알다'이며, 성경적 의미의 '알다'는 굉장히 사적이고 친밀한 것입니다. 그것은 '실제로 경험하다'라는 뜻을 내포하고 있습니다. 단지 머릿속의 지식이나 지적 동의, 또는 보디빌더의 포즈 같은 육체적 자세가 아닙니다.

요한복음 8장 32절은 "진리를 알지니 진리가 너희를 자유롭게 하리라"라고 말씀하고 계십니다. 우리는 삶에 참여하고 경험하여, 참된 우리의 삶을 이야기해야 합니다. 그리하여 우리의 신학, 곧 우리의 신앙이 우리의 자서전biography이 되어야 합니다. 신앙을 자서전으로 바꾸는 일은 그저 우리의 믿음을 매일의 현실 속으로 끌어들여, 우리의 일상과 함께 엮어나가는 것입니다. 그렇게 간단하며, 또한 그렇게 심오한 일입니다. 하지만, 간단하다고 해서 '쉽다'라는 것과 혼동해서는 안 될 것입니다. 전혀 그렇지 않기 때문입니다. 사실 그렇게 산다는 건 삶에서 가장 큰 도전일지도 모릅니다.

하나님은 우리가 흔히 말하는 '평범함'에 대해 아주 정확히 이해하기를 원하십니다. 만약 하나님께서 어디선가 우리에게 말씀하신다면, 그곳은 바로 우리의 매일매일의 삶 속일 것이기 때문입니다.

저는 다만 한 말씀이라도 그 말씀대로 사는 것이 성경을 많이 외우는 것보다 중요하다고 믿습니다. 그 '한 말씀'대로 사는 것이야말로 우리가 기독교인이라고 부르는 이 삶에 완전히 새로운 지평을 열어주는 돌파구가 될 것입니다. 우리는 그 말씀이라는 '창'window을 통해 예수님 안에서 더욱 큰 충만함을 보며 경험하게 될 것입니다.

헬렌 켈러Helen Keller는 생후 19개월 때 바이러스에 의해 청각과 시각을 잃고 말까지 할 수 없게 되었습니다. 그녀의 선생님인 애니 설리반Annie Sullivan의 영웅적 노력이 아니었다면, 아마 침묵의 감옥에 영원히 갇혀 살았을 것입니다.

헬렌의 삶에서 전환점이 된 것은 설리반이 가르쳐준 한 단어, 바로

'물'water이 있습니다. 그녀가 그 '한 단어'를 일게 되었을 때 세상을 일게 되었습니다. 그것이 헬렌에게는 미래로 가는 출구가 되었고, 그녀는 지구상에서 가장 훌륭한 사람들 중 한 사람이 되었습니다. 저는 당신도 이 책의 어딘가에서 당신의 미래를 완전히 변화시킬 그 '한 단어'를 발견할 수 있기를 간절히 소망합니다.

신학자 칼 바르트가 한 유명한 말인 "성육신하신 '말씀'이 신학자들에 의해 다시 '글들'이 되었다"The Word became flesh and through theologians it became words again라는 건 너무나 정확합니다. 당신도 때때로 이와 같지 않습니까? 당신의 신앙이 공허한 미사여구처럼 되지는 않았습니까? 저는 그런 당신에게 "말한 대로 걸어가라(말한 것을 실천하라)"라고 도전하고 싶습니다. 하지만 저 자신도 종종 말만 장황하게 늘어놓는 함정에 빠지는 걸 보곤 합니다.

성육신의 전체적 원리 이해하기

어느 날 오후, 비행기에서 신약성경을 읽고 있는데, 옆에 앉아 있던 숙녀가 저를 슬쩍 보더니 "실례지만 기독교인이신가요?"라고 물었습니다. "그렇습니다. 발끝까지, 골수까지 기독교인입니다." 제가 그렇게 답하자, 그녀는 저를 이상하다는 듯이 쳐다보며 이렇게 물었습니다. "그렇게 말하시니 재미있네요. 무슨 뜻인가요?" 그 후 우리는 영과 육의 결합에 대해, 기독교는 영적인 헌신만이 아니라 존재 전체의 헌신이라는 것에 대해, 즉 '성육신의 원리'에 대해 매우 흥미로운 대화를 나누었습니다.

우리 대부분은 머리로 알고 있는 것이 우리의 발과 손, 이른바 골수로 스며들도록 절대 내버려두지 않습니다. 우리는 이토록 강력한 믿음을 갖고 있지만, 이 믿음을 가지고서 도대체 무엇을 해야 할지 모르는 사람들인 것처럼 살고 있습니다.

바울은 데살로니가전서 1장 2-5절에서 말합니다.

여러분을 위해 기도할 때, 우리는 늘 하나님께 감사합니다. 그것은 여러분의 믿음의 열매와 사랑의 수고와 예수 그리스도 안에서의 소망이 우리의 아버지 되시는 하나님 앞에서 살아가는 여러분의 삶의 순전한 인내임을 우리가 항상 기억하기 때문입니다. 형제자매 여러분, 우리는 하나님께서 여러분을 사랑하실 뿐만 아니라, 그분의 특별한 목적을 위해 여러분을 택하셨음을 압니다. 왜냐하면 우리는 복음이 여러분에게 그냥 말이 아닌, 성령의 확실한 능력의 메시지로 찾아왔음을 기억하기 때문입니다. _데살로니가전서 1:2-5, 필립스성경의 역자 번역

우리 대부분은 성육신의 원리를 경험하지 못하고 있는데, 그럴 동기가 없어서가 아니라 잘 모르기 때문입니다. 거기에 우리를 위한 모험이 기다리고 있다는 걸 온전히 인식하지 못하고 있습니다. 우리가 부름받은 삶은 주변에서 흔히 보는 부드럽고 안락하고 잘 정돈된 삶과 근본적으로 다른 모습이라는 것을 깨닫지 못하고 있습니다. 왜 그럴까요? 그건 바로, 우리가 성육신의 의미를 '전체적으로' 생각하는 것이

아니라 '영적으로만' 생각하기 때문입니다.

하나님의 가장 큰 바람은 우리를 하나님 안에서 온전하고 완전한 자로 만드시는 것입니다. 예수님께서 누군가를 고치실 때마다 매번 그의 병만 고치신 것이 아니라, 그 존재 자체를 온전케 하셨다는 것을 우리는 깨달아야 합니다. 또한 더욱 중요한 것은, 예수님은 획일적인 방법이 아니라 한 사람 한 사람마다 독특한 방법으로 치유하셨다는 것입니다. 그 예수님이 우리 개개인을 각각 다른 방법으로 온전케 하실 것입니다.

어떤 떨기나무라도 불이 붙을 수 있다

하나님은 사랑이신 것처럼, 또한 계시의 하나님이십니다. 이안 토마스 소령Major Ian Thomas은 "어떤 떨기나무라도 좋습니다"라고 말했습니다. 우리의 심장은 아브라함이나 모세 같은 사람들의 이야기에는 열광하지만, 그들도 우리같이 연약하고 두려움이 많은 사람이었다는 건 깨닫지 못할 때가 많습니다. 우리는 불타는 떨기나무 앞에 서 있는 모세를 부러워하며 말합니다. "그래, 저기 불타는 떨기나무가 있네. 나도 저런 떨기나무가 되고 싶지만, 난 그저 잿덩어리에 불과해." 이런 식의 경외심은 그리 오래가지 않습니다.

우리는 하나님께서 우리의 삶 속에서 무엇을 하실 수 있는지, 그 놀라운 사실에 대해 나누며, 그분에 대한 이야기를 전하고 또한 찬양하다가도, 우리가 그저 그런 우리라고, 발코니에 앉아 있는 관중 가운데

1부 | 모험이 사라졌다, 믿음도 사라졌다

한 명뿐이라고, 그저 단순한 구경꾼이라고 우리 자신을 스스로 낮추고 체념할 때가 많습니다. 그러나 불꽃을 지속시키는 것은 떨기나무가 아닙니다. 바로 떨기나무 안에 계신 하나님입니다. 그러므로, 어떤 떨기나무라도 불이 붙을 수 있습니다.

당신의 삶이 무기력하고 하나님께 사용되지 않는 이유는 어쩌면 단순합니다. 당신이 한 번도 시간을 내어 '왜 하나님이 우리 인간들을 그분의 위대한 목적을 위해 사용하시는지' 이해하려 하지 않았기 때문일 겁니다. 당신의 신앙을 자서전이 되도록 만들 생각을 한 번도 해보지 않았기 때문일지도 모릅니다.

토마스 소령은 이렇게 말했습니다. "당신에게 필요한 모든 것은 당신에게 있으며, 당신에게 있는 그분이 바로 하나님이십니다. 그분이 당신에게 힘을 주시는 것이 아니라, 그분이 바로 당신의 힘이십니다. 그분이 당신에게 기쁨을 주는 것이 아니라, 그분이 바로 당신의 기쁨이십니다! 다름 아닌, 바로 당신 안에 계신 예수님이십니다. 그 이상도 이하도 아닙니다."[1]

하나님의 진리는 우리의 피와 뼈, 호흡, 눈과 귀, 우리 몸의 구석구석에 쓰여 있습니다. 기독교는 우리의 영적인 헌신과 참여뿐만이 아니라 지성과 육신, 즉 우리가 총체적으로 헌신하고 참여하는 것입니다. 그렇다면, 우리는 왜 이 개념에 대해 좀 더 잘 알고 있지 못할까요? 왜 우리는 겉모습만 기독교인인, 이토록 지루하고 현실에만 안주하려는 삶의 방식에 빠져들게 되는 것일까요?

하나님은 그분이 누구이신지에 대한 놀라운 증거를 우리에게 주셨습니다. 성경에 나오는 수많은 기적의 이야기들은 하나님께서 우리를 통해 무엇을 하실 수 있는지 증거해주고 있으며, 예수님을 통해 얼마나 놀라운 방식으로 우리에게 찾아오셨는지를 말씀해주고 있습니다. 예수님이야말로 하나님의 '예상치 못한 말씀'입니다.

"내가 놀라게 해다오!"

우리는 우리가 가지고 있는 진부하고 재미없는 하나님 이미지로부터 자유로워져야 합니다. 우리 대부분은 예수님을 통해 보여주신 하나님의 놀라우신 담대함조차 이해하지 못합니다.

하나님이 어떤 분이신지를 알게 되는 것은 경이로움으로 시작됩니다. 저는 '놀라움'astonishment이 여호와Yahweh의 또 다른 이름일 것이라고 믿기 시작했습니다. 성경은 계속되는 놀라운 일들과 예측할 수 없는 만남과 사건들의 이야기로 가득 차 있습니다. 성경의 거의 매 페이지마다 충격적인 사건 이야기들이 담겨 있습니다. 제가 성경을 더 많이 읽을수록 성경은 점점 더 놀라움으로 가득 차고, 하나님께서 우리를 만지시고 사용하시길 원하시는 분명한 바람 앞에서 저는 더 숙연해집니다. 그 증거는 바로 이것, 우리가 가진 성경 안에 있습니다. 우리가 성경을 읽기만 한다면 말이지요!

우리 대부분은 성경 읽기에 대해 두 가지 근본 문제 중 적어도 하나를 갖고 있습니다. 첫째 문제는 성경에 대해 친숙하지 않다는 것입니다. 우리는 하나님께서 우리에게 약속하신 것에 대해 요구할 만큼 많이 알고 있지 않으며, 하나님을 닮을 만큼 하나님의 성품에 대해 알고 있지 않습니다. 둘째 문제는 훨씬 더 미묘하고 위험합니다. 우리가 성경의 내용에 너무나 친숙해져 있어서, 그 내용들이 더 이상 우리를 놀라게 하지 않는다는 것입니다. 우리는 더 이상 성경에 감동하지 않습니다.

성경에서 이런 이야기들을 생각해 보십시오.

성경 첫 장의 엄청난 천지창조 이야기에서, 우리는 하나님의 예술적 황홀경의 정점이 그분의 형상대로, 흙에서 인간을 창조하신 일이라고 듣습니다. 우리는 진흙으로부터 만들어진 하나님의 도덕적 대리인moral agent(도덕적 행위자로서의 인간)입니다.

하나님은 자식이 없고 까칠한 노부부 아브라함과 사라를 택하사 인간의 역사를 바꾸게 할 민족의 조상이 되게 하십니다. 이 이야기에서 앞치마를 두르고 서 웃고 있는 90세 노파 사라의 모습이 보이지 않나요?

하나님은 양을 치고 말이나 더듬는, 이렇다 할 직업도 없는 이집트계 이스라엘 사람이며 왕자였던 사람을 통해 그의 민족을 포로 생활로부터 구원하기로 결정하십니다. 하나님께서는 떨기나무 가지 속에서 자신을 나타내십니다. 그러시고는, 은혜를 모르는 이 민족이 다 건널 수 있을 만큼 홍해를 건조기에 옮겨 놓으십니다.

하나님은 아직 고등학교 졸업장도 없는 십대의 소년을 택하사 9척 넘는 적의 미간에 돌을 던져 물리치게 하십니다. 그 소년은 자라서 '하나님의 마음에 합한 자'가 됩니다. 비록 구약성경에 나오는 가장 큰 실수 중 하나를 범하기도 했지만 말입니다.

이 이야기들이 어떤 특징을 갖고 있다는 생각이 들지 않나요? 만약 이런 이야기들이 우리가 처음 듣는 것들이라면 어떻게 생각하게 될까요? 이 이야기들에는 예상할 수 있는 것이 아무것도 없으며, 논리적인 것도 없습니다.

정상탐험대의 우수한 강사 중 한 명인 릭 밴더 캠Rick Vander Kam에게 제가 물었습니다 "어이 릭, 지금부터 5년 뒤에 자네는 무엇을 하고 있을 것 같나?"

그의 대답은 기억할 만한 가치가 있었습니다. "글쎄, 잘 모르겠는데."

그러자 옆에 있던 그의 친구가 물었습니다. "무슨 말이야? 자넨 꿈도 없나? 무슨 목적이나 계획도 없어?"

릭이 이렇게 답하더군요. "물론 있지. 내 목표들을 다 적어놓고 정확한 계획도 다 짜두었다네. 그런데, 내가 따르는 그분이 예측할 수 없는 분으로 유명하시거든."

릭이 정확히 본 것입니다. 우리 삶에서 예측할 수 있는 것은 아무것도 없으며, 수많은 성경 속의 이야기들이 이것을 증명해주고 있습니다. 놀랍도록 믿기 힘든 일들의 목록은 끝없이 계속될 수 있습니다.

신약성경은 역사상 가장 충격적인 일로 시작합니다. 천지를 창조하신 분이 말구유에서 처녀의 몸을 통해 태어나심으로 그분 자신을 나타내기로 결정하신 것입니다! 그 후, 그분은 주변 사람들을 놀라게 하는 일을 하기 시작하십니다.

그분은 믿음 좋은 어느 소년이 먹다 남은 점심으로 할리우드 콘서트

홀 Hollywood Bowl을 가득 채울 만큼의 사람들을 먹이셨고, 그 음식은 그러고도 제자들이 각자 집에 싸갈 만큼 많이 남았습니다. 제자들이 집에 가면서 어떤 생각을 했고, 어떤 기분이었을지 상상이 가나요?

그분은 그 시대의 종교 지도자들인 바리새인들에게 큰 충격을 주어 놀라게 했고, 그들을 몹시 화나게 하셨습니다. 바리새인들이 간음한 여자를 그분께 데려왔을 때, 그분은 땅바닥에 무언가를 쓰시고는 "죄 없는 자가 먼저 돌을 던지라"고 말씀하셨습니다. 그들이 감히 그분께서 안식일 법을 지키지 않으셨다고 대들자, 그분은 오히려 성경을 들어 그들을 나무라셨습니다.

그분은 사회적 지위와 도덕성이 미심쩍은 자들의 잔치에 참석하셨고, 성전 계단에 있던 소위 '존경받는' 상인들은 내치셨습니다. 그분은 헤롯왕을 '여우'라고 부르셨고, 자신은 '술고래, 대식가, 버림받은 자와 죄인들의 친구'로 간주되셨습니다.

그분은 '자신이 누구이신가'에 대해 적절한 관계 당국에 알리기보다, 사마리아 여자, 그것도 남편과 애인이 많은 부정한 여인에게 자신이 진짜 누구이신지를 나타내십니다. 이런 사실이 적어도 당신의 기도 생활을 혼란스럽게 하지는 않습니까?

그분은 자신을 가장 많이 핍박했던 사람을 그분의 가장 유능한 전도자로 변화시키십니다. 그분을 하룻밤에 세 번이나 부인하며 크게 실망시켰던 제자에게 천국의 열쇠를 주십니다.

이런 일들이 과연 흔할까요? 만약 이런 일들이 지루하다면, 무엇이 흥미진진하다고 해야 할까요? 만약 이 이야기들이 우리가 알고 있듯이 사실이라면, 이런 분에게는 믿기 힘들 정도로 강력한 무언가가 있을 것입니다.

프레드릭 비크너는 말합니다.

하나님을 믿는 사람들은 그분이 말구유에 누우신 것을 본 이후, 어떤 점
에서는 다시 그분에 대해 자신할 수 없게 됩니다. 그분이 어디서 나타나
실지, 얼마나 여기 계실지, 인간에 대한 엄청난 사랑 때문에 얼마나 터
무니없는 겸손함으로 자신을 낮추실지…. 만약 하나님의 거룩하심과
능력이, 곧 그분의 존귀함이 가장 누추한 시골 사람의 자식으로서 탄생
하는 데에서도 나타난다면, 그 때와 장소가 얼마나 누추하고 세속적이
든, 그곳에도 그분의 거룩하심은 나타날 수 있습니다. 그렇다면, 이것은
바로 우리가 어디에서도 하나님으로부터 숨을 수 없으며, 우리의 단단
해진 심장을 둘로 쪼개서 다시 쓰시는 그분의 능력으로부터 안전하지
못하다는 의미입니다. 왜냐하면 그분이 가장 무력해 보일 때가 그분이
가장 강하신 때이며, 우리가 그분을 전혀 예상하지 못하는 곳에서 가장
온전히 자신을 나타내시기 때문입니다.[2]

예수님이 지루한 분입니까?

어쩌면 우리는 이런 예수님의 탄생 이야기를 그다지 심각하게 생각
하지 않으려 할지도 모릅니다. 그렇지 않다면, 우리가 이 이야기의 의
미가 신경 쓰인다는 것을 인정해야 하기 때문입니다. 도로시 세이어
스Dorothy Sayers가 말한 것처럼, 이것은 그저 어떤 좋은 사람이 공적으로
하나님처럼 되려고 한 것이 아니라, 그 사람이 바로 하나님 자신이었

042

다는 이야기이기 때문입니다. 그렇다면 우리는 그분에 대해 어떻게 반응했습니까? 평민들은 기쁜 마음으로 그분께 경청했지만, 종교와 사회 지도자들은 그분이 말을 너무 많이 하고, 자기들을 곤란하게 만드는 진실을 많이 밝히는 사람으로 여겼습니다. 그래서 그분의 친구 한 명을 뇌물로 꼬셔 그분을 '경찰'에 넘기게 하였고, 소란을 일으켰다는 애매모호한 명목으로 대중 앞에서 그분을 채찍질하고, 교수대에 달아 버리고는 "악당을 없앴다"며 하나님께 감사하였습니다.

하지만 가장 슬픈 사실은, 이제는 아무도 이 역사적 사실에 대해 충격을 받지 않는다는 것입니다. 우리는 골고다의 언덕에서 예수님께 무슨 일이 있었는지보다, 집에서 기르고 있는 금붕어의 죽음을 더 슬퍼합니다. 이 이야기가 성경에 나오는 다른 이야기들처럼 너무나 친숙하고 흔한 이야기가 되어서 더 이상 우리를 놀라게 하지 않으며, 거부감 들게 만들지 않으며, 각성시키지도 않습니다. 때에 따라서는 들뜨게 만들지도 않습니다.

하지만, 예수님을 십자가에 못 박은 이들은 절대 그분이 지루한 분이라고 생각하지 않았습니다. 사실 그들은 예수님이 대중의 안전에 위험하다고 생각했습니다. 벽에 걸린 액자에서 순진하게 미소 짓고 계시는 '온유하고 부드러운' 분의 이미지를 바꾸는 일은 긴 세월을 통해 우리에게 남겨졌습니다. 지구에서 보내신 그분의 삶은 지루함으로부터 가장 거리가 먼 삶이었습니다. 그분은 하나님이신데, 하나님 또한 전혀 지루한 분이 아니십니다.

한 걸음 더 나아가, 이것을 생각해보겠습니다. 그 한 걸음은 이 책과 굉장히 밀접하게 연관됩니다. 하니님의 본성이 우리의 삶을 향한 그분의 의지와 상관이 없다고 말할 수 있을까요? 무슨 말이냐 하면, 우리가 "하나님은 사랑이시라"라고 말할 때는 어떤 부드러운 신성(神性)이나 발렌타인데이의 성인(聖人)에 대해 말하는 것이 아니라, 하나님이 사랑이시기 때문에 우리도 그저 서로 사랑하기를 원하신다는 것입니다.

우리가 하나님은 의로우시고 죄를 용서해주신다고 말한다면, 우리도 마찬가지로 의로워야 하고 서로의 죄를 용서해주어야 합니다. '하나님이 누구이신가'가 바로 하나님이 우리에게 원하시는 모습이며, 하나님의 방식이 하나님께서 우리가 따르기를 원하시는 방식이기 때문입니다.

성경에 있는 하나님의 말씀은 부메랑처럼 생겼습니다. 왜냐하면, 그 말씀들이 우리에게 돌아오기 때문입니다. 그러므로, 하나님이 본질적으로 놀라우신 분이라면, 하나님은 우리도 그렇게 놀라운 삶을 살기를 원하십니다. 하나님은 오늘도 "나를 놀라게 해다오!"라고 말씀하고 계십니다.

우리가 하나님을 놀라게 할 수 있을까요? 우리에겐 그럴 능력이나 자격이 없다고 생각할 수도 있지만, 모세나 바울이나 막달라 마리아 같은 성경에 나오는 인물들을 생각해보십시오. 그들 중 아무도 그런 '자격'을 갖고 있지 않았습니다. 바로 이 사실이 하나님께서 우리 가운데에서 누구라도 쓰실 수 있다는 희망과 격려가 되지 않나요?

하나님은 오늘도 우리에게 말씀하고 계십니다. "그냥 살지 말아라. 최소한의 것에 만족하지 말아라. 그럭저럭 사는 것에 만족하지 말아

라. 아무 생각 없이 거룩한 척, 시늉만 하는 삶을 살지 말아라."

그런데 그분은 우리가 그냥 그렇게 살 수 있는 선택의 기회 또한 주십니다. 우리는 더 이상 '놀라지 않기'를 선택할 수도 있습니다. 지루해하거나, 모험을 놓치거나 포기할 권리도 있습니다. 이 모든 것은 우리의 선택입니다.

하지만 감사하게도, 하나님은 우리에게 계속해서 모험을 제공해주고 계십니다. 그분은 아직도 "나를 놀라게 해다오! 모든 무리가 같은 곳으로 가더라도 너만은 달라다오. 네 안에 있는 나의 능력을 발견해다오. 네 신앙이 자서전이 되도록 살아다오!"라고 말씀하고 계십니다.

당신이 제5복음서의 저자다

개인적으로, 저는 하나님께서 많은 사람들의 삶을 급격히 변화시킬 일들을 우리에게 나타내시기를 원하시며, 그때를 기다리고 계신다고 믿고 있습니다. 또한, 하나님은 그때를 영원히 기다리시며, 태고 때부터 말해진 적도 없고 생각되지도 않은 일을 당신 안에 불러일으키기를 간절히 원하고 계신다고 믿습니다. 어쩌면 당신이야말로 당신의 활동 영역이나 관심 영역에서 모든 좋은 것들이 아직 다 이야기되지 않았거나 완료되지 않았거나, 심지어 생각되지도 않았다는 것을 발견할 사람일지 모릅니다. _브루스 라슨Bruce Larson

성경에는 네 개의 복음서만 있습니다. 마태, 마가, 누가, 그리고 요한복음입니다. 이 1세기의 저자들은 전문적인 작가들이 아니었습니다. 그렇다면 그들이 왜, 그리고 어떻게 글을 쓰기 시작했을까요? 무엇이 그들의 경험이었을까요? 신약을 대충 훑어보는 것만으로도 각각의 복음서는 매우 다르다는 것을 알 수 있습니다. 저자들은 순전히 예수님과의 만남이 그들 자신과 주변 사람들에게 어떤 의미였는지를 글로 나타내고 싶어했습니다. 그들은 자기의 글이 미래에 어떤 영향을 미칠 것인지에 대해서는 전혀 알지 못했습니다. 저는 그들이 쓰는 글로 인해 역사가 바뀔 것이라고 생각하며 썼다고 생각하지 않습니다. 그들은 그저 그들이 아는, 삶을 변화시키시는 예수님에 대해 썼습니다.

마태는 주로 유대인의 관점에서 썼고, 누가는 예수님의 부인할 수 없는 사랑에 대해 의사의 관점에서 썼습니다. 가장 어린 마가는 속도감 있고 흥미진진한 관점에서 적었습니다. 누군가는 마가복음이 복음서 중에서 액션 영화 같다고 말했습니다. 그리고 우리는 시인의 마음으로 생생하게 기록한 요한의 아름다운 글로 인해 복을 받았습니다. 그의 글을 통해 우리는 성경에 나오는 몇몇의 가장 위대한 비유를 알게 되었습니다. 그들처럼, 우리 개개인도 살아계신 예수님과의 독특한 만남을 각자의 다른 언어로 나타내야 합니다. 그리고 라슨Larson이 말한 것처럼, 진실로 복음the good news은 계속되고 있습니다. 당신의 특별한 경험은 무엇인가요? 글을 쓰는 것은 하나의 '보이는 기도'가 될 수 있습니다.

'하나님이 실제로 그분의 말씀과 성령을 통해 오늘도 우리에게 말씀하고 계신다'라는 것은 너무나 엄청나고 멋진 생각입니다. 우리 개개인이 전적으로 독특하고 다르다면, 하나님과 우리의 만남 또한 마찬가지로 독특할 것입니다. 아무도 당신과 하나님과의 관계와 똑같은 관계를 갖고 있지는 않을 것입니다. 그 누구도!

그러므로, 비유적인 표현으로, 우리 개개인의 삶과 말들이 제5복음서, 즉 예수님께서 우리에게 나타내시는 예수님에 대한 우리의 자서전, 우리가 '불타는 떨기나무'였을 때의 경험을 쓰는 '제5복음서'가 될 것입니다.

바울은 "그것을 읽으면 내가 그리스도의 비밀을 깨달은 것을 너희가 알 수 있으리라"라고 에베소서 3장 4절에서 말합니다. 우리가 예수님을 우리의 '제5복음서'를 통해 세상에 다시 나타낼 때, 우리는 어떤 면에서 걸어다니는 복음서가 됩니다. 우리의 삶이 독특한 이야기라고 생각할 때, 우리는 이 우주의 하나님, 우리 일상 속의 하나님과의 놀라운 관계 속에서 매 순간을 진실하게 살지 않을 수 없습니다.

제가 사랑하는 친구 중 한 명이 "하나님께서는 계속해서 우리가 우리 삶에 대해 써나가시기를 원하시며, 우리 개개인을 통해 유일하신 하나님을 나타내기를 원하신다"라는 걸 우리에게 상기시켜주려고 아래의 글을 썼습니다. 이 글이 나를 일깨워주었듯이, 당신의 심령에도 불을 당겨서 자신만의 삶을 살고 경험하며, 그 삶에 대해 써내려가게 할 줄 믿습니다.

정말 오래전 일이로구나,
내가 불타는 떨기나무를 보던 적이.
어떤 계절엔
모든 사막의 오아시스에서
그것들을 보곤 해,
'타오르지만 재는 되지 않는'
그 엄청난 기적을….
그런데도, 내가 누굴 속이겠어?

모세도 엄청난 값을 치렀지,
그의 불타는 떨기나무 때문에.
땀에 젖은 사막의 여정,
지칠 대로 지치고,
땀투성이 같은 눈물 흘린 모든 건
그저 하나님과 대화한다는
그 모든 미심쩍은 축복을 위해.

내가 뭐라고
떨기나무에 대해(또는 하나님에게)
항의할 수 있을까?
나는 아직 내 신발을 벗는 일조차
배우지 못했는데!

나는 나 자신에 대해 너무나 많은 것을 알았어.

정직하게, 자세히

내 몸 구석구석에 난 상처들을

들여다보고서….

왜냐하면, 내가 처음에 볼 수 있는 모든 건

모두 인간성의 상처들이니까.

나는 흠 없고 멋지기만 한

신의 모습을 찾았지만,

인간의 마음만 찾았을 뿐이었어….

하지만 인간의 마음만이 바로

하나님께서 적으실 수 있는 판이기에,

제게 써주세요,

아버지,

제게 써주세요.

_바바라 프랑켄 켈리 Barbara Francken Kelly

3장 지루하게 살 것인가, 무모하게 살 것인가?

그 사람이 저기 있네, 또 예배당에, 문제를 일으키며, 다른 성직자들과는 너무도 다르게 말해. 슬픔과 염려, 질병과 죽음에 대해 권위 있게 말하는 거야. 인간 존재의 어두운 구석구석을 꿰뚫어 보고, 그 속의 모든 환상들을 산산조각내며…. 착각하지 마, 이 자는 위험한 사람이야. _마틴 벨*Martin Bell*

한 설교자가 어느 대형 교회에서 설교해달라는 부탁을 받았습니다. 강단에 선 그는 "오늘 제 설교에는 주제가 세 가지 있습니다"라고 말했습니다. 그러자 청중 대부분이 하품을 했습니다. 너무도 많이 듣던 설교 형식이었기 때문입니다. 하지만 그는 계속했습니다.

"첫 번째 요지는 이것입니다. 지금 이 세상에는 대략 20억 명의 사람들이 굶어 죽어가고 있다는 것입니다."

설교를 듣고 있던 교인들의 반응에는 좀처럼 변화가 없었습니다. 그런 이야기야 많이 들었기 때문입니다. 설교는 계속되었습니다.

"제 두 번째 요지는….".

이때 모두가 자리를 고쳐 앉았습니다. 첫 번째 요지를 말하고 겨우 몇 초밖에 지나지 않았는데, 벌써 두 번째 요지라니요? 설교자가 말했습니다.

"두 번째 요지는, 여기 있는 사람들 대부분이 그런 사실엔 전혀 관심이 없다는 겁니다. 제기랄!".

사람들의 놀라는 숨소리와 웅성거림 속에서 설교자는 말했습니다.

"제 세 번째 요지는 바로, 오늘날 그리스도인들의 진짜 비극은, 여러분이 20억 명의 사람들이 굶어 죽어가고 있다는 사실에 대해 염려하는 것이 아니라, 제가 오늘 '제기랄'이라는 말을 썼다는 것에 대해 더 신경을 쓰고 있다는 것입니다.".

그런 다음, 설교자는 자리에 앉아버렸습니다.

1분도 채 안 돼 끝난 설교이지만, 여러 면에서 그때까지 그 교회 청중이 들었던 설교 중에서는 가장 강력한 설교였습니다. 그 설교자는 교회 의자에 편안하게 앉아 있는 우리에게, 우리가 단지 경건하기 위해 부르심을 받은 것이 아니라, 진실로 도덕적인 삶을 살도록 부르심을 받았다는 것을 너무도 명확한 언어로 일깨워주었습니다.

우리는 듣는 것으로 마는 것이 아니라 행동하라고 부르심을 받았습니다. 하나님 나라Kingdom of God의 백성이지, 근사한 나라kingdom of niceness의 백성들이 아니기 때문입니다. 그런 것처럼, 그리스도인의 삶은 우리가 생각했던 것과 다릅니다.

우리는 종종 믿음에 대해 우리 자신의 '만족스러운' 생각에만 (때때로 자신도 모르세) 지나치게 몰입돼 있을 수 있습니다. 안락함과 편안함과 근사한 삶에 중독돼 있어서, 이런 삶이 어떤 식으로든 성경의 진리와 연관되어 있다고 확신합니다. 우리가 그리스도인이면 좋은 사람들이고, 좋은 일들만 있어야 한다고 내심 믿고 싶어합니다. 하지만, 우리가 그런 삶을 살라고 예수님이 우리를 부르신 것은 아닙니다.

'성공의 복음'success gospel에 대한 문제는 바로, 세상의 3분의 2에 해당하는 사람들에게는 그런 복음에 대해 설교할 수 없다는 것입니다. 우리를 쓸모없게 만들기 위해서라면 더 많은 죄책감이 필요하지 않다는 건 잘 알고 있지만, 좀 더 정직하고 책임감 있게 서 있을 수는 있어야 합니다. 사실 이 글을 쓰면서도, 제가 해결책이기보다 여전히 문제의 일부라는 걸 잘 알고 있습니다.

근사한 나라에서 살 것인가?

저는 우리 삶에 일어날 하나님의 위대한 역사가 우리가 하는 나쁜 일뿐 아니라 때로는 좋은 일 때문에 방해받을 수 있다고 확신합니다. 작가인 윌리엄 맥나마라William McNamara가 이렇게 말한 것처럼 말이지요. "우리는 너무나 선한 일들을 많이 해서 하나님께서 우리 삶 속에서 하실 수 있는 일들을 제한하고 있다. 왜냐하면 그런 좋은 것들이 하나님을 대신하는 것이 된다고 생각하기 때문이다."

종종 이야기된 것처럼, 우리의 좋은 것이 최선에는 적일 수 있습니다. 우리의 종교성, 곧 '근사함'이 오히려 실제로는 방해가 될 수 있는 것입니다. 신앙의 기본 목적이 근사해지고 착해지는 것이라고 느낀다면, 우리는 생활 방식의 표현을 신앙의 목적과 혼동하고 있습니다.

우리 가운데 몇몇은 기독교의 핵심이 다른 사람에게 좋게 보이는 것이고 좋은 평판을 받는 것이라고 실제로 믿고 있습니다. 하지만 하나님의 나라는 삶이 바뀌고 탈바꿈하는 경험입니다. 그저 근사한 것 … 그 이상이지요. 반면에 예수님은 충격적이시고, 놀라우시고, 사랑이시고, 용감하시고, 혁신적이시고, 다정하시고, 보살피시고, 동정심 많으시긴 … 한데 … 하지만 근사하신 건지는?

"예수님을 경험했다면, 나사렛의 예수님을 마주쳤다면, 실제로 하나님의 인격에 온몸을 던져보았다면, 그건 마치 허리케인의 경로 속에 발을 들여놓는 일과 같았을 것이다. 아무도 일부러 하지는 않을 일이기 때문이다."[3]

그런데 얼마나 많은 교회가 '위험한 곳'이라고 일컬어지나요? 누가 "거기에 가면 당신의 삶이 바뀔 거야! 조심하는 게 좋을 걸"이라고 경고할까요? 우리의 교회들은 주로 어떻게 묘사되나요? 따뜻하고 편안한 용어들로 묘사되지요.

성경은 구원받았다는 것이 안전해졌다는 거라고 믿을만한 아무런 근거도 주고 있지 않습니다. 예를 들어 우리는 다니엘의 믿음이 사자굴로부터 그를 구원했다고 자주 들었지만, 그 믿음이 또한 그를 사자굴 속으로 들어가게 했다는 걸 잊지 말아야 합니다. 하나님은 우리에게 안전이 아니라 능력을 약속하셨습니다.

예수님은 답이시지만, 또한 질문이기도 하십니다. "아브라함의 품

안에 거하기를", "여호와는 나의 빛이요 나의 구원이시니 내가 누구를 두려워하리요" 같은 선포의 말씀과 성경의 다른 구절들은, 참된 안전이란 우리가 고난을 전혀 경험하지 않거나 고난으로부터 숨는 걸 의미하지 않는다고 가르쳐주고 있습니다.

로이드 오길비Lloyd Ogilvie는 말합니다. "하나님에게 신실한 사람들이 언제나 고난 가운데 있었다는 걸 아는 것은 너무도 큰 위로가 된다. 사실 그것이야말로 우리가 진정으로 사람이 아닌 하나님을 따르고 있다는 명백한 증거가 되기 때문이다."

믿음의 삶은 우리 인생을 예수님께 거는to gamble 모험을 하도록 만드는 것입니다. 저에게는 예수님께서 우리에게 적어도 '평화', '능력', '목적', '고난'이라는 네 가지를 약속하셨다는 걸 언제나 기억하게 해주는 친구가 있습니다. 하나님은 우리에게 걱정 없는 삶을 약속하지 않으셨다고, 고난 속에서의 평화와 기쁨을 약속하셨다고…(요한복음 16:33). 넘쳐나는 안전 속에는 위험이 도사리고 있는데, 요한은 그걸 알고 있었습니다. 어느 작가가 이렇게 기도한 것처럼 말입니다. "오 하나님, 저를 안전으로부터 안전하게 하여 주옵소서! 지금부터 영원토록."

때때로 우리는 '근사함'이라는 틀에 갇혀, 거기서 빠져나오기가 거의 불가능하다는 걸 알게 됩니다. 영적 지도자들조차 이런 정신상태와 싸워야 합니다. 제 친구인 빅 펜츠Vic Pentz 목사가 전통적인 예를 들어 이 문제를 설명합니다. 어느 날 그가 교회에서 물었습니다. "요즘 시대에 목회자가 되기 위해선 무엇이 필요한지 아십니까? 좋은 목회자가 되기 위해서는 좋은 학교, 할 수만 있으면 기독교 학교에 가서 좋은 성적을 받는 착한 어린이부터 되는 것입니다. 그 후엔 좋은 대학, 특히 기독교 대학교에 가서, 언제나 용납되는 행동 범위 안에서 훌륭한 성적을 거두는 모범생이 되는 것입니다. 그리고 신학대학에 가서, 당연히 좋은 신학대학이지요, 사회가 인정하는 행동과 믿음의 범위 안에 거하는 착한 사람, 역시 모범생이 되는 것입니다. 만약 신학대학을 졸업하고 대형 교회에서 자리를 얻기 원한다면 말이지요. 그런 다음, 그 대형 교회에서 좋은 자리를 얻고 목사로서 인정받기 위해선 어떻게 행동해야 할 거라고 생각합니까? 적절하고 예의 바르게, 용납되는 행동과 믿음의 범위 안에서 거하는 것입니다. 요람에서 강대상으로, 강대상에서 무덤까지, 모범적인 기독교인의 삶을 살아가는, 모범적 기독교인이 되는 것입니다."

빅은 잠시 말을 멈추더니, 머리를 저으며 말합니다. "사람들이 교회를 비선지자 단체non-prophet organization라고 부르는 건 당연합니다!"(교회가 비영리 단체non-profit organization임을 빗댄 말. 역자 주.)

들어서가 아니라 보았기 때문에

제가 어렸을 때, 기독교인의 이미지란 저에게 정말 보잘것없는 것이었습니다. 저는 아직도 교회당에 걸려 있던 예수님의 초상화를 생생히 기억합니다. 그 그림 속의 예수님에 대한 제 첫인상은 그다지 좋지 않았습니다. 그분은 제 스타일이 전혀 아니었습니다. 예수님은 하늘거리고 분홍색이 도는 흰색 가운을 입고, 얼굴은 마치 레몬을 씹었거나 말린 사두 주스를 너무 많이 마신 것 같은 표징으로 수척했습니다. 그분의 너무도 가냘프고 연약한 모습, 특히 숱도 없어 보이는 긴 머리는 그분을 영양 결핍에 걸린, 남자답지 못한 분으로 보이게 했습니다. 그 그림은 예수님을 너무나 수수하고 약하게 보이게 했지요. 마치 그분의 모든 남자다움이 다 희석된 것처럼 말입니다. 그분의 머리 위에 그려진 후광마저 그런 이미지를 다르게 보이게 하지는 않았습니다. 저는 이 부드러운, 예수님에 대해 온화하고 포근한 이야기들을 기억하고 있었는데, 그 그림은 예수님의 그런 이미지에 딱 맞아 보였습니다. 그래서 제 주변에 위대한 그리스도인들이 많이 있음에도 불구하고, 저는 예수님과 그분을 따르는 사람들을 배짱 없는 '약골들'이라고 생각하게 되었습니다.

그런 제가 그리스도인이 된 것은 복음을 들어서가 아니라 보았기 때문입니다. 스탠포드대학에서 대학원 과정을 공부하고 있을 때 밥 리버츠Bob Reeverts라는 사람을 만났습니다. 저는 그때까지 그런 사람을 본 적이 없었습니다. 그에게는 제가 그때까지 경험해보지 못한 능력과 기쁨이 있었습니다. 195센티미터의 장신에서 뿜어져 나오는 무한한 에너지와 열정은 믿기 힘들 정도의 전염성을 가지고 있었습니다. 그는 전혀 의도하지 않았지만, 저에게는 너무도 커다란 의구심을 불러일으켰습니다. 그의 삶은 완전히 다르고 분명해서, 마치 누군가 제 입술에 소금을 발라놓은 것 같았습니다.

'무엇이 이 사람을 이렇게 만들었을까?' 저는 너무나 궁금했습니다. 두 번째로 그를 만났을 때, 상황은 더 심각해졌습니다. 저는 무엇이 그를 주목하게 하는 건지 도무지 알 수 없었습니다. 제가 감명을 받은 것은 그가 한 말이 아니라 그 자체였습니다. 세 번째로 그를 만났을 때, 저는 더 이상 참을 수가 없었습니다. 저는 그에게 가서, 그가 왜 그렇게 다른지 물었습니다. 그의 대답은 굉장히 솔직담백하고 간단명료했습니다. "예수님입니다."

저는 그때 누군가 제 컴퓨터에 렌치를 던지는 것 같은 느낌을 받았습니다. 그의 대답은 그때까지 제가 갖고 있었던 별볼일없고 초라한 기독교인에 대한 이미지에 전혀 들어맞지 않았기 때문입니다. 밥은 '젊은 생명'Young Life이라는 단체에서 일하고 있었는데, 전 세계의 청소년들에게 예수님을 전하기 위해 헌신적으로 일하는 단체입니다. 의심할 여지 없이, 그 단체 사람들은 제가 그때까지 만나본 사람들 가운데에서 가장 열정적이고 창의적이었습니다. 저는 완전히 혼란스러워졌습니다. 왜냐하면, 이 멋지고 재미있는 사람들이 그동안 제가 갖고 있던 칙칙하고 우울한, 말만 부드럽게 하는 조용한 어투의 기독교인들에 대한 이미지를 심각하게 흔들어놓았기 때문입니다. 게다가 밥과 그의 친구들이 보여준 진리는 제가 갖고 있던 예수님에 대한 통념적 이미지에 큰 타격을 주었습니다.

작가이며 코이노니아 농장Koinonia Farm의 설립자인 클라렌스 조단Clarence Jordan이 이렇게 말했습니다.

깨어있는 그리스도인, 살아있는 하나님의 사람에게 무관심하기는 굉장히 어렵습니다. 마찬가지로, 깨어있는 기독교 단체에 무관심하기는 더 어렵습니다. 그들을 아주 싫어하거나 아주 좋아하거나, 둘 중 하나일 겁니다. 한 가지는 확실합니다. 무시하지는 못한다는 겁니다. 그들에게 당신이 무시하지 못하게 하는 뭔가가 있는 겁니다. 그 뭔가는 그들이 하는 말이나 행동이 아닙니다. 당신을 괴롭히는 것처럼 보이는 건 그들 자체입니다. 당신이 그림자를 떨쳐버리지 못하듯이, 당신의 뇌리에서 그들을 떨쳐버리지 못하는 겁니다. 그들은 당신을 완전히 다른 삶의 방식에 직면하게 만듭니다. 새로운 사고방식, 변화된 가치관과 높아진 삶의 수준으로 말입니다. 간단히 말해서, 그리스도인들은 당신을 하나님의 나라에 맞닥뜨리게 합니다. 거기에는 아무런 형식이 없습니다. 이런 사람들은 왕관을 쓰든지 십자가에 못 박히든지 해야 합니다. 확실히 옳든지 확실하게 틀렸든지, 둘 중 하나이기 때문입니다.

본인은 알지 못했지만, 밥 리버츠는 제 삶에서 영원히 지울 수 없는 영향을 주었습니다. 그건 제 삶에서 가장 중요한 변화의 시작이었습니다.
옛 속담 중에 이런 말이 있습니다.

나는 들었고 잊어버렸다. 나는 보았고 기억하였다. 나는 행동했고 이해하였다.

제가 몇 가지 진지한 질문을 하게 된 건 생명으로 가득 찬 복음을 눈으로 보고 직접 경험하게 되면서입니다. 제 인생에서 갑자기 번쩍하며 번개가 치거나 천둥이 치거나 (특별한 경험으로 예수를 알게 되거나, 전도 집회에서 예수 믿을 사람 손을 들라고 해서) 손을 든 일은 없었습니다. 어떤 사람은 언제 어디서 예수님을 영접하여 그리스도인이 되었는지를 구체적으로 기억합니다. "내가 예수님을 구주로 영접한 것은 1972년 11월 4일 오후 8시 32분, 부흥회에 참석하고 있었을 때, 성경공부를 하고 있었을 때, (또는) 예배를 드리고 있었을 때"라고요. 하지만 저는 바울처럼 다메섹 도상의 경험 같은 건 없습니다. 프랜시스 톰슨Fransis Thompson의 '천국의 사냥개'Hound of Heaven라는 시의 내용처럼, 저에게는 그저 끝까지 포기하지 않으시고 잃어버린 어린양을 찾으시는 하나님의 은혜가 지속적으로 함께하셔서, 더 이상 그분을 무시할 수 없게 되었을 뿐이었습니다. 밥과 '젊은 생명'의 스태프들은 '근사함' 이상이었습니다. 그들은 역동적이고도 진정으로 참이신 예수 그리스도에게 헌신하는 사람들이었습니다. 그들이 근사한 나라 대신 하나님 나라의 옳은 자리에 서는 사람들이 되기를 선택했기 때문에, 제 삶은 급격하고도 놀랍게 변화되었습니다.

무모한 내려놓음

청소년 집회 강사이며 작가인 도슨 맥앨리스터Dawson McAllister는 복음의 진정한 진리에 접근하기 가장 힘든 청소년들이 바로 '모태신앙'이라고 말하였습니다. 도슨의 말에 따르면, 모태신앙인은 교회에서 자라면서 복음에 대해 너무 많이 들었기 때문에, 복음은 그들에게 더 이상 아무런 힘이 없습니다. 성인 모태신앙인은 어쩌면 복음의 충격적인 메시지에 더 귀가 멀었을지 모릅니다.

어떤 신학자는 "어쩌면 모든 그리스도인에게 있을 수 있는 최고의 사건은 3년마다 한 번씩, 그동안 알아왔던 예수님에 대해선 깨끗이 잊고 새로 시작하는 것일지도 모른다"라고 말했습니다.

우리는 영적으로 '무모한 내려놓음'을 할 수 있어야 합니다. 실제로 그렇게 할 수 있는 건 예배를 통해서입니다. 제가 이해하기로, 예배라는 단어의 어원 중 하나는 '무모한 내려놓음' 또는 '신경 쓰지 않음'입니다. 온전함과 자유로움으로 드리는 예배인 겁니다. 우리는 그런 자유로 부름을 받았습니다.

오스왈드 챔버스Oswald Chambers는 그의 기독교 고전 서적인《주님은 나의 최고봉》My Utmost for His Highest에서 당신의 삶을 하나님께서 주신 최고의 소명에 맞게 살라고 도전하고 있습니다. 그는 굉장히 보수적이고 성경적인 신앙을 갖고 있지만, 놀랍게도 하나님이 우리에게 원하시는 믿음이 어떤 것인지에 대해 설명하기 위해 '무모한 내려놓음'이라는 표현을 많이 사용했습니다.

믿음이란 삶의 영웅적인 노력입니다. 당신은 하나님에 대한 무모한 확신으로 자신을 그분께 내던집니다. 하나님은 우리를 구하시기 위해 모든 걸 예수님께 거셨습니다. 이제 주님은, 우리가 그분에 대한 무모한 확신 가운데에서 우리의 모든 것을 걸기를 우리에게 원하십니다. 영원한 생명의 참된 의미는 무엇이든 흔들림 없이 마주할 수 있다는 것입니다. 거듭하고 거듭해서, 당신은 주님이 원하시는 지점에 이를 것입니다. 그리고 그 지점에 이를 때마다, 매번 당신은 이전으로 돌아갈 것입니다. 당신이 의연히 내려놓을 때까지는 말이지요. 예수님은 당신이 상식적으로 끌어안고 있는 모든 걸 예수님께 걸고서 그분께로 달려오길 요구하고 계십니다. 예수님은 자기를 믿는 사람들에게 그런 영성을 요구하십니다. 무리로부터 과감히 걸어 나와 하나님의 성품에 자신을 맡기는 믿음이지요.[4]

가끔 우리는 하던 일을 멈추고 영적 맥박을 점검할 필요가 있습니다. 우리는 모범적인 것과 독실한 것의 경계를 넘어, 최선을 다하여 헌신적으로 그러한 내려놓음에 참여하고 있습니까? 우리가 그런 삶을 살 수 있는 단 하나의 이유는, 하나님께서 너무나 신뢰할 만한 분이시기 때문입니다.

어느 날 저는 아들 잭과 시골의 어느 산 절벽을 오르고 있었습니다. 제 위에서 "아빠! 나 좀 잡아주세요!" 하는 소리를 들었습니다. 돌아보니 잭이 저를 향해 바위에서 신나게 뛰어내리는 것이 아닙니까! 그는 점프한 다음 "아빠!"라고 외쳤고, 저는 서커스의 한 장면처럼 즉각 아들을 잡았습니다. 우리는 둘 다 땅에 쓰러졌고, 저는 아들을 잡은 다음 몇 초 동안 아무 말도 할 수 없었습니다. 잠시 뒤에 진정한 다음, 저는 너무 화가 나서 물었습니다. "잭! 왜 그런 짓을 했는지 말해 봐!" 잭은 놀랍도록 침착하게 대답했습니다. "그야 … 아빠니까 그랬지." 그의 모든 자신감은 자기 아빠를 신뢰한다는 데에 있었습니다. 아빠인 제가 믿을만했기에, 아들은 그의 삶을 최대치로 살 수 있었습니다. (이것이 절정의 삶일 것입니다.) 이것이 그리스도인에게는 더욱 진리가 되어야 하지 않겠습니까?

그리스도인은 세상에서 가장 자유롭고 흥미진진한 사람들일 수 있습니다. 왜냐하면 그들은 너무도 신뢰할 수 있고 믿음직한 아버지를 가지고 있기 때문입니다. 그런데도 우리는 너무 보수적입니다. 어느 날 제가 들은 보수적인 사람에 대한 정의는 이랬습니다. "보수적인 사람이란 앉아서 생각만 하는 사람이다. 주로 앉아만 있는."

왜 우리는 이 책 속의 모든 아이디어에 뛰어들어야 할까요? 하나님께서 믿을 수 없을 만큼 신실하시기 때문입니다. 만약 제 아들이 자기 생명을 무모하게 내려놓을 수 있을 만큼 이 아빠가 믿음직스러웠다면, 하나님은 그보다 더 무한히 신뢰하실 수 있는 분이므로, 우리는 우리의 자유를 만끽하며 예수님처럼 살 수 있을 것입니다.

하지만 그런 자유는 때로 무섭고 예측할 수 없습니다. 인간의 본성은 하나님이 얼마나 신뢰할 수 있는 분이신지를 알면서도 좀 더 안전한 쪽으로 기우는 것입니다. 만약 무슨 일이 일어날지 알 수만 있다면… 일이 어떻게 풀릴지 알 수만 있다면… 하고 말입니다. 하지만 미래를 들여다보기를 바라는 사람들에게 예수님께서 늘 뭐라고 말씀하셨나요?

정상탐험대의 열정적 강사 중 한 사람인 짐 웅가로Jim Ungaro가 앞으로 3년간 그의 삶에 대한 주님의 계획에 대해 물었습니다. "그저 약간의 청사진만이라도요, 하나님! 제 삶이 어떻게 될까요? 제 시간과 재능을 잘 관리하는 좋은 청지기가 되고 싶습니다."

얼마 뒤에, 제가 짐에게 물었습니다. "그래, 응답은 받았나?"

짐이 말하더군요. "물론이지. 그분은 아주 간단명료하게 답해주셨네. '나를 따르라'고."

기독교인의 삶이 지루할 수 있는가?

당신은 궤양에 걸리지 않기 위해 자극적이지 않은, 심심한 음식만 먹으면서 살 수 있습니다. 건강이라는 명목으로 차나 커피나 어떤 자극적인 음료도 마시지 않고, 일찍 잠자리에 들어 밤 문화를 피합니다. 다른 사람의 감정을 상하지 않게 하려고 논란이 될 만한 주제는 모두 피하고 자기 일에만 신경 쓰며, 다른 사람들의 문제에 관여하는 건 회피합니다. 꼭 필요한 곳에만 돈을 쓰며, 절약하여 돈을 모을 수도 있습니다. 하지만 당신은 여전히 욕조에서 미끄러져 목이 부러질 수 있으며, 그렇게 되더라도 당연합니다.

_아일린 구더Eileen Guder, 《하나님, 하지만 저 심심해요》 중에서

간단한 질문 하나를 드리겠습니다.

"기독교인으로서 당신의 삶이 종종 지루하십니까?"

만약 그렇다면(솔직히 말하자면, 대부분이 그럴 겁니다만), 제가 제안을 하나 하고 싶습니다. 가장자리, 주변부로 가십시오.

이래의 그림을 보세요.

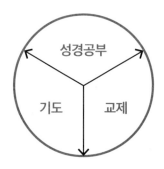

이 세 가지는 그리스도인의 성장에 가장 기본이 되는 것들입니다. 우리 대부분은 언젠가 이 중 하나 또는 모든 것에서 지루해질 것입니다. "교회에 나처럼 깔끔한 사람만 좀 더 있다면 내 유대감이 좋아질 텐데, 혼자만의 시간을 가질 수 있거나 기도에 대한 좋은 책을 읽으면 내 기도 생활이 좀 나아질 텐데"라고 말합니다. 그렇게 느낀 적이 없었나요? 저는 그랬습니다.

당신은 이런 따분함에서 어떻게 훈련해질 수 있을까요? 저는 한 가지 확실한 방법을 찾았습니다. 그것은 바로 원의 안 어딘가에만 있던 삶의 중심을 테두리 쪽으로 옮기는 것입니다. 우리가 이미 예상하고 있는 한계점의 끝에 다가갈수록, 그 한계점을 두 발로 든든히 붙잡을 수록 우리의 기도 생활이 살아나고, 성경공부는 노래가 될 것이며, 성도 사이의 교제는 꽃을 피울 것입니다.

제가 뉴욕 동부에 있는 출감자들을 위한 사회복귀 시설에서 일할 때, 제 잠자리는 '도끼남'Hatchetman(폭력 조직원들조차 좋아하지 않는 궂은 일을 하도록 고용된 사람)의 벙커 침대 아래였습니다. 그는 2미터에 가까운 키에 제 장딴지만한 팔뚝을 가진 사람이었습니다. 어느 날 저는 팀장인 보 닉슨Bo Nixon에게 그의 별명이 왜 '도끼남'인지 물었습니다. 보가 이렇게 답하더군요. "아, 도끼가 그 사람이 가장 쓰기 좋아하는 무기라서."

제가 두려움에 떨며 그 질문을 한 것을 후회했던 기억이 납니다. 하지만 보의 대답은 자연스레 그리스도인으로서의 제 삶에 큰 성장을 가져왔습니다. 갑자기 저는 더 열심히 기도하게 되었고, 제 성경공부의 양은 엄청나게 늘어났으며, 그와 교제하고 싶은 제 갈망은 너무나 커졌습니다.

마찬가지로, 사람들은 탐험대의 코스 중 하나인 높은 곳에서 로프를 잡고서 하강하는 라펠링rappelling을 할 때면 결코 지루해하지 않습니다. 라펠링 코스 중에는 심장이 오그라들 만한 난이도의 경사도 있습니다. 하지만 막상 그 코스를 마쳤을 때, 모든 참가자는 한계에 도전한 흥분과 기쁨, 로프에 대한 믿음과 살아있음에 대한 강렬한 느낌에 대해 이야기합니다. 우리도 그리스도인의 삶이 어떠해야 한다고 생각하는 한계의 최대치에 가까운 삶을 살수록 그것과 마찬가지를 느낍니다. 살아있음을 느끼고, 하나님께 가까워짐을 느끼며, 엄청난 기쁨을 느끼게 될 것입니다.

하지만 이런 종류의 경험은 우리가 한계에 도전하지 않는 한 경험할 수 없습니다. 그 한계가 어떻게 생겼든지, 만약 우리가 그 한계를 극복하지 않는다면 ① 우리가 진정 누구이며 무엇이 될 수 있는지 결코 알 수 없을 깃이며, ② 삶이란 어떤 것이며, 삶의 무한한 가능성에 대해서는 결코 알 수 없을 것이며, ③ 하나님께서 우리 삶 속에서, 우리 삶을 통해서 하실 수 있는 일에 대해서는 결코 알 수 없을 것입니다.

고린도후서 1장에서 바울은 그가 자기 능력의 한계에 이르렀을 때에야 비로소, 진정으로 하나님께서 그의 삶을 통해 무엇을 하실 수 있는지 발견할 수 있었다고 썼습니다. 저도 저의 한계에 다다랐을 때 그와 같은 경험을 하였으며, 바울의 고백이 진실임을 깨닫게 되었습니다. 제가 온전히 하나님만 의지하게 되었을 때, 하나님께서 너무나 놀라운 방법으로 일하시는 것을 보았습니다.

우리는 광야로 갑니다. 왜냐하면, 성경에서 나오는 광야란 온전히 하나님만 의지하게 되는 장소이기 때문입니다. 실제로, 광야는 지속적으로 하나님께서 그의 백성들을 준비시키시고 훈련시키시는 장소였습니다. 이스라엘 백성들이 애굽에서 탈출하였을 때, 하나님께서는 매일, 날마다 그들을 인도하셨습니다. 하루 이상 먹을 만큼 충분한 양의 만나를 내려주지 않으셨습니다. 그들이 만나를 보관하려 하자, 다음날이 되기 전에 다 상하였습니다. 그것은 오스왈드 챔버스가 말했던 것처럼 "하나님은 지금 현재에 계시며, 내 삶의 혼란 가운데서 일하고 계신다"라는 말과 같습니다.

우리는 위험을 감수할 때 그분을 느낄 수 있습니다. 위험을 무릅쓰고 세상의 필요에 참여할 때, 예상하는 한계를 뛰어넘을 때, 비로소 하나님께서 무엇을 하실 수 있는지 볼 수 있습니다. 당신이 존경하는 역사 속 인물들의 삶을 생각해보십시오. 그들은 모두 삶의 최전방에서

1부 | 모험이 사라졌다, 믿음도 사라졌다

살았습니다.

당신이 그동안 들어왔던 것과 반대로, 우리는 '예수님을 위해 살도록' 부르심을 받지 않았습니다. '예수님 안에서 살도록' 부르심을 받았습니다. 요한복음은 계속해서 '거하심'dwelling에 대해 이야기합니다. 언제가 저는 어느 목사님이 "요한은 '나를 믿으라'(believe in me : 내 안에서 믿으라)라는 구절을 그의 모든 기록에서 198번이나 사용했다"라고 하시는 말씀을 들었습니다. 그것은 요한에게 가장 중요한 주제였습니다. 그리스도인의 삶은 그저 하나의 모방이 아니라 거주(居住)입니다. 그분은 이미 우리 안에 계십니다. 놀라운 능력이 우리 안에 있습니다. 그 능력을 해방시키는 건 우리의 선택에 달려 있습니다.

누가 운전석에 있는가?

어느 뛰어난 신약성경 학자가 "신약에서 가장 중요한 단어가 무엇이라고 생각하느냐"라고 물었습니다. 다들 한마디씩 하였습니다. "사랑 아닌가요? 믿음? 희망? 신령함? 은혜?" 학자가 말했습니다. "아닙니다. 그것은 아주 작은 단어, 바로 '허용하다'Let입니다."

예수님께서 당신 안에서 그분의 선한 일을 하실 수 있게 '허용'하십시다Let Jesus Christ do His good work in you. 예수님께서 가지셨던 마음이 당신 안에 거할 수 있게 하십시다. 당신의 평화가 당신에게 돌아올 수 있게 하십시다. 당신의 빛이 사람들에게 비출 수 있게 하십시다.

영어의 '허용하다'라는 단어는 모든 백과사전적 의미가 함축되어 있는, 변화시키는 믿음입니다. 이 말은 창조주의 완전한 사랑과 능력에 대한 믿음입니다. 또한, 천국이 아버지께서 그의 자식들에게 주시려는 좋은 선물로 가득 차 있는 곳이라고 믿는 것입니다. 이 심오하면서도 단순한 단어 '허용하다'는 하나님의 능력을 여는 문입니다. 하나님께서 우리 안에서 일하실 수 있도록 허락하여 드리는 것입니다. 이것이 바로 기쁜 소식입니다.

우리가 우리의 한계에 도전하고, 온전히 하나님만 의지하는 삶을 살려고 하고, 우리 안에 있는 그분의 능력을 찾으려 할 때, 우리는 지금까지 이야기해온 모든 것이 순전히 노력에 의한 것이 아니라는 것을 깨닫게 됩니다. 우리에게는 믿기 힘들 만큼의 엄청난 능력이 있습니다. 오직 우리에게 필요한 것은 우리가 이미 갖고 있는 것이며, 그것은 바로 우리 안에 계시는 하나님이십니다! 이 원리를 이해하셨나요? 예수님께서 우리 안에 계십니다. 그것보다 더 놀라운 일은 없습니다. 우리는 이 사실을 한치의 가감 없이 인정해야 합니다.

다른 식으로 표현해보죠. 만약 하나님께서 오늘 밤 돌아가신다면, 그리스도인으로 살아가는 당신의 삶이 달라질까요? 그 변화를 느낄 수 있을까요? 어쩌면 그것은 아래의 시 '삶의 여정'에서 굉장히 역동적으로 표현된 것처럼, 누가 운전석에 있는가에 달려 있는지도 모르겠습니다.

처음엔,
하나님이 나를 감시하는 분이라고 생각했다.

나를 심판하시는 분,
내가 잘못한 일들을 기록하셔서,
죽으면 천국으로
또는 지옥으로 보내야 할지 아시기 위해.

그분은 마치 대통령 같았다.
그분의 사진을 볼 때면
그분이 누구인지 알아볼 수 있었지만,
나는 진정으로 그분을 알지 못했다.

하지만 나중에 내가 예수님을 만난 후,
삶은 마치 자전거 여행 같았다,
둘이 같이 타는 자전거 여행.
그리고 나는 예수님께서
내 뒤에서 내가 페달 밟는 것을
도와주고 계셨음을 깨달았다.

그분이 언제 자리를 바꾸자고
말씀하셨는지는 모르겠다.
하지만 그때부터 내 삶은 완전히 달라졌다.

내가 앞에서 운전할 때는

길을 알고 있었다.
좀 지루하지만 예상할 수 있는…
가장 짧고 가까운 길.

하지만 그분이 앞에 타셨을 때,
그분은 산을 오르고,
돌투성이의 길을 따라
목이 부러질 것 같은 속도로
신나게 멀리 돌아가는 길을 아셨다.

내가 할 수 있는 일은
그저 그분을 꽉 붙잡는 것이었다!
그건 정말 미친 짓 같았지만,
그분은 내게 "페달만 밟아!"라고 말씀하셨다.

나는 너무나 걱정되고 불안해서
그분께 물어보았다.
"저를 어디로 데려가시나요?"
그분은 그저 웃으시며 대답하지 않으셨고,
나는 그분을 믿기 시작했다.

나는 지루하고 재미없는 내 삶을 잊어버리고

모험을 향해 나아갔다.
내가 "무서워요"라고 말할 때면,
그분은 몸을 뒤로 젖히며 내 손을 잡아주셨다.

그분은 내게 꼭 필요한 선물을 가진 사람들을 만나게 하셨다.
치유의 은사, 용납, 그리고 기쁨을 가진.
그들은 하나님과 내가 하는 여행을 위해
그 선물들을 내게 주었다.

우리는 다시 길을 나섰고,
"그 선물들을 다 주어라"라고 그분은 말씀하셨다,
"우리 여행에 너무 무거운 짐만 된단다."
그래서 나는 그대로 했다,
우리가 만나는 사람들에게.
그리고 내가 줄 때 받는다는 걸 깨달았다.
그래도 우리의 짐은 늘 가볍기만 했다.

나는 처음엔
그분을 믿지 않았다.
내 삶을 운전하는 일에서,
그분이 내 삶을 망칠 거라고 생각했다.
하지만 그분은 자전거의 비밀을 알고 계셨다.

날카로운 코너를 돌 때는
자전거를 어떻게 꺾어야 하는지 아셨고,
높은 암벽을 지날 때는
어떻게 뛰어넘어야 할지 아셨고,
무서운 길을 지날 때는
어떻게 빨리 지나가야 하는지 아셨다.

그래서 나는 침묵하는 법을 배우며,
그저 페달만 밟기 시작했다.
한번도 가보지 못한 낯선 곳에서도,
나는 그곳의 경치와
내 얼굴에 닿는 시원한 바람과
나의 영원한 동반자이신 예수님을
즐기기 시작했다.

내가 더 이상 앞으로 나아갈 수 없다고 느껴질 때,
그분은 미소 지으며 말씀하실 것이다.
"페달이나 밟아."

_작가 미상

우리를 통해 나타나시기를

나는 당신 안에 있는, 먼지만 수북이 쌓여 있는 기독교 신앙은 전혀 모험적이지 않다는 이미지를 다 날려버리고 싶습니다. 우리는 살아계신 예수님을 세상에 드러내는 산 증인들입니다. 예수님께서는 우리가 그분보다 더 위대한 일을 하라고 부르심을 받았다고 말씀하셨습니다. 우리는 세상에서 그저 예수님을 대변하는 삶뿐 아니라, 행동하는 삶, 예수님이 우리 안에 거하시는 삶, 예수님이 우리를 통해 다시 표현되는 삶을 살기 위해 부르심을 받았습니다.

예수님의 대사(大使)로서만 아니라, 그분이 우리를 통해 다시 사시는 삶을 사십시오. 그것이 최선책입니다. 그러면 지금쯤 서로의 얼굴을 쳐다보며 물을 것입니다 "그럼 차선책은 무엇인가요?" 아쉽게도 차선책은 없습니다. 하나님께서는 우리의 어설프고 부족한 인간됨을 보시며, "그래, 이것이 이 세상에서 내가 존재한다는 것을 나타내는 방법이다. 나는 계속해서 내 아들을 '예수의 사람들'을 통해 나타내길 원한다"라고 말씀하고 계십니다.

마델린 랭글Madeleine L'Engle은 말합니다.

사실 그 누구도 자격이 되지 않습니다. 하지만 하나님은 계속해서 가장 자격이 없는 사람을 택하여 그분의 일을 하게 하시고, 그분의 영광을 나타내게 하십니다. 만약 우리가 충분한 자격이 된다면, 우리는 아마 우리 힘으로 그 일을 해냈다고 생각할 것입니다. 만약 우리가 너무도 확실하게 우리의 부족함을 인정해야 한다면, 하나님의 일하심을 우리 자신의 능력과 혼동하지 않게 될 것이며, 하나님의 영광을 우리 자신의 영광과 혼동하지 않을 것이기 때문입니다.

제발 정신 차리라고,
한 번만 걷어차 주게

4장

> 그 누가 단지 다른 사람들의 경험을 읽는 것만으로 마음의 평화를
> 얻을 수 있는가? 그런 일은 세상이 시작된 이래 단 한 번도 없었다.
> 우리는 모두 다, 스스로 불 속을 지나가야 한다.
>
> _노만 더글라스_Norman Douglas

저의 친구 중 한 명이 그의 고등학교 졸업 40주년 동창회에 초대되었
습니다. 그는 40년 전에 살았던 곳과 알고 지내던 사람들을 부인에게
보여주고 싶어서 몇 달 동안 돈을 모았습니다. 동창회 날짜가 가까워
지자, 옛 친구들이 들려줄 변화와 성공에 대한 멋진 이야기들을 상상
하며 점점 들뜨기 시작했습니다.

　동창회 전날 밤, 그는 오래된 졸업앨범을 꺼내 보며 친구들이 서로
의 미래에 대해 적어놓은 재미난 축복의 글들을 읽어보았습니다. '축
구부에서 86번을 달고 뛰던 친구는 뭘 하고 있을까? 나의 삶을 이렇게

엄청나게 변화시기신 예수님을 만난 친구들도 있을까?' 그는 친구들의 모습이 어떻게 변해 있을지, 어떤 일들을 하고 어떤 가정을 꾸리며 살고 있을지 상상해보기도 했습니다.

드디어 동창회에 가는 날이 되어, 저는 그 부부를 공항에 데려다주었습니다. 그가 너무나 들떠 있어서 저까지 신이 날 지경이었습니다. "주일 저녁에 마중 나올게. 어땠는지 얘기해주게. 즐거운 시간이 되길 바라네."

주일 저녁이 되었습니다. 비행기에서 내리는 친구의 모습을 보니 너무나 슬퍼 보였습니다. 그런 그의 모습을 보니 여행에 대해 별로 묻고 싶지 않았지만, 마지못해 "그래, 동창회는 어땠나?" 하고 물었습니다. "팀, 그 동창회는 내 삶에서 가장 슬픈 경험 중 하나였네"라고 그가 말했습니다. "저런! 무슨 일이 있었길래 그러나?" 제가 묻자, 그는 설명했습니다.

"무슨 일이 있었기 때문이 아니라, 아무 일도 없었기 때문이라네. 40년이야…. 40년 동안 친구들은 하나도 변하지 않았네. 그저 살이 조금 찌고, 옷이 바뀌고, 일을 하고 있을 뿐…. 변한 게 하나도 없었네. 그것은 내가 살아오면서 경험한 일 중 가장 비극적인 일이었네. 왜 그런지 정확히 알 수는 없지만, 그들은 마치 변하지 않기로 작정한 사람들 같았네."

주차장을 향해 걸어가는 동안 긴 침묵이 흘렀습니다. 집으로 가는 차 안에서 그가 제게 말했습니다. "나는 절대로 나에 대해 그렇게 이야기되기를 원치 않네. 삶은 너무나 소중하고, 너무나 거룩하고, 너무나 중요하다네. 내가 만에 하나라도 그렇게 정체되어 있고, 발전 없는 모습으로 사는 것처럼 보이거든, 제발 부탁인데, 정신 차리라고 날 좀 한 대 걷어차 주게. 내가 계속 발전할 수 있도록, 나에게 도전의식을 북돋아주게. 그럴 만큼 나를 위해주길, 진심으로 바라네."

우리는 계속 변화되도록 부르심받았다

우리는 '부활의 백성'이라고 일컬어집니다. 저는 이것을 '부활절화 _{Easterized}되었다'라고 말합니다. 우리는 예수님 안에서 새로운 '창조물'로 변화돼야 합니다. 여기서 흥미로운 것은, 이러한 창조는 한번 일어나고 끝나는 것이 아니라는 것입니다. 이런 창조는 계속되고 있으며, 그것은 과정입니다. 자연 속에서는 어떤 것도 정체되어 있지 않습니다. 우리에게는 계속해서 발전하고 싶어하는 욕망이 있습니다. 여러분이 제가 이 책에서 제안하는 삶의 방식을 고려하는 이유야말로, 그것이 계속해서 발전하고 변화하려는 특권으로의 초대이기 때문입니다.

언젠가 마틴 루터 킹 2세_{Martin Luther King, Jr.}가 이렇게 말했습니다. "나는 어쩌면 내가 되고 싶었던 사람이 아닐지도 모릅니다. 내가 되어야 할 사람이 아닐지도 모릅니다. 내가 될 수 있었던, 또는 될 수 있는 사람이 아닐지도 모릅니다. 하지만 하나님의 은혜로, 나는 예전의 내가 아닙니다."

이와 같이 계속되는 변화는 구약과 신약성경에 공통적으로 나타나는 핵심 주제입니다. 우리는 예수님 안에서 성장하고 발전합니다. 하지만 그러기 위해서는 용기가 필요합니다. 용기의 반대말은 비겁이 아니라 순응입니다. 누군가가 말했듯이, 세상과 '똑같아지는 것'은 예수님이 주인 되신 삶의 모습이 아닙니다. 우리는 성장해야 합니다. 이 책의 주제야말로 누구든지 경험할 수 있는, 흥미진진하고 계속되는, 우리의 삶을 성숙하게 하는 변화의 경험입니다.

얼마 전, 우연히 함께 청소년 사역을 했던 친구를 7년 만에 만났습니다. 그녀는 믿음직스럽고 창의적이며 유능한 기독교인으로, 저는 늘 그녀의 성숙한 모습을 존경해왔습니다. 그런데 그녀를 만나보니 놀랍도록 변해 있었고, 저는 그녀의 변화를 단번에 알아볼 수 있었습니다. 자신을 가득 채운 기쁨과 평안, 확신으로 빛나고 있었습니다. 너무나 놀라운 변화였습니다.

"내 말을 오해하지는 말아요. 그때와는 너무나 달라 보이네요"라고 제가 말하자, 그녀는 미소 지으며 "맞아요"라고 대답했습니다. "이렇게 변한 이유가 무언지 말해줄 수 있나요?"라고 묻자, 그녀는 "당신은 이해할 수 없을 거예요"라고 말했습니다. "그래도 얘기해주세요"라고 조르자, 그녀가 말했습니다.

"어느 날 로마서를 읽고 있었어요. 그리고 불현듯 제가 정말 죄인임을 깨달았죠. 하나님의 은혜로 구원받은."

저는 살짝 놀라서 다시 물었습니다 "그게 바로 당신이 그렇게 평화롭고 기쁘고 평온한 이유란 말인가요?"

"네."

"당신이 하는 말은 맞아요. 하지만 이해는 안 되는군요. 기독교인이 되기 전에 당신이 죄인이라는 건 이미 알았을 텐데요"라고 묻자, 그녀가 이러더군요.

"맞아요. 난 항상 내가 죄인이라는 걸 알았죠. 하지만 기독교인이 되고 난 후엔 더 이상 죄인이 아닌 줄 알았어요. 그래서 실수라도 하면 며칠씩 자신을 마구 나무랐어요. 왜냐하면 나는 기독교인이니까 더 이상 실수하거나 죄를 지으면 안 된다고 생각했거든요."

그녀의 말이 물론 맞습니다. 공감이 됩니다. 우리 또한 자신이나 다른 사람을 그렇게 정죄하니까요. 제가 대학에서 가르칠 때 너무나 많이 들었던 말이 바로 "아, 난 저 사람이 기독교인인 줄 알았는데…"였습니다. 그 속엔 우리가 구원받은 후엔 더 이상 비난이나 책망을 받아서는 안 되는 존재이며, 죄를 짓거나 실수하지 않는 존재라는 뜻이 담겨 있었습니다.

그런데 그녀가 로마서를 다시 읽었을 때, 그녀의 삶에 두 가지의 커다란 변화를 가져왔다고 말해주었습니다. "나는 죄인이었고 항상 죄인일 것이라는 사실을 깨닫고 난 후, 다시금 성경의 심오한 진리를 깨달았습니다. 그것은 바로, 만약 저를 제 뜻대로 할 수 있게 놔둔다면, 저는 항상 이기적인 선택을 하여 죄를 지을 거라는 사실입니다. 늘 잘못된 일만 하겠죠. 매번! 저는 이제 실수하면 그럴 수밖에 없다는 것을 압니다. 저는 그렇게 만들어졌기 때문입니다. 이제는 실수하거나 죄를 지어도 더 이상 놀라지 않습니다. 쓸데없는 죄의식도 갖지 않습니다. 그런 잘못된 죄의식이 나를 넘어뜨리지 않게 합니다."

"이제야 이해가 됩니다. 당신 말이 맞아요."

"이미 몇 세기 전에 어떤 이가 로렌스 형제에게 죄를 지은 후에 어떻게 하는지에 대해 물었는데, 로렌스 형제가 뭐라고 답했는지 아시나요? 그는 '그저 하나님께 용서를 빌고 다시 살아갑니다'라고 말했죠. 저도 이제 그렇게 합니다."

"그럼 또 하나의 변화는 무엇인가요?" 제가 또 물었습니다.

"두 번째 변화는 더 놀랍죠. 만약 제가 살면서 무언가 선한 일을 했다면, 그것은 제가 한 일이 아니라 바로 하나님께서 제 삶 가운데서 일하신 거라는 걸 깨달은 것이죠. 그래서 제 하루하루의 삶 속에서 무언가 좋은 일이 일어날 때마다, 그건 하나님의 은혜요 능력임을 깨닫게 된 것입니다. 이제 저는 매일 하나님께서 제 삶을 통해 어떻게 일하시나 기대하며, 하나님께서 일하실 때마다 놀라워하고 감사하며 지냅니다."

"모든 일을 그렇게 보시나요?"라고 묻자, 그녀가 답했습니다.

"저는 제 삶을 통해 일하시는 하나님을 항상 봅니다. 또한 그 사실이 저를 늘 놀라게 하지요. 하나님께서 제 안에서 일하고 계시기에, 저는 변하고 성장하고 있습니다. 이러한 변화는 제가 하는 모든 선한 일이 제가 하는 것이 아니라 하나님께서 하시는 것임을 깨달음과 동시에 시작되었습니다. 정말이지 저는 그분의 사랑과 은혜에 어찌할 줄을 모르겠습니다. 그분의 사랑과 은혜는 진실하고 끝이 없습니다. 저는 그것이 보입니다. 그러니 제가 어떻게 다르게 생각할 수 있겠어요?"

제 친구는 변했습니다. 나쁜 쪽에서 좋은 쪽으로가 아닌, 좋은 쪽에서 믿기 힘들 정도로 더 훌륭하게 말입니다. 제가 알던 그녀는 믿음직스럽고 도덕적인 기독교인이었습니다. 하지만 하나님의 사랑에 대해 새롭게 깨닫게 된 후, 그녀는 예수님 안에서 언제든지 타오를 수 있는, 불이 붙은 그리스도인이 되었습니다. 그리고 이제 그녀는 자기 삶에 무슨 일이 생기든지, 모든 것을 흔쾌히 맞이할 수 있게 되었습니다.

그녀 또한 다른 많은 기독교인처럼 그리스도인의 삶이 얼마나 놀라울 수 있는지 깨닫지 못한 채, 자신에 대한 오해로 인한 죄책감과 걱정으로 가득 찬 삶을 살았을지 모릅니다. 하지만 그녀는 우리의 삶이 죄책감에 매여있는 것 이상이라는 걸 깨달았고, 우리 또한 그녀처럼 될 수 있습니다. 그리하여 바람에 흔들리는 촛불이 아닌, 폭죽처럼 어떤 일에도 당당히 맞설 수 있는 삶을 살면서 변하고 성장할 수 있습니다.

> 당신의 삶에서 일어날 수 있는 가장 최고의 일은 그저 잠잠히 하나님께서 당신을 통해 일하시고 말씀하실 수 있도록 하는 것입니다.
> 당신은 기름도 아니고 공기도 아닙니다. 그저 빛을 나타내기 위해 발화하여 타오르는 도화선입니다.
> 당신은 그저 빛이 통과하는 렌즈입니다. 빛이 렌즈를 통과하는 것처럼, 당신도 오직 그렇게 빛을 받고, 주고, 간직할 수밖에 없습니다.
>
> _대그 해머스콜드 Dag Hammarsjkold, 'Markings'

변할 수 있다, 82세에도!

기독교인으로서 자기의 삶이 새로운 차원으로 뛰어들기에는 너무 늦었다고 생각될 때가 있습니까? 그렇다면, 그건 반드시 잘못된 생각입니다. 우리는 언제든지 변하고 발전할 수 있습니다.

나이가 82세인 분이 제게 편지를 보내셨습니다. 52년간 목회자로 봉사하신 분이셨는데, 그때는 피부암으로 고생하고 계셨습니다. 이미 15번의 수술을 받았지만, 상태가 너무 좋지 않았습니다. 고통도 심했지만, 피부암으로 생긴 흉터들이 창피해서 외출도 하지 않으셨습니다. 그러던 어느 날, 그분은 《당신은 계속 춤을 춰야 합니다》You gotta keep dancing이라는 제 책을 받게 되셨다고 합니다. 그 책의 내용은 제가 거의 죽을 뻔했던 등반 사고와, 그로 인해 겪게 된 극심한 고통과 오랜 투병 생활에 대한 것이었습니다. 책에는 참을 수 없는 고통이 늘 저와 함께 할 거란 걸 어느 날 깨닫게 된 기록이 있습니다. 그걸 깨달은 순간, 저는 아주 중요한 결정을 하였습니다. 그 고통에 대해 어떻게 반응하느냐는 누구도 아닌 바로 저 자신이 할 일이라는 걸 알았다는 겁니다. 그랬기 때문에 저는 기쁨을 선택했습니다. (기쁨에 대해서는 뒤에서 좀 더 자세히 나누겠습니다).

제 책을 한참 읽다가, 그 목사님은 책을 내려놓고 이렇게 생각했다고 말해주셨습니다. '이 사람 진짜 미쳤군. 어떻게 기쁨을 선택할 수 있담? 나는 그렇게 할 수 없어.' 그리고 더 이상 그 책에 대해 생각하지 않으셨다고 합니다. 그러던 어느 날, 그 분은 요한복음 15장 11절에서 '기쁨은 선물'이라는 말씀을 읽게 되셨습니다. "내가 너희에게 이러한 말을 한 것은 내 기쁨이 너희 안에 있게 하고, 또 너희의 기쁨이 넘치게 하려는 것이다"라고 예수님께서 말씀하셨잖아요.

목사님은 '기쁨이 선물이구나!'라는 생각은 들었지만, 어찌해야 할지는 몰랐다고 하셨습니다. 그래서 그 자리에서 무릎은 꿇었는데, 뭐라고 기도해야 할지는 몰라 그저 "하나님, 그렇다면 제게 기쁨을 주십시오"라고 기도하셨답니다. 그러자 갑자기 뭐라고 형용할 수 없는, 하늘에서부터 오는 기쁨이 자신을 가득 채우는 것을 느끼셨다고 합니다.

"나는 그 기쁨에 완전히 압도되었습니다. 그건 마치 베드로가 말한 '말로 다 표현할 수 없는 영광과 즐거움을 바라보며 기뻐하고'라는 말씀과 같았습니다. 저는 무슨 말을 해야 할지 몰라 그저 '더 주십시오 주님!'이라고 말했습니다."

스스로 알아차리기도 전에, 그는 온 집안을 춤을 추며 돌아다니고 있었습니다. 너무나 기뻐서, 주님 안에서 다시 태어난 것 같았습니다. 이런 어마어마한 변화는 놀랍게도 82세라는 나이에 일어난 일이었습니다. 그는 너무나 기뻐서 밖으로 뛰쳐나가지 않을 수 없었습니다. 그렇게 큰 기쁨은 숨기거나 감춰둘 수 없습니다.

그 분은 근처의 한 식당에 가서 햄버거를 시켰습니다. 어떤 부인이 그가 기뻐하는 모습을 보고 "기분이 좋아 보이시네요?"라고 물었습니다. 목사님은 "너무나 좋습니다"라고 답했고, 그녀는 "오늘이 생신이신가 봐요?"라고 물었습니다.

"아닙니다. 그것보다 더 좋은 날입니다!"

"결혼기념일이세요?"

"그것보다 더 좋은 날입니다!"

"그럼 무슨 날이세요?" 그녀가 들뜬 말투로 물었습니다.

"예수님께서 기쁨을 주신 날입니다. 제가 무슨 이야기를 하는지 아시겠어요?"

그녀는 어깨를 으쓱하며 "아니요. 일요일엔 일을 해야 해서요"라고 말했답니다.

정말 그렇지 않나요? 우리는 지금까지 이렇게 신명나는 그리스도인의 삶을 일주일 중 단 하루로 제한해왔습니다! 하지만 이 고령의 목사님이야말로 우리가 언제나 변할 수 있다는 산 증거이며, 그러한 변화가 우리의 삶을 얼마나 기쁨으로 가득 채울 수 있는지 보여주고 있습니다. 이런 변화는 우리가 처한 상황이나 시기와 상관없이, 우리 삶 속에서 언제든지 일어날 수 있습니다.

지금 온전하지 않다면, 대체 언제 거룩해질까?

내가 거룩하니, 너희도 거룩하여라 _베드로전서 1:16

어떤 사람이 자신의 소명에 도달했는지, 혹은 그만의 아주 특별한 장소에 도달했는지는 그가 거기에서 하나님의 나라를 발견했는지, 혹은 "온전하고 거룩하라"는 주님의 음성을 들었는지에 달려 있습니다. 제가 '온전함'wholiness이라고 부르는 것 말입니다.

디트리히 본회퍼Dietrich Bonhoeffer 는 그의《옥중서신》Letters and Papers from Prison에서 강조하기를 "그러므로 하늘에 계신 너희 아버지께서 완전perfect하신 것같이 너희도 완전하여라"(마가복음 5:48)라는 성경 말씀이 실제로 의미하는 바는 말 그대로 "너희의 하늘 아버지께서 온전하심complete같이 너희도 온전하라"는 것이라고 말했습니다. 여기에 우리의 목적이 있습니다. 우리가 이야기하고 있는, 절정의 삶을 살기 위한 목표이기도 합니다. 예수님께서는 우리를 온전하고 거룩하게 하시려고 우리에게 오셨습니다.

거룩함은 우리 존재와 행동 전체에 관한 것이다

거룩함에 대해 말하는 것은 어찌 보면 코끼리를 목욕시키는 일과 같습니다. 어디서부터 시작해야 할지 모르기 때문입니다. 거룩함이란 어떤 상태에 도달하는 것이 아니라 끝이 없는 과정이며, 그 과정의 핵심은 우리가 예수님과 더불어, 그리고 예수님을 통하여 지속적으로 성장해가는 관계의 분량입니다. 거룩은 장소나 물건이나 건물이 아닙니다. 거룩은 삶의 여정 속에 있고, 과정이며 선물입니다.

'거룩'Holy이라는 단어의 근본 의미는 '하나님을 위해 구별되다, 뚜렷하게 다르다, 신성하게 되다'입니다. 그런데 온전함whole과 열정적hearty이라는 단어에도 있는 것처럼, 거룩은 '결점이 없다'hale라는 뜻도 담고 있습니다. 이것은 육체적으로 건강할 뿐 아니라 영혼의 강건함으로 살아있음을 의미합니다. 이러한 거룩에 대한 근본 의미들은 모두 거룩이 주어지는 것이라는 걸 강하게 시사합니다. 우리 능력으로는 거룩을 얻을 수 없습니다. 보이스카우트 공로 훈장을 받거나 칭찬 스티커를 모아야 받을 수 있는 것이 아닙니다. 우리의 선행이나 경력이나 도덕성과는 아무런 상관이 없습니다. '스스로 하라'do-it-yourself의 시대에서는 결코 얻을 수 없는 것입니다. 거룩은 선물입니다. 인정받고 용납받기를 기다려 받는 순전한 선물입니다. 우리는 거룩해지기 위해 애쓸 필요가 없습니다.

저에게 거룩이란 세상과 동떨어지고 분리된 교회의 스테인드글라스 창문 같은 느낌이어서, 언제나 너무 멀고 가까이할 수 없는 개념이었습니다. 거룩에 대해서는 저도 모르는 사이에 예수님의 관점이 아닌 바리새인의 관점에서 바라보고 있었습니다. 하지만 이 책을 쓰는 중에 간단하지만 너무도 충격적인 사실을 깨달았습니다. 역사상 가장 거룩한 분은 의심의 여지 없이 예수님입니다. 하지만 예수님은 역겹고 더러운 것으로부터 자신을 전혀 분리하지 않으셨다는 겁니다. 오히려 그렇게 더럽고 역겨운 인생들을 초대하여 예수님을 통해 구원받고 회복되기를 바라셨습니다. 이것이 거룩해지는 것이 아닐까요?

"인류 역사상 가장 거룩하다고 일컬어지는 사람이 거리에서 창녀들과 대화하고 나병 환자들을 안아준다면 당신은 어떻게 하시겠습니까?" 베키 맨리 피퍼트_Becky Manley Pippert_라는 미국 IVF의 여성 간사가 너무나 잘 표현한 질문입니다. "그렇게 불쾌한 사람들과 어울릴 뿐 아니라, 오히려 같이 있기를 즐기는 사람에게 어떻게 하시겠습니까?"

경건한 사람들은 예수님이 술고래와 식충이와 질 낮은 이들과 어울려 다닌다고 고발했습니다. 하지만 예수님은 로터리 클럽 회원 같은 분이 아니셨습니다. 지상에 오신 하나님의 아들에 대한 가장 큰 불만이 "충분히 종교적이지 않다"라는 건 매우 대단한 아이러니가 아닐 수 없습니

나. 예수님이 계시던 시절의 경건한 사람들은 그분이 자기들의 규칙과 전통을 따르지 않는 것이 불쾌했습니다. 예수님은 대담했고, 거침없이 말하셨습니다. 극단적인 변화를 선호했고, 경건한 사람들이 아주 좋아하지 않는 하찮은 것들에 가치를 두셨습니다.

'예수님이 절묘함의 대가는 아니셨다'라고 말하는 건 그나마 부드러운 표현일 겁니다. 저라면 예수님이 모금을 독려하는 행사에서 마지막 연사로 세워질 분은 아닐 거라고 생각합니다. 당신이 영향력 있는 사회 지도층과 종교 엘리트들을 모아놓고 예수님을 연사로 초대해서는 마태복음 23장 같은 말씀을 듣게 하는 모습을 상상해보십시오. 그들이 자리에 앉자, 예수님께서 등장하여 입을 열자마자 하시는 말씀이 이런 거라면 말이지요. "이 독사의 자식들아! 너희들에게서는 사망의 냄새가 난다. 너희들은 위선자이고 눈먼 안내자다. 이 자리에 와준 건 매우 고맙다는 말은 해주고 싶어." 그것은 예수님이 바리새인들의 환심을 살 연설이 전혀 아니었습니다. 제자들은 이 사실을 바로 깨닫고서 예수님께 이렇게 지적합니다. "예수님께서 저들의 기분을 상하게 하신 것 같습니다." 그런데 예수님은 자기를 사랑했던 사람들도 똑같이 분통 터지게 만드셨습니다. 메시아에 대한 기대를 품고서 자기를 따르던 무리의 기대를 계속 저버리셨기 때문입니다. 메시아는 어때야 한다는 몇몇 추종자들의 기대를 계속해서 깨버리셨습니다. 그분은 그저 그들의 틀에 자신을 맞추지 않으셨을 뿐입니다. 그러려고도 하지 않으셨지요. 그들은 메시아가 강력한 힘으로 예루살렘을 억압으로부터 해방시켜 주시리라고 생각했습니다. 하지만 예수님께서 보여주셨던 유일한 힘은 종으로서의 힘이었습니다.[5]

어떤 친구가 기독교인이 된 어느 여성이 마약에 중독되었다는 이야기를 들려주었습니다. 그 친구는 그녀의 과거와 이후의 미래에 대해 염려하면서, 제게 거룩에 대해 아주 심오한 질문을 하였습니다. "만약 그녀가 앞으로 100년간 기독교인으로서 완벽한 삶을 산다면, 어느 시점부터 거룩해진다고 볼 수 있을까? 지금 그녀의 삶에서 변화된 모습이 거룩하지 않다면, 대체 언제 거룩하게 되는 걸까?"

우리의 거룩이 우리가 하나님과의 관계에서 성장하고 분투하고 섬기려는 의지에 따라, 진실한 모습으로 살아가기를 바라는 열정에 따라, 무엇이 되고 싶어 열렬히 소망하는 바에 따라 평가된다는 걸 이해하는 건 필수입니다. 거룩은 우리 삶의 질과, 우리가 누구이며 어디에 있으며, 어디를 향해 가고 있는지에 관한 것입니다. 우리의 존재 전체와 우리가 하는 행동 전체에 관한 것입니다.

온전함은 은사이자 우리가 힘써야 할 목적입니다

또한 '온전함'에는 우리가 쉽게 볼 수 없는 이면이 있습니다. 하나님께서는 나의 모든 것과 여러분의 모든 것에 관심을 가지고 계십니다.

여러분은 '구원'salvation이란 말의 라틴어 어원이 온전함이라는 뜻의 salus라는 걸 아시나요? 하나님께서는 우리의 지적 필요와 육신적 필요, 감정적 필요와 영적 필요 모두에 관심을 가지고 계십니다. 바로 우리의 온전한, 전체적인 모습을 중요하게 여기시고, 그것에 유념하시는 것입니다. 그러므로 우리는 우리의 온전함과 거룩함을 찾고 발전시키는 데 전념해야 합니다.

엘리야가 이세벨의 추격으로 절망하며 도망쳤을 때, 하나님께 도와달라고 부르짖었습니다. 하나님께서는 무언가 초자연적인 일을 하셨을 수도 있었습니다. 대신에 그에게 필요했던 먹을 것과 쉴 곳을 제공해주셨습니다. 하나님께서 그를 부르신 모습으로 계속해서 존재할 수 있으려면 그의 육체적 필요가 채워져야 했기 때문입니다. 우리도 마찬가지입니다. 우리도 우리의 온전함에 귀를 기울이고, 그렇게 되려고 노력해야 합니다. 우리가 온전해야 하나님 나라에서 좀 더 효과적으로 자유롭게 우리 자신을 아낌없이 내어줄 수 있기 때문입니다.

'온전함'은 은사이자 노력입니다. 비행기에서 왼쪽과 오른쪽 날개 중에 어디가 더 중요한지 묻지 않듯이, '온전함'에서도 은사와 노력 중에 무엇이 더 중요한지 묻지 않습니다. 둘 다 필요합니다.

앞에서 소개한 82세 고령의 목사님은 기쁨의 선물을 받기 위해 그것을 먼저 구해야 했습니다. 내 친구도 삶을 완전히 변화시키는 깨달음을 얻기 위해 스스로 로마서를 깊이 묵상하는 노력을 하였습니다. 우리도 그런 선택을 해야 합니다. 언제나 우리에게 달려 있는 대단히 중요한 '단계'입니다.

제가 20대 후반일 때 여러 친구들과 함께 배를 타고 세계 일주 항해를 하기로 했습니다. 하지만 솔직히 말해, 당시엔 조금 걱정이 되었습니다. 그 전까지는 항해를 해보지 않았거든요. 너무나 불안하고 걱정스러웠습니다. 그래서 작은 소리로 제게 속삭이시는 하나님의 이 음성을 듣기까지 많은 시간을 성경을 읽고 기도하느라 보내야 했습니다. "팀, 네가 항해에 대한 책을 몇 권 읽는다면, 내가 너에게 평안을 줄 거야. 네가 불안해하는 이유는 네 기도가 부족해서가 아니야. 항해에 대한 네 지식이 부족해서야." 제가 기도를 안 해서가 아니라, 제게 항해 기술이 없어서였습니다. 그래서 저는 하나님께서 제 마음에 평안을 주실 수 있는 '단계'를 밟았습니다. 항해하는 법에 대한 책을 읽기 시작한 것입니다.

우리는 하나님께서 일하실 수 있도록 기본적인 노력을 해야 합니다. 기억하시나요? 어느 신학대학교의 교수가 설명했듯이, '하나님께서 일하실 수 있도록 한다'는 뜻의 '허용하다'Let라는 단어는 신약에서 가장 중요합니다. 우리가 우리를 통해 예수님께서 선한 일을 하실 수 있도록 예수님을 허용해드릴 때, 우리는 이미 우리 안에 계시던 그분을 발견합니다. 우리는 변화를 위해, 새로운 시작을 위해 우리 마음의 문을 열어야 합니다. 유진 피터슨은 이렇게 말했습니다.

모든 그리스도인들의 이야기는 자유의 이야기입니다. 어떤 사람이 좁은 생각에서, 다른 사람들의 시선과 편견으로부터, 죄책감과 후회스러운 감정의 울타리로부터, 자신의 감옥으로부터 어떻게 자유하게 되는지를 이야기하는 것입니다. 우리에게는 변화될 수 있는 자유가 있습니다. 그런 변화의 과정은 언제나 멋진 이야기이지만, 깔끔하게 정리된 공식은 결코 아닙니다.[6]

우리는 모두 우리 각자의 이야기입니다. 우리기 스스로 성장하고 변화할 수 있게끔 '허용'한다면 우리의 이야기는 언제나 멋질 것이며, 또한 잘 짜인 공식대로가 아니라 우리만의 스타일이 될 것입니다. 우리는 독특하고도 복합적이며, 우리의 이야기도 그렇습니다.

다음 2부에서는 우리가 '온전함'에 이르는 삶을 살아가는 방법과, 그런 변화의 과정에 대해 생각하게 해주는 10가지의 아이디어를 다룹니다. 그것이 바로 이 책의 주제이며, 저를 포함해서 많은 사람들이 계속해서 도전하도록 만드는, 절정의 삶을 살 수 있는 과정입니다.

하나님은 공급하시지만, 우리는 적용해야 합니다. 당신이 읽은 것을 적용하는 방식, 즉 깨달은 것을 기독교인으로 살아가면서 적용하는 방식은 당신만의 복합적 공식에 의한 것입니다. 그것이 결국 당신 개인의 이야기, 곧 당신의 신앙을 자서전으로 쓰는 과정입니다.

이 아이디어들은 당신의 이야기가 그저 그런 모험이 아니라, 당신이 삶 전체를 통해 계속해서 성장하고 변화하며, 자신을 놀라게 하는 일생 최대의 모험이 되는 이야기로 초대하는 것입니다.

관심이 생기나요? 그렇다면, 하나님께서 당신을 향한 계획이 있으시다는 겁니다.

2부

믿음으로 사는 인생의
10가지 열쇠

숨겨진 모험이란
무엇인가?

나는 주저앉아 보통밖에 안 되는 인생을 살아갈 계획을 세우는 기독교인을 만나본 적이 없다. _하워드 헨드릭스*Howard Hendricks*

'크리스천'이라는 단어는 사람마다 다른 의미를 갖는다. 어떤 사람에게는 뻣뻣하고 곧고 유연하지 않으며, 재미없고 고집스러운 삶의 방식을 의미한다. 어떤 사람에게는 무모하고 놀라움으로 가득 찬, 기대의 끝자락에서 발끝으로 사는 모험을 의미한다. 성경 자료에서 정보를 찾아본다면, 기독교인의 삶이란 춤을 추고 도약하며 담대하게 사는 것이라는 데 의심의 여지가 없다. _유진 피터슨*Eugene Peterson*

아들아, 하나님께서는 한 가지만 빼고 모든 걸 창조하셨단다. 그게 뭔지 너는 아니? 체험의 대용품이란다. 하나님은 체험을 대신할 것만 빼고 모든 걸 만드셨단다.

_요리사 지노*Cook Jino*

'우리는 되어가고 있는 사람이다⋯?' 이 문장은 잘못 쓴 것이 아닙니다. 우리는 정말로 아직은 되어야 할 만큼의 인간이 된 것이 아닙니다. 우리는 매일, 앞으로 우리가 될 사람이 되어가고 있습니다. 어떤 사람들은 다음 주, 다음 해, 다음 10년이 지나면 지금보다 못해질지도 모릅니다. 하지만 대부분은 더 나아지고 싶습니다. 그러기 위해선 성령께서 우리에게 그분의 역사를 시작하실 수 있도록 하는 일련의 인도하심, 즉 우리가 도약하고 움직일 수 있도록 하는 거룩한 '큐 사인'이 필요하다고 저는 믿습니다. 그런 도우심이 있다면, 우리는 매우 비이기적인 목적을 위해서라도, 우리가 최대한 될 수 있는 절정의 인생을 나타내는 사람으로서의 길을 출발할 수 있습니다.

이 말이 당신의 절정의 삶 개념의 표준처럼 들리나요? 제가 앞에서 말했듯이, 이 책이 일반적인 의미의 동기부여 서적은 아니기 때문에, 그렇게 들리진 않기를 바랍니다. 이 책은 우승 트로피를 받는 것보다 훨씬 큰 목표를 가진 사람의 남다르며 지속적이고, 일상적이며 영적인 절정의 인생 과정에 관한 것입니다.

절정의 삶의 열쇠 peak performance keys

1. 명사 : 이전에는 알지 못했던 차원의 인격character으로 이끌어가는, 어떤 개인의 두드러지지 않은 미개척 능력으로, 닫힌 문을 열어줄 수 있는 기능을 가진 작은 도구들.

2. 동사 : 개인의 역동적 행동 속에 다음following을 놓아두는 과정.

정상탐험대에 참여한 사람들 가운데 일부는 '여행은 계속된다'라는 굵은 글씨가 인쇄된 티셔츠를 입습니다. 2부에서 이어질 요점들은 목적지로 가기 위한 뻔한 단계들이 아니라, 계속해서 여행할 수 있도록 하는 균형잡힌 방법을 가장 잘 설명하는 것이라고 저는 생각합니다.

제가 이것으로 무슨 말을 하려는 것일까요? 첫째, 사람은 걸어서 길을 만든다는 것입니다. 둘째, 2부의 아이디어들은 서로 연결되어 있으며, 마치 왼쪽으로 한 걸음 내딛고 오른쪽으로 한 걸음 내딛는 것처럼 균형과 방향을 제공하는 리듬으로, 한 걸음씩 번갈아 가며 움직이는 것처럼 서로 의존하고 있다고 생각해 주셨으면 합니다.

우리의 절정의 삶을 위한 여정은 지속되는 것이므로, 이러한 점들이 전체적으로 제공하는 균형은 여정을 계속하는 데에서 매우 필수적입니다. 우리는 이 모든 것이 필요합니다. 용기를 잃을 때면 탁월함에 대한 열정이 식은·걸 알게 됩니다. 탁월함에 대한 열정이 식으면 비전이 흐릿해집니다. 기쁨이 부족하면 모든 과정이 지루하고 만족스럽지 않다는 걸 알게 됩니다. 다른 말로 하면, 모든 점에서 균형을 잃으면 자신 있게 걷는 대신 한쪽 다리로 깡충깡충 뛰는 모습을 보게 될 것입니다. 그러면 우리의 인생 여정이 성령으로 충만하고 창조주를 위해 최선을 다하며 자신감 넘치는 순례자의 길이 되는 대신, 이를 악물고 노력하기만 해서 육포(肉脯)처럼 굳어지고 말 것입니다.

우리는 모두 무언가가 '되어갈' 것입니다. 2부에서 나오게 될 아이디어들을 통해, '되어가는 것'이 우리로 하여금 자신과 주변의 세상을 위해 무언가 굉장히 특별한 사람이 되게 할 수 있을 것입니다.

가장 슬픈 일은
아예 시작도 못한 일이다

당신의 삶이 종말에 이르는 것을 두려워하기보다, 시작도 해보지
않았음을 두려워하라. _존 헨리 뉴먼*John Henry Newman*

기다리지 마라. 결국 영원히 기다리게 될 것이다. … 지금 당장 뛰
어라. _클라이드 리드*Clyde Reid*

당신이 옳은 길을 가고 있다 해도, 그 자리에 그저 앉아만 있다면
추월당할 것이다. _윌 로저스*Will Rogers*

이상한 소리로 들리겠지만, 무슨 일이 일어나기 전에, 어떤 변화의 과
정이 이뤄지기 전에, 쓸데없는 동전(銅錢)따위는 던져버리고 시작해
야 합니다. 높은 곳에 있는 중심부에서 내려와야 합니다. 끝없이 계획
하고 생각하고 불평하던 것을 멈추고, 해야 할 일에 정면으로 뛰어들
어야 합니다. 이 요점이 대부분의 사람들에게 가장 큰 걸림돌이라는
걸 알게 되면 놀랄수도 있습니다.

폴 투르니에 Paul Tournier는 이렇게 말했습니다. "인생에서 가장 큰 비
극은 대부분의 사람들이 평생을 끝도 없이 인생을 준비하는 데 보낸다

는 것이다."

저는 영어에서 가장 슬픈 구절이 "만약 …만 있다면If only" 또는 "그랬을지도 몰라It might have been"인 것 같습니다. 우리 대부분은 스스로 첫발을 뗄 수 없기 때문에, 인생 대부분에서 이 두 구절을 읊조립니다. "그건 너무 위험해"라고 말하면서요. 이렇게 생각하기도 합니다. "나는 그럴 타입이 아니야." 하지만 사무엘 존슨Samuel Johnson은 이렇게 말했습니다. "있을 법한 모든 반대를 먼저 극복해야 한다면, 아무것도 시도되지 않을 것이다."

주저하지 마!

우리는 왜 그렇게 주저할까요? 두 가지 이유가 있는데, 스스로를 제한하려는 성향과 실패를 두려워하는 것입니다. 불확실을 향해 나아가는 것이 두려워, 무심코 자기 삶을 묶어두고선 이렇게 말합니다. "나는 위험을 감수할 수 없어." 자신을 과소평가하고 유약하다고 생각하며, 자신을 억누르면서 "나는 정말 할 수 없어"라고 말합니다. 하지만 우리는 자신을 그렇게 규정해서는 절대 안 됩니다. 무엇이든 새로운 일을 시작하려면 우리가 무얼 할 수 있고 할 수 없는지에 대한 선입견을 버려야 합니다. 자신에게 붙여놓은 낡은 이미지를 떼버려야 합니다. "나는 문제를 잘 해결해 본 적이 없어", "나는 그렇게 조심스러운 사람은 아니었어", "나는 운동선수가 아니야" 따위입니다.

우리가 이런 관념에 매달려 있으면, 변화할 기회를 가졌다 해도 변할 수 있는 능력, 진정한 잠재력을 발견할 수 있는 능력을 제한해 버리고 맙니다. 그렇게 되면 변화를 일으킬 수 있는 지렛대를 스스로에게서 빼앗으며, 자신을 선입견이라는 감옥에 가두고 맙니다. 올리버 웬델 홈스Oliver Wendell Holmes가 말한 것처럼 "궁극의 비극은 많은 사람이 아직도 못다 부른 노래를 가슴에 품은 채 죽음을 맞이한다"는 것입니다. 하지만 이 책의 근본 주제 중 하나인 3장의 내용 가운데에서 '그리스도인의 삶은 생각했던 것과 많이 다르다'를 다시 떠올려보십시오. 우리는 자신에 대해 갖고 있던 낡은 이미지와 마찬가지로, 믿음에 대해 가져온 낡은 이미지를 버릴 필요가 있습니다. 우리가 누구이며, 그리스도인이 된다는 것이 정말 어떤 의미인지 다시 한번 생각해 보아야 합니다. 우리 자신에 대한 보잘것없는 이미지를 떼버려야 합니다.

그리스도인의 삶이란 잘 정돈되거나 말쑥하거나, 탄탄하게 포장돼 밀봉된 것이라고 여겨지는 것이 아닙니다. 삶은 모호하고 예측할 수 없으며, 정돈되어 있지 않고 지저분하며, 때로는 무척이나 큰 고난의 길이라는 것이 진리입니다. 불처럼 뜨거운 그리스인 조르바Zorba the Greek는 말합니다. "인생은 골칫덩어리야. 죽음만이 끝낼 수 있지. 살아있다는 게 의미하는 건 허리띠를 졸라매고서 골칫거리를 찾아내는 거야." 기독교는 그런 골칫거리를 다룰 수 있는 능력과 도움과 이유를 주는 것입니다. 그러니 구비되고 깔끔하며 완벽한 이미지를 우리 삶에 강요할 때, 우리의 낡은 이미지는 구비되지도 깔끔하지도 완벽하지도 않은 것과 같아서, 무엇이라도 시작하지 못하게 만들곤 합니다. 그건 우리의 의도가 좋지 않아서가 아닙니다.

'의도'intention라는 단어가 사선에서 inter 바로 앞에 나온다는 것이 흥미롭습니다. 이건 '매장하다'라는 뜻이거든요. 얼마나 많은 우리의 꿈이 종종 단지 좋은 의도에 의해 묻혀버리고 마는지요. "내가 하려고는 했는데", "거의 할 뻔했는데", "시도는 해봤는데…." 담대함이 그 안에 천재성과 마법을 다 가지고 있는 이유입니다. 가장 위대하고 용맹스러운 행동은 첫걸음입니다.

겁쟁이의 정의

시작한다는 것이 너무나 힘들기에, "시작이 반이다"라는 속담은 문자적으로 거의 진리입니다. 어쩌면 반도 더 될 것입니다. 영화배우이자 감독인 우디 앨런Woody Allen은 언젠가 이렇게 빈정댔습니다. "그저 모습을 드러내기만 해도 80퍼센트는 성공한 거야." 사람들이 시작할 엄두를 내지 않았기에, 얼마나 많은 위대한 계획들이 시도조차 되지 못했다는 걸 누가 알겠습니까.

실제로 여기에는 물리학적 근거가 존재합니다. 어떤 목표를 성취하는 데는 운동량의 계수가 대부분을 좌우한다는 것입니다. 증기기관차를 생각해 보십시오. 기차가 서 있을 때는 엔진이 돌아가고 있어도 작은 나무 블록을 바퀴 밑에 놓아두면 계속 세워둘 수 있습니다. 기차가 어떻게 출발하는지 생각해 보세요. 천천히 움직이기 시작하지요. 속도가 매우 천천히 늘어납니다. 하지만 일단 움직이기 시작하면 철근으로 보강된 콘크리트를 뚫고서라도 달릴 수 있습니다. 그것이 바로 시작,

곧 추진력의 힘입니다.

우리 삶은 관성의 법칙에 지배받습니다. 만약 우리가 기차처럼 나무 블록으로 가로막은 곳에서 살고 있다면 거기에 머무르려 할 것입니다. 하지만 물리학 이론에서 본 것처럼 움직이기만 하면 계속해서 움직일 것입니다. 시작에 대한 부담과 두려움을 이기지 못해, 얼마나 많은 잠재력이 영원히 물거품이 되었는지는 생각하고 싶지 않습니다.

당신은 혹시 분석 장애를 앓고 있지는 않은가요? 어떤 일을 너무 오래 생각하느라 결국 실행에 옮기지 못하는 병 말입니다. 깨닫지 못하는 사이에, 당신은 '얼어붙은 하나님의 선택받은 자' 가운데 하나가 될 수 있습니다.

실행에 도움이 될 말이 있습니다. "새로운 행동의 방식으로 당신이 할 일을 생각하기보다 새로운 생각의 방식으로 당신이 할 일을 실행하는 편이 훨씬 쉽습니다." 하지만 '그건 내 상황을 몰라서 하는 얘기야'라고 당신이 생각하는 게 들리는군요. 또는 '내 배경의 한계는 여기까지야'라고 생각하는 분도 있네요. 그런 변명은 자연스러운 반응입니다. 우리 대부분은 변화를 거부하는 경향이 있어서 스스로의 관성에 갇히게 됩니다.

겁쟁이의 정의는 '변명을 많이 하는 사람'이라는 말을 들은 적이 있습니다. 저는 그 말을 들은 뒤로, 특별히 아무런 행동도 하지 않으면서 변명부터 하는 것에 대해선 훨씬 더 조심하게 되었습니다. 제가 아는 바 예수님에 의해 의롭게 됨으로써 가장 좋은 일 중 하나는 계속해서 저 자신을 정당화시키는 일에서 자유로워진 것입니다. 저는 모험하고 발견하고 변화하는 일에서, 즉 행동하는 데에서 자유롭습니다!

1982년에 출간된 《초우량 기업의 조건》in Search of Excellence이라는 책은 미국 비즈니스 업계에 혁명을 일으켰으며, 15개 언어로 500만 부가 판매되었습니다. 그 책은 기업에서 탁월해지는 데 필수적인 여덟 가지 속성에 초점을 맞추었습니다. 그 책이 비즈니스에서 최고의 능력을 수행하기 위한 첫째 특성으로 꼽는 것은 '행동 편향'입니다. 우리 중에 누구라도 생산적이며 개인의 최선을 삶의 방식으로 발휘하기를 고민하는 사람이라면 행동 편향 같은 걸 가져야 합니다. 제게는 늘 이렇게 말하는 친구가 있습니다. "뭐라도 해! 설혹 잘못된 일이라도 말이야." 속담에도 있듯이, 허락보다 용서를 구하기가 더 쉽습니다. 행동에 대한 편향을 갖는다는 것은 바로 행동으로 옮긴다는 것입니다.

반드시 넘어야 할 '약속 이동'

암벽등반에는 전문 용어로 '약속 이동'commitment move이란 것이 있습니다. (약속처럼 피할 수는 없지만, 가장 중요한 곳으로 여겨지는 지점에서 움직이는 일을 말합니다. 역자 주.) 이것은 종종 암벽등반에서 핵심적인 행동으로 꼽힙니다. 손으로 잡을 데는 거의 없어 보이고, 발을 디딜 데라곤 전혀 없습니다. 이럴 때는 대부분 겁을 먹지요. 얼어붙고 공황에 빠지고 탈진해서, 전문 등산가일지라도 등산을 포기할 생각이 들 만큼 꼼짝 못 하게 합니다. 사실은 몸에 등반용 줄이 감겨 있어서, 혹시 떨어지더라도 불과 몇십 센티미터밖에는 떨어지지 않습니다. 그래도 여전히 처음에 느낀 공포에 붙잡혀 있습니다. 우리 정상탐험대의 스태프들은 참가자들에게 "해보세요!"라고 끊임없이 격려합니다. "겁먹지 마세요! 할 수 있는 데까지 해봐요!" 그러면 반드시 넘어야 하는 '약속 이동'이라는 지점을 지나가든지 등반을 포기하든지, 둘 중 하나는 해야 합니다.

요즘 무엇이 당신이 반드시 넘어야 할 '약속 이동' 지점인가요?

당신은 기독교인의 삶의 핵심에 이런 위험이 존재하고 있음을 깨달아야 합니다. 당신은 삶의 모든 문제에서 안전하기 위해 부름받은 사람이 아니라, 단순히 살아계시는 예수님께 묶여 있는 사람이라는 걸 알기에 안전한 사람입니다. 그분의 줄은 믿을만하며, 오랜 세월에 걸쳐 검증된 것입니다.

인생에서 영구적인 것은 오직 변화입니다. 만약 우리가 서 있는 난간에서 다음에 잡을 손잡이는 쉽고 확실한 것이라고 기대하며 영원히 머무르기만 한다면 아무 데도 갈 수 없을 것입니다. 다음에 우리를 기다리고 있을 것이 때론 어렵고, 때로는 놀라게 할 것이고, 대개는 예측불허일 것입니다. 하지만 행동하고 시도해보는 일에서 우리를 떨어뜨려 놓을 수는 없습니다.

만약 하나님께서 언제 어디서든 우리에게 말을 거신다면 우리의 일상에서, 평범한 상황에서 그러실 거라고 저는 믿습니다. 우리는 할 수 있는 모든 걸 해내려고 발걸음을 내딛기 전에, 번개가 치거나 바람이 잦아들기까지 기다릴 수 없습니다. 그런 필수 행동이 첫걸음 또는 믿음의 도약이라고 불리는 데는 그럴 만한 이유가 있습니다. 움직이는 차를 운전하기가 주차된 차를 움직이기보다 훨씬 쉬운 것처럼, 하나님은 우리가 발을 내딛는 만큼, 우리가 걷는 모든 발걸음을 따라 그분 자신을 우리에게 나타내실 것입니다.

클라이드 리드Clyde Reid는《현재를 즐겨라》Celebrate the Temporary라는 그의 책에서 이렇게 말했습니다. "기다리지 마십시오. 안 그러면 당신은 기다리기를 끝낼 수 없을 겁니다. 그 속에 고통과 어려움이 있더라도, 그것과 더불어 지금을 즐기십시오. 또한 살아있다는 것의 경이로움도 누리십시오. 당신과 나는 살아있는 기적입니다. 그러니 '지금'으로 뛰어들어 과정을 시작하십시오."

당신의 꿈을 채우기 위해 영원을 가질 필요는 없습니다. 과거는 잊으십시오. 미래를 품으십시오. 그리고 시작하세요. 지금.

삶에서 가장 큰 위험

오늘날 편리한 세상의 가장 큰 비극은 당신이 사소한 삶을 살다가 갈 수 있다는 것입니다.

저는 제 삶의 마지막 순간에 '내가 제대로 살지 않았구나. 단 한 번도 제대로 사랑하지도, 모험하지도, 나의 최선을 다하지도 않았구나'라는 후회를 하고 싶지 않습니다. 어쩌면 삶에서 가장 큰 위험은 모험하지 않는 것일지도 모릅니다. 우리는 '처음부터 모험을 택하지 않는다면 우리 삶은 어떻게 될까?'라고 스스로에게 물어야 합니다.

당신이 온갖 용기를 쥐어짜서 불확실한 상황에 한발을 들여놓으면 가속도에 맞을 들일 것이고, 다시 시작하고 또 시작하기가 점점 더 쉬워질 것입니다.

우리는 모두 의구심과 주저하기를 이겨내기 위해 끊임없이 싸워야 합니다. 우리 모두는 살아가면서, 어느 지점에서 강력한 장애물을 극복하고 불가능해 보이는 일을 해냈습니다. 어떤 작가가 이렇게 썼던 것처럼 말입니다.

오랫동안
내게는 인생이 곧 시작되는 것처럼 보였습니다.
진정한 인생 말입니다.
하지만 그 길에 몇몇 장애물은 늘 있었습니다.
먼저 돌파해야 할 무엇,
어떤 끝내지 못한 사업,
남아 있는 복무 기한,
갚아야 할 빚.
그런 게 해결되면 삶이 시작될 거라고.
마침내, 이런 장애물들이 나의 인생이라는 것을
깨달았습니다.
_B. 하우랜드 B. Howland

서글픈 일은 대부분의 사람들이 구경꾼처럼 둘러앉아, 삶이 그들에게 다가오기를 기다린다는 것입니다. 만약 위험을 감수하지 않았다면 당신의 삶이 어떻게 됐을지 생각해본 적이 있나요? 당신은 아마도 걷는 법도 배우지 못하고 집을 떠나본 적도 없으며, 친구를 사귄 적도 없고, 조금이라도 기억에 남을 어딘가를 가보거나 무언가를 해보지도 못했을 것입니다. 우리가 알고 있고 확신하는 무엇을 조금 느슨하게 붙들지 않으면, 생명을 얻을 수 있는 기회를 붙잡는 모험을 선택하지 않으면, 성장할 수 없다는 것은 진리입니다.

어떤 사람들은 아침에 일어나 밥을 먹고 출근했다가 퇴근한 다음 집에 돌아와 다시 잠자리에 드는, 챗바퀴처럼 무미건조하게 반복되는 일상에 만족하며 삽니다. 하지만 어떤 사람들은 삶에 대한 분노에 감염된 것 같습니다. 그들의 비밀은 항상 새로운 무엇을 시작한다는 것입니다.

무엇보다, 가장 큰 '약속 이동'은 언제나 시작하는 데에, 즉 가장 중요한 첫걸음을 대딛는 데에 있습니다. 인생은 스포츠 경기의 관람객이 되는 걸 의미하지 않습니다. 작은 걸음은 걸음 하나에 불과하지만, 첫걸음은 가장 힘들고도 중요합니다. 그 한걸음이 없으면 아무 일도 일어날 수 없습니다.

맞아, 하지만 어떻게?

어떤 사람이 한 친구에게 책 한 권을 빌려준 이야기를 들었습니다. 그가 책을 돌려받았을 때, 책의 여백 여러 곳에 연필로 'YBH'라고 적혀 있는 것을 보았습니다. 궁금해진 책의 주인은 친구에게 YBH의 뜻을 물었습니다.

"그 책은 너무나 좋았네. 삶을 변화시킬 만한 책이었어"라고 친구는 답했습니다. 여백에 쓴 YBH는 "맞아, 하지만 어떻게?"Yes, But How?라는 물음의 약자를 뜻하는 것이라고 설명했습니다. 그래서 저는 이 책을 읽는 여러분에게 작게나마 도움이 되길 바라며, 몇 가지 실용적인 제안을 하려고 합니다.

지금 시작하십시오! 문자 그대로입니다. 어떤 지혜자는 "만약 당신이 앞으로 72시간 안에 시작하지 않는다면 결코 시작하지 못할 것이다"라고 말했습니다.

기다리지 마십시오! 모든 문제가 해결되고, 모든 장애물이 제거되고, 지구가, 태양이, 별들이 완벽하게 줄을 설 때까지 기다리지 마십시오. 그러려면 당신은 영원히 기다리기만 해야 합니다.

투쟁해도 괜찮습니다. 의심이 들어도 마찬가지입니다. 만약 당신이 싸우기를 멈추면 삶도 멈추는 것입니다. 좌우간 뛰어드세요.

절대 자기의 한계를 정하지 마십시오. 당신 안에 살아계신 분은 당신 밖에 있는 어떤 장애물보다 크십니다.

당신의 언어를 바꾸십시오. "내가 해야만 해"라고 말하지 마세요. 그걸 하기 싫은 마음이 자동으로 생기는 탓입니다. 대신 이렇게 말하세요. "내가 하려는 일이야!" 이런 작은 언어의 변화가 엄청난 변화를 가져올 것이라고 저는 확신합니다.

"먼저 변화를 받아들이지 않으면 어떤 것도 바꿀 수 없습니다. 비난은 우리를 자유하게 하는 것이 아니라 억압합니다." 융C. G. Jung이 한 말입니다. 당신이 어떤 사람이고 어디에 있는지 온전히 받아들이십시오. 그런 다음, 자기 선택에 따라 변화를 위한 계획을 주도적으로 세울 수 있습니다.

당신의 시작을 도와줄 친구를 만드십시오. 격려는 우주에서 가장 강력한 도구 가운데 하나입니다.

자기 자신을 너무 심각하게 여기지 마십시오. 천사들이 하늘을 날 수 있는 이유는 자신을 굉장히 가볍게 여기기 때문입니다. 존 파웰John Powell이 "자신을 웃기는 법을 배운 사람은 즐거움이 결코 사라지지 않을 것이다"라고 말했지요. 자기 실수나 잘못에 대해서도 진심으로 미소를 지을 수 있으면 새롭게 시작할 수 있는 놀라운 힘이 생깁니다. 웃음과 가벼운 마음에는 자유가 있습니다.

마치 그렇게 된 것처럼 행동하세요. 당신이 용감하게 시작해서 이미 역사를 변화시킨 것처럼 행동하라는 겁니다. 왜냐하면, 비록 미미할지라도, 지금 당신이 그렇게 하고 있기 때문입니다.

변명하지 마십시오! 변명엔 종지부를 찍으세요.

하나님의 일에 간섭하려 들지 마십시오. 하나님의 '모든 온전함'은 우리의 '개별성'을 통해 강력하게 역사하기를 원하십니다. 하나님께서 일하시는 과정에서 맥이 빠지게 하지 마십시오. 당신 안에서 하나님의 충만함을 표현할 수 있는 당신만의 독특한 방법을 찾아보세요.

용서받지 못할 죄 중의 하나는 아마도 당신 자신과 하나님에 대해 포기하는 것일 겁니다. 열린 수도꼭지 아래에 컵을 놓으면 금세 찹니다. 거꾸로 놓아둔다면 전혀 차지 않겠지요. 그러니 당신의 컵을 바르게 놓아두십시오.

"실패하기란 불가능하다"라고 생각하는 것처럼 행동하십시오.

걱정하기를 그만하고 믿기를 시작하십시오. 당신은 걱정하기와 하나님 찬양하기를 같은 시간에 할 수 없습니다.

아래는 제가 읽은 '책'에서 얻은 실용적인 팁입니다. 이 책은 폭발적인 내용으로 끝을 맺습니다.

나의 하나님께서는 부자이시기에, 당신의 모든 필요를 채워주실 것입니다.

_빌립보서 4:19

당신의 삶에 대해 불안해하지 마십시오. _마태복음 6:25

당신에게 하나님나라를 주시는 것이 당신의 아버지의 최상의 기쁨입니다.

_누가복음 12:32

먼저 그의 나라를 구하십시오. 그러면 이 모든 것이 당신에게 더할 것입니다.

_마태복음 6:33

그가 마음으로 생각하는 곳에 그가 있습니다. _잠언 23:7

주님, 제가 믿나이다. 저의 믿음 없음을 도와주소서. _마가복음 9:24

그러므로 믿음이란 … 행동이 없으면 죽은 것입니다. _야고보서 2:17

만약 하나님이 우리와 함께하시면 누가 우리를 대적하겠습니까? _로마서 8:31

구하십시오, 그리하면 얻을 것입니다. 찾으십시오, 그러면 찾을 것입니다. 두드리십시오, 그러면 열릴 것입니다. _마태복음 7:7

무엇이든지 기도로 구하면 받은 줄로 믿으십시오. 그러면 받을 것입니다.

_마가복음 11:24 [7]

저는 확신합니다. 만약 당신이 원하는 곳에 이르고자 한다면, 지금 당신이 있는 곳을 떠나지 않고서는 절대 이를 수 없다는 걸 말입니다. 끝내지 못한 일보다 더 슬픈 일은 시작도 하지 못한 일입니다.

비전이 좁은 사람은 마음이 넓을 수 없다

> 인생이 그렇게 불행한가? 당신의 손이 작아서가 아니라 당신의 비전이 너무 흐릿하기 때문은 아닐까? 당신이야말로 성장해야 할 사람이다! _다그 하마슐드_Dag Hammarskjold, UN 사무총장_

> 작은 계획에는 마법이란 없다. 나는 내 사역을 생각할 때면 온 세상을 생각한다. 어느 것도 예수님의 가치나 내 삶을 향한 그분의 계획보다 가치가 덜하지는 않다. _헨리에타 미어스_Henrietta Mears_

> 너희 노인들은 꿈을 꾸고, 너희 젊은이들은 이상_vision_을 볼 것이다
> _요엘 2:28_

당신이 의미있는 절정의 삶을 살아가려면, 반드시 비전을 가져야 합니다. 당신만의 비전을 가진다는 건 당신에게 하나님의 가능성이 열리는 것입니다. 비전은 당신의 꿈에 드리워진 거미줄을 없애주고, 당신의 인생이 '하나님께서 미래에 큰 투자를 하시는 것 중의 하나'라는 사실을 돋보이게 합니다.

많은 사람이 말합니다. "볼 수 있다면 믿을 거야." 제 생각에는 그들이 반대로 알고 있는 것 같습니다. 사실, 믿을 수 있다면 볼 수도 있습니다. 비전이 항상 우선입니다. 어떤 면에선 거리를 걸어갈 때와 같습

니다. 모퉁이를 돌면 그 주변에 무언가 있다는 건 알고 있습니다. 하지만 모퉁이에 갈 때까지는 거기서 무엇이 기다리고 있을지 정말로 알 수 없습니다. 당신에게 거기에서 기다리고 있을 가능성에 대한 비전이 없다면, 거기까지 걸어가 그것이 무엇일지 알아볼 노력은 결코 하지 않겠지요.

우리 대부분은 잠재력이 아직 개발되지 않았고 발견되지도 않았다는 걸 알고 있습니다. 하지만 일반적으로 알고 있는 것보다 더 많은 것이 인생에서 가능하다는 비전을 갖기 전까지, 우리의 잠재력은 사용되지 않고 드러나지도 않을 것입니다. 존 파웰John Powell은 그의 책《사랑 안에 거하는 비밀》The Secrete of Staying in Love에서 이렇게 썼습니다.

우리 중 극히 일부만이 우리의 모든 잠재력의 실제에 접근할 뿐이다. 보통 사람은 자기가 약속한 것의 10퍼센트만 지키고, 주변의 아름다운 것 가운데 10퍼센트만 보며, 세상의 음악과 시 가운데에서 10퍼센트만 들으며, 세상 모든 향기의 10분의 1만 맡아 보았고, 살아있다는 것의 달콤한 맛을 10분의 1만 안다. 그런 사람은 자기의 감정, 부드러움, 놀라움, 그리고 경외심에 대해 10퍼센트만 열려 있다. 그런 사람의 마음은 자신이 할 수 있는 생각, 반응, 이해의 극히 일부만 수용한다. 그런 사람은 삶을 제대로 살아보거나 참으로 사랑받지 못하고 생을 마감할 것이다. 내게는 이것이 모든 가능성 중에서 가장 두렵다. 나나 여러분이 정말로 사랑받지도, 정말로 살아보지도 못하고 삶을 마감한다는 건 생각조차 하기 싫다.[8]

요즘 당신의 삶은 어떻습니까? 가지고 있는 전부를 걸고 살아가고 있습니까? 당신의 인생이 무엇이 될 수 있는지에 대해 큰 비전을 갖고 있습니까? 고개는 들고 있습니까? 아니면 떨구고 있습니까? 고개를 들어 하늘의 별과 앞에 놓인 길을 바라보고 있습니까? 아니면 그 길에 난 갈라지고 깨진 틈이나 보고 있습니까? 우리 대부분은 이런 생각을 해보려고 멈춰 서지 않습니다. 그저 존재하고 있으며, 하던 행동을 계속하고 있을 따름입니다. 살아 있음에 대해 진정한 자각도 없습니다. 그러니 제발이지, 말 그대로 하던 일을 멈추고, 지금 자기의 삶이 어떤지 돌아보아야 합니다. 자기가 하고 싶은 일을 하고, 되고 싶은 무엇이 되어 있는 삶을 살아야 합니다.

비전은 어디서 오는가?

우리 가운데 너무나 많은 사람이 제가 예전에 고등학교에서 가르쳤던 몇몇 학생들 같습니다. 그 아이들은 매사에 무관심해서, 목장의 양들을 더 활동적으로 보이게 할 보였습니다. 심리학 수업을 하던 어느 날 아침이었는데, 너무나 심드렁하게 앉아 있는 학생들의 태도에 화가 난 저는 칠판에 '무관심'apathy이라는 단어를 아주 큰 글씨로, 철자 하나하나를 띄어 썼습니다. 맨 앞에서 몸을 뒤로 젖히고서 앉아 있던 3학년 학생 한 명이 자세를 고쳐 잡더니 그걸 읽기 시작했습니다. 이제 곧 사회에 진출할, 이 나라 공교육의 집대성인 고등학교 3학년 학생이 그 단어의 철자를 따라 큰소리로 두 번이나 읽더군요. "무… 관… 심….

무… 관… 심….” 그러더니 이렇게 말했습니다.

“무…관…심…이요? 대체 무슨 뜻이죠?”

제가 그 뜻을 말해주려는데, 옆에서 쭈그리고 있던 다른 학생이 이렇게 말하더군요.

“뭔 상관이야?”

성경은 비전이 없는 사람은 위축될 것이라고 말합니다(잠언 29:18). 그런 사람은 시들어 죽게 될 것입니다. 그가 한 약속은 모두 지켜지지 않을 겁니다. 어떤 사람이 되고 싶다는 비전, 혹은 절정의 삶을 살아가기 위해 필요한 무엇에 대한 비전이 없다면, 당신의 꿈과 살아있다고 느끼는 감각은 사라질 것입니다.

그러면, 그런 비전은 어디서 오는 걸까요?

언젠가 찰리 셰드Charlie Shedd는 이렇게 썼습니다, “주님이시여, 주님께서 저를 만드셨을 때, 원래 계획하셨던 것이 무엇인지 깨달을 수 있도록 도와주십시오.”

우리의 비전은 우리를 향한 하나님의 계획으로부터 옵니다. 하나님은 우리가 스스로에게 씌어놓은 한계로 우리를 보지 않으십니다. 우리 인생의 모든 영역과 노력 가운데에 변화하고 성장할 수 있는 잠재력과 놀라운 능력이 가득 담겨 있다고 보십니다. 하나님께서 예측불허이시고 놀라운 분이신 만큼, 그 비전은 당신이 행동하는 만큼 변화하고 성장할 것입니다. 그런 비전을 가지는 건 매우 중요합니다. 구체적인 내용과 방향의 수정은 하나님께 맡기는 것이 비결의 일부일 뿐입니다.

빌립보서 2장 13절은 “하나님께서는 당신 안에서 역사하셔서 당신에세 그분의 목적을 이루려는 의지와 능력을 주시는 분이시다"라고 말씀합니다. 그럼에도 불구하고, 우리 대부분은 내면에 비전을 형성하는 데에서 어려움을 겪고 있습니다. 아마도 우리가 자신과 인생을 너무 심각하게 여기기 때문일 겁니다. 이 말이 이상하게 들리시나요? 지금껏 우리가 이야기해온 것이 인생을 진지하게 생각하여 절정의 삶을 살아가는 과정을 시작해야 한다는 것이지 않았나요? 그렇기도 하지만, 아니기도 합니다. 우리의 잠재력을 진지하게는 다루어야 하지만, 반드시 그렇게만 해서도 안 됩니다. 자신을 지나치게 심각하게 다루면 자신에게만 몰두하고 자신만 의식하며, 자신 안에 숨어 있는 비전보다 다른 사람들의 의견에 더 휩쓸리게 됩니다. 그런 자기도취는 우리가 절정의 삶을 사는 과정을 무엇보다 빠르게 좌절시킵니다.

우리는 우리 자신이 아니라 하나님께 진지해야 합니다. 하나님께서 우리를 너무나 진지하게 다루시기 때문에, 우리에게는 그다지 진지하지 않아도 될 자유가 있습니다.

그렇다면 우리는 이 내면의 비전을 우리 안에 어떻게 배양할 수 있을까요? 우리의 독특한 목적과 비전을 실현할 매력적인 사명을 어떻게 알아볼 수 있을까요? 다음은 개인적으로 비전을 발견하는 데 도움이 될 만한 두 가지 질문입니다. 자신에게 이 두 질문을 해보십시오.

첫째 질문, 당신이 가장 하고 싶은 일이 무엇입니까?

당신은 무엇에 미쳐 있습니까? 만약 선택할 수 있다면, 무슨 일에 당신의 모든 시간을 쓰고 싶습니까? 이런 것들을 주의 깊게 들여다보면, 당신의 비전이 무엇일지 알 수 있을 겁니다.

당신이 초대된 이 모험의 일부는 하나님께서 당신에게 가지고 계신 계획, 그리고 당신에 대해 주변 사람들이 말하는, 즉 당신의 진정한 달란트를 찾는 일입니다. 찰리 셰드가 기도한 것처럼, 우리는 하나님께서 '원래의 우리'에 대해 생각하셨을 때 가지셨던 계획을 찾아내야 합니다. 그건 가능합니다.

사실, 우리가 삶을 최대한 잘 살아내기 위해서는 내면에 비전을 품는 것이 매우 중요합니다. 좋은 소식은 당신이 그 답을 늘 당신 속에 갖고 있다는 것입니다. 어디라고요? 하나님께서 당신에게 그 답을 각인시키셨고, 당신의 존재 위에 도장을 찍으셨습니다. 엘리자베스 오코너Elizabeth O'Connor는 이것을 그녀의 책 《천지창조 8일째》에서 이렇게 설명합니다. "우리는 하나님의 계획이 바로 우리의 존재 안에 기록되어 있다는 것을 아예 생각하지 않으면서 하나님의 계획을 알고 싶어합니다. 우리가 받은 은사를 인식하면 하나님의 계획을 알게 됩니다. 우리를 향하신 하나님의 계획을 깨닫게 되는 것입니다. 하나님께 대한 순종과 자기부인은 우리가 받은 은사 중에서 가장 큰 부분입니다."

시편의 작가는 시편 20장 4절에서 이렇게 기도합니다. "네 마음의 소원대로 허락하시고 네 모든 계획을 이루어 주시기를 원하노라." 하나님께서 그분의 소원을 우리 마음에 두셨습니다.

당신은 글을 좋아하나요? 숫자? 음악? 아니면 야외 활동을 좋아하나요? 사람들과 일하기를 좋아하나요? 당신의 은사, 당신의 재능, 당신의 비선, 그리고 당신을 위한 하나님의 계획은 발견되기를 기다리면서 숨겨져 있습니다.

정상탐험대는 제 비전의 일부라고 확신합니다. 저는 몸으로 하는 일을 좋아하고, 사람들과 같이 일하기를 좋아하고, 사람들이 자신을 발견하도록 돕는 아이디어를 내는 것이 좋습니다. 이런 모든 일을 코칭을 통해 할 수 있다는 걸 수년에 걸쳐 알게 되었습니다.

그런데 제가 나이가 들어갈수록 좀더 많은 아이들과 더불어 일하고 싶어졌습니다. 자기 신발조차 제대로 신지 못할 만큼 스스로를 조절하지 못하는 아이들은 어떨까요? 그런 아이들은 아직 열리지 않은 무한한 능력이 있습니다. 문제아와 장애아도 그렇습니다. 그들 또한 자기가 얼마나 독특하고 특별한 존재인지 깨닫고 경험할 필요가 있습니다. 이런 아이들을 정상탐험대에 참가시켰을 때 일어난 일은 어른들이 참가했을 때 경험한 일과 매우 같았습니다.

저는 정상탐험대를 시작했을 때만 해도 암벽등반에 대한 소질이나 사전 경험이 전혀 없었습니다. 30대가 될 때까지 한 번도 그걸 해본 적이 없었거든요. 교육이나 사역의 목적으로 암벽등반을 시작했지, 등산 자체를 하기 위한 것이 아니었습니다. 하지만 저는 창조적인 환경에서 사람들을 위해 사역하는 것이 제 비전이라는 걸 알았고, 어떤 측면에서는 야외 활동을 좋아하는 제게 잘 어울렸습니다. 그래서 정상탐험대는 제 비전에 대한 답이 되었지요.

저는 등반에 필요한 모든 것을 배워야 했습니다. (물론 그걸 배우는 모든 과정은 즐거웠습니다.) 목회 사역의 기준이 매우 높은 것처럼 정상탐험대의 기술적 기준도 매우 높았습니다. 실제로 정상탐험대가 구성되고 난 다음 17년 동안 어떤 큰 사고도 없었습니다. 우리는 사람들에게 이 프로그램이 고속도로를 달리기보다 안전하다고 말합니다. 사실입니다.

시편의 저자는 이렇게 말합니다. "네 마음의 소원대로 허락하시고 네 모든 계획을 이루어 주시기를 원하노라 우리가 너의 승리로 말미암아 개가를 부르며 우리 하나님의 이름으로 우리의 깃발을 세우리니 여호와께서 네 모든 기도를 이루어 주시기를 원하노라"(시편 20:4-5). 하나님께서는 우리가 하나님께서 처음에 계획하셨던 진정한 우리 자신이 되기를 원하시며, 우리가 좋아하는 일을 하기를 원하시며, 우리가 우리를 부르신 소명을 따라 일하기를 원하십니다.

우리를 향하신 하나님의 계획대로 사는 것보다 더 큰 만족과 기쁨은 없습니다. 그분은 우리가 우리에게 있는 특별한 능력을 찾기 원하시며, 그 능력을 세상에 투자하기를 원하십니다. 프레드릭 비크너는 "하나님께서 당신을 부르신 장소는 당신의 깊은 기쁨과 세상의 깊은 갈망이 만나는 곳"이라고 말했습니다. 우리 각자가 받은 은사에 대한 비전을 명백히 보는 것은 무척 중요합니다. 어쩌면 당신은 매우 비범한 능력을 가지고 있을지 모릅니다. 경청만큼이나 중요한 것일 수도 있습니다. 저는 말을 잘하는 사람보다 잘 들어주는 사람에 의해 사람의 삶이 바뀌는 것을 많이 보았습니다. 당신의 비범한 능력은 그런 데에 있으며, 발견되기를 기다리고 있습니다.

잠언 22장 6절에 나오는 "마땅히 행할 길을 아이에게 가르치라 그리하면 늙어도 그것을 떠나지 아니하리라"라는 말씀을 기억하십시오. 히브리인들에게 그 말씀의 실제 의미는 아이가 그저 신앙심을 갖도록 독려하는 것 이상입니다. 그 말씀은 ① 부모가 하나님께서 자녀들에게 주신 그들만의 특별한 재능을 발견하도록 돕고 ② 세상에서 그들의 특별한 은사와 재능이 쓰일 곳을 찾도록 도와야 한다는 것을 암시합니다. 그러면 자녀들이 성인이 되어서도 그들을 향하신 하나님의 계획을 그들만의 독특한 행동과 언어를 통해 계속해서 이루어나갈 것입니다.

당신은 무엇을 하고 싶습니까? 그것이 당신에 대해, 그리고 당신의 미래를 만들어가는 당신의 잠재력에 대해 많은 것을 말해줄 것입니다.

둘째 질문, 당신의 영웅은 누구입니까?

실제로 이 질문은 "당신의 영웅이 누구인가?"가 아니라 "당신이 무엇을 영웅적이라고 생각하느냐?"가 되어야 할 것입니다. 당신이 다른 사람에게서 열정적으로 존경하게 되는 특징은 무엇입니까? 이런 질문에 대해 깊이 고민하는 것은 당신에게 어떤 가치들이 영향을 주는지, 삶을 위한 당신의 비전이 무엇인지 알 수 있는 좋은 방법이 될 것입니다.

저의 영웅 가운데 한 사람은 니코스 카잔차키스의 소설 《그리스인 조르바》의 주인공 조르바입니다. 그의 특징을 기억하실지 모르겠지만, 그는 마치 모든 걸 생전 처음 본 사람처럼 무모하게 내려놓으며 인생을 열정적으로 산 사람입니다. 그가 살아가는 방식은 전염성이 높습니다. 그는 슬픔이나 커다란 문제에 휩싸일 때는 춤을 추었습니다. 그가 '보스'라고 부르는 그의 상사는 삶에 대한 열정이 절정에 이르러 인생 전체는 물론이고 삶에서 넘쳐나는 상처에 대해서도 놀라운 태도를 보이는 조르바의 태도에 감명받아 그에게 말합니다. "조르바, 내게 춤추는 법을 가르쳐주게."

조르바는 삶과 은혜에 대해 놀랄 만큼 엄청난 욕망을 가지고 있었습니다. 저는 그것이 전염성이 있다는 걸 알게 되었습니다. 조르바가 그걸 너무나 잘 표현했습니다. "인간의 삶이란 가파른 고개와 움푹 파인 구멍이 있는 길과 같아. 생각이 있는 사람이라면 누구나 브레이크 페달을 사용하겠지. 하지만 나는 브레이크 페달을 오래전에 없애버렸어. 왜냐고? 덜컹거리는 충격이 무섭지 않기 때문이야. 잃을 게 뭐 있어? 없어! 만약 내가 천천히 조심스레 간다고 해도 결국 같은 곳에 가 있게 되지 않을까? 당연히 그렇겠지! 그렇다면 전속력으로 달리는 거야! 누구나 자기만의 어리석은 구석이 다 있지만, 내가 보기에 가장 어리석은 건 이런 생각을 아무도 안 한다는 거야!"

저는 많은 것을 포기하여 더 많은 것을 아프리카 사람들에게 준 알버트 슈바이처Albert Schweitzer 박사를 생각합니다. 종의 리더십의 강력한 능력을 아주 특별한 예로 보여준 마틴 루터 킹 주니어Martin Luther King, Jr. 목사를 생각합니다. 캘커타의 배수로에서 죽어가는 불가촉천민들에게 비전을 품었던 테레사 수녀Mother Teresa를 생각합니다. 너무나 큰 기쁨으로 엄청난 희생을 감수한 그녀의 비전은 수많은 세상 사람들의 마음을 사로잡을 만했습니다. 장애인도 매우 많은 걸 줄 수 있다는 걸 알게 해주려는 비전을 갖고 있는 조니 이렉슨 타다Joni Eareckson Tada를 생각합니다.

제 영웅들의 대부분은 지극히 평범하게 살아가는 사람들이지만, 행동하는 방식은 유명한 영웅들과 마찬가지입니다. 저는 엄청난 고난 속에서도 최선을 다해 자식을 기르고 있는 싱글맘들을 압니다. 역경 속에서도 놀라운 강인함과 용기와 웃음을 잃지 않는 장애인 친구들을 존경합니다. 또한 나이 마흔에 다시 대학에 들어가서 졸업하고, 두 자녀를 돌보면서 석사과정을 밟고 있는 제 아내를 생각합니다.

저는 예수님의 사랑이 흘러넘치는 빌 밀리컨Bill Milliken을 생각합니다. 그는 자타가 공인한 '살아있는 떨기나무'라고 소개된 바 있습니다. 도시의 고교 중퇴생들을 위한 훌륭한 프로그램들을 개발하고 있는데, 도시 빈민가의 청소년들에 대한 그의 사랑을 대통령뿐 아니라 여러 주지사와 정부 관료와 사업가들이 알게 되었습니다. 그의 관심과 사랑이 없었다면 그런 청소년들이 학업을 마치지 못했을 것입니다. 그의 '학교 속의 도시' 프로그램은 미래 지향적 모델인데, 정작 이 프로그램을 만든 빌 자신은 대학 중퇴자입니다.

저는 많은 사람들에게 핵 시대의 위험성에 대해 경고하는 일을 비전으로 삼은 크레이그 쉰들러Craig Schindler를 생각합니다. 박사 학위를 가진 그는 법학 학위도 갖고 있어서 돈을 쓸어 모을 수도 있었을 겁니다. 하지만 그는 핵의 문제와 그것이 인류에 미치는 영향에 대해 매우 염려하여, 우리의 미래를 위협하는 세력에 대한 인간 지성과 정신 승리를 비전으로 삼은 '승리 프로젝트'Project Victory를 지원하기 위해 어렵게 살아가고 있습니다. 그는 평화와 인간의 존엄성에 대한 비전을 품고 있으며, 모든 사람이 승리할 수 있는 화합의 과정을 이미 구상해두었습니다.

저는 훌륭한 남편이자 아빠이며, 언젠가는 자신의 깊이있는 신앙을 방대한 인문학 지식에 접목하여 전혀 새롭고 흥미로운 방식으로 학생들을 가르치겠다는 비전을 갖고 있는 존 매킨타이어 John McEntyre 를 생각합니다.

그리고 저는 예수님을 생각합니다. 대부분의 사람들은 그분이 우리의 구세주이시므로 영웅이라고 생각하지는 않을 것입니다. 하지만 예수님은 하나님의 가치를 전형적으로 보여주신 분이며, 온전하고 영웅적인 삶의 모습이 어떤 것인지 그분의 삶을 통해 보여주셨습니다. 용기, 친절, 주도성, 단순함, 열정… 그분의 이런 것들이 바로 제 삶에서 가장 원하는 가치들입니다. 예수님은 제게 가장 좋고 명확한 비전을 주십니다.

어떤 비전들은 거창합니다. 어떤 것은 작습니다. 하지만 다른 것에 비해 더 나은 비전이란 없습니다. 어떤 비전을 품었다 하더라도 삶은 언제나 오직 한 번에 하나씩 변화됩니다.

저의 비전은 제게 있는 모험심과 열정을 결합하여 어떻게든 더 많은 사람들이 자기들의 온전한 가능성을 발견할 수 있도록 돕는 것입니다. 저는 그들이 모든 지식과 상황을 초월하는 커다란 기쁨을 알기 원합니다. 그 비전은 지금의 제가 누구인지를 표현할 뿐 아니라 되어가고 있는, 또한 되고 싶은 나에 대한 것입니다.

인생은 투자할 만한 가치가 있습니다. 우리가 그렇게 하기 전까지는 하나님께서 우리를 사용하고자 하시는 많은 방법들을 결코 알 수 없을 것입니다. 우리는 불가능한 것을 보고도 행동하는 강력한 사명과 큰 희망을 가진 사람들이 되어야 합니다. 저는 우리 모두에게 우리의 삶과 타인을 변화시키는, 전염성 있는 비전을 가진 사람이 되기를 도전하고 싶습니다.

어떤 면에서 우리가 섬기는 왕이신 예수님을 계속해서 기억하고, 우리의 사역이 '우리가 누구인가'뿐 아니라 '누구에게 속해 있느냐'를 기억하게 한다는 점에서, 작게나마 '상속자의 조건'이 필요할지도 모르겠습니다.

시야vision가 좁은 사람은 마음이 넓을 수 없습니다. 윈스턴 처칠Winston Chrchill이 이렇게 말한 적이 있습니다. "당신이 손해 봐도 괜찮을 정도보다 더 많이 플레이하라. 당신의 손이 닿는 곳보다 더 멀리 뻗어라. 그래야 게임의 규칙을 알 수 있을 것이다."

쓰지 않은 목표는 스치는 바람에 불과하다

어둠 속에서 움직인다는 건 눈가리개를 하고 움직이는 것과 같다
_요한일서 2장 11절, 필립스성경

많은 사람이 자기가 진정으로 원하는 것이 무엇인지는 모르지만, 그걸 갖고 있지 않다는 건 알고 있다. _알프레드 뉴먼Alfred E. Newman

세상에서 가장 위대한 것은 우리가 '어떤 자리에 서 있는가'가 아니라 '어느 방향으로 움직이고 있는가'이다.

_올리버 웬델 홈즈Oliver Wendell Holmes

비전을 품는 것이 절정의 삶을 살아가는 생활 방식의 필수조건이라면, 목표를 정확히 기록하는 건 결정적으로 중요합니다. 어떤 재치 있는 사람이 이렇게 말했습니다. "아무 목표가 없어도 뭔가는 맞추겠지." 아마도 같은 사람이 이 말도 한 것 같습니다. "어디로 가는 건진 몰라도, 아마도 결국 어딘가엔 가 있겠지." 이런 것처럼, 목표를 뚜렷이 정하지 않으면 다른 사람의 목표를 자기 것처럼 받아들이는 운명에 처하고 말 것입니다. 모두 동의하겠지만, 목표 없는 삶에 대해 말한 그 재치 있는 사람의 통찰력은 명확합니다. 우리 가운데 소수만 도달하고자 하는 목

표를 정확하게 기록합니다. 흐릿한 목표는 어쩔 수 없이 흐릿한 결과를 낳습니다. 그러므로, 목표를 정확히 기록하는 것이 바로 우리가 해야 할 일입니다. 우리는 감동으로 가득 찬, 명확하고 생생하게 상상한 목표를 써놓아야 합니다. 왜 '감동'이냐고요? 감동이 목표에 힘을 더하기 때문입니다. 당신의 목표를 감동으로 더 생생하게 감쌀수록, 그 목표가 당신을 밀고 가는 데서 더 큰 힘을 발휘할 것입니다.

수년 전에 저는 친구 짐 윌슨Jim Wilson과 함께 수영, 달리기, 자전거를 이어서 하는 철인 3종 경기에 도전하기로 결심했습니다. 우리는 그게 뭘 의미하는 것인지 정확히 알았습니다. 그 소식을 접한 친구들과 가족들은 저희의 지능을 의심하더군요. 하지만 철인 3종 경기는 우리에게 흥미로운 목표를 주었습니다. 우리는 얼마나 긴 거리를 수영하고 자전거를 타고 달려야 하는지 명확히 알았기에, 각각의 구간에 맞게 매우 구체적인 방식으로 훈련해야 했습니다. 오해는 하지 마세요. 저는 뛰어난 선수가 아닙니다. 아마도 세상에서 가장 느린 수영 선수일 겁니다.

저는 짐과 훈련을 시작했던 날을 결코 잊지 못할 겁니다. 짐은 수영을 잘 못 한다고 제게 고백했습니다. 저는 이렇게 말해주었죠. "내가 수영하는 건 아직 못 봤잖아." 그가 저와 함께 수영장을 두 번 돌고 나더니 웃으며 말하더군요. "너 진짜 못하는구나!"

어쨌든 우리는 해냈습니다. 제 목표 중 하나는 그저 완주(完走)였습니다. 인생이란 자신이 될 수 있는 최고가 되어야 하는 과정이지만 굳이 최고가 될 필요는 없으며, 각자의 최선을 다하려고 발버둥만 치면 됩니다. 수영 구간에서는 제가 너무 느렸는지 안전요원이 저를 부표인 줄 잠시 착각했다고 합니다. 움직이고 있는 건지 확신할 수 없었답니다. 제가 드디어 물에서 나왔을 때, 제 앞에는 600명이 넘는 사람들이 앞서가고 있었습니다. 뒤에는 몇 명뿐이었지요. 하지만 저는 멈추지 않았습니다. 끝까지 해냈지요. 그 어려운 철인 3종 경기를 완주했을 때의 감동을 평생 잊지 못할 겁니다. 그토록 큰 성취감이라니! 그건 제가 오로지 하나의 목표에만 에너지를 쏟아부었기 때문에 가능했습니다.

반드시 써두어야 능력이 된다

노만 빈센트 필Norman Vincent Peale이 실패를 경험하여 좌절에 빠져 있던 청년을 상담한 이야기를 들려준 적이 있습니다. 그 청년이 이렇게 말했답니다. "성공이 저를 완벽하게 피해가는 것 같아요. 저는 어디에든가 있고 싶었거든요."

노만이 물었습니다. "좋아, 그럼 자네가 가 있고 싶은 데가 정확히 어디야?"

청년의 답은 답이라고 할 수 없는 걸작이었습니다. "글쎄요, 확실히는 잘 모르겠고, 알아본 적도 아예 없어요. 하지만 지금 돌아가는 상황이 행복하지는 않습니다. 어디서든 뭔가 얻고는 싶어요."

"그런가? 자네가 가장 잘하는 건 무엇이지? 가지고 있는 특별한 기술은 무엇이고?"

"특별한 기술은 없는 것 같아요." 청년이 말했습니다. "사실 무슨 일이 제게 잘 맞는지, 가장 잘할 수 있는 게 뭔지도 잘 모르겠습니다."

노만이 다시 물었습니다. "도대체 무슨 일을 하고 싶다는 거야? 만약 자네가 어떤 직업이든 목표든, 가질 수 있고 성취할 수 있다면 무슨 일을 선택할 건가?"

"정말이지 말씀드릴 수가 없네요." 청년이 조금은 절망적으로 답했습니다. 이 청년은 강하지는 않아도 무언가 해내고 싶다는 동기는 작게나마 있어서 속으로 갈등하고 있었지만, 응집되고 명확하며 객관적인 건 부족했습니다.

노만이 말했습니다. "이봐, 자네는 목표를 정해야 하네. 그걸 선명하고 명확하게 다듬어야 하고! 목표가 지적으로 영적으로 이해되고 무의식 속으로 빨려들기까지 그걸 붙들고 있어야 하지. 그러면 목표가 자네의 전부를 가질 테니까. 결국 자네는 목표를 소유하게 될 것이고, 막연한 어딘가가 아니라 똑바로 난 길을 따라, 목표를 향해 나아가기 시작할 거란 말이지."

인류는 목적론적으로 창조되었습니다. 우리는 모두 목표 지향적인 구조를 가지고 있으며, 그 목표에 반응합니다. 너무나 많은 사람이 비생산적으로 살고 있고, 종종 목적 없이 길을 잃은 기분으로 살아가는 이유는 매일 들여다보고 참고하면서 자신을 수정해나갈 목표를 선명하고 정확하게 적어놓지 않았기 때문입니다.

그런데, 목표는 반드시 써두어야만 하는 걸까요? 가장 효과적이려면 당연히 그래야 합니다. 기록하지 않은 목표는 단순히 바람일 뿐입니다. 기록한다는 것이 매우 귀찮은 숙제 같겠지만, 그것이 바로 능력이 발휘되게 하는 열쇠입니다. 그러면 당신 앞에 놓인 목표가 당신을 자석처럼 끌어당길 것입니다. 목표를 기록하는 것은 그것이 명확해지도록 약속하는 일인 겁니다. 써둔 목표를 들여다보는 일이야말로 목표를 현실화하는 첫 단계입니다. 하지만 우리 사회에서 목표를 기록하는 사람은 2퍼센트도 채 되지 않습니다. 만약 당신이 목표를 써놓고서 늘 가까이에 둔다면, 단언컨대 그 목표가 당신을 주목하기 시작할 것입니다. 명확한 목표를 향해 힘이 있고 정리된 목적의식은 당신의 능력을 집중시키고, 목표를 달성하는 데 결정적인 동기를 부여할 것입니다.

이렇게 생각해보십시오. 불이 켜진 전구에 손을 가까이 대더라도 손에 불이 붙진 않습니다. 전구의 불빛이 분산되기 때문이지요. 하지만 그 빛의 에너지가 레이저 빔처럼 집중된다면, 거기에 손을 대는 건 미친 짓일 겁니다. 레이저 빔은 최대 46센티미터의 강철을 뚫을 수 있으니까요. 차이점은 바로 집중된 에너지에 있습니다. 이것이 바로 목표를 써두는 일입니다. 그러면 그 목표가 레이저 빔처럼 집중된 에너지가 됩니다. 그런 에너지는 우리의 놀라운 재능과 내면의 비전을 모두 정확한 방향에 집중할 수 있도록 길을 열어줍니다.

목표 설정의 망상 활성 시스템

당신의 목표는 세 가지로 분류될 수 있습니다. 장기, 단기, 중장기 목표입니다. 무엇이든 한 달 이상 걸릴 일이면 중장기 목표입니다. 그 이하는 무엇이든 단기 목표입니다. 많은 전문가는 장기적 목표라 해도 1년에서 3년을 넘기는 건 현실적이지 못하다고 충고합니다. 인생은 매우 빠르게 움직이고, 변화는 순식간에 발생하니까요. 당신은 이 세 가지 목표를 이런 식으로 볼 수 있습니다.

위의 도표에서 평생 목표가 당연히 화살표의 정점인 오른쪽 맨 끝에 있다는 걸 볼 수 있습니다. 하지만 단기간의 목표가 될 수도 있습니다. (그래서 왼쪽에도 있습니다.) 바르게 정의되었다면, 사실 그렇게 될 것입니다. 어떤 점에서, 훗날에 당신의 평생 목표가 이뤄지기 위해선 현재의 목표에 최대한 집중해야 합니다.

예를 들면, 제 평생 목표 중 하나는 "보이지 않는 예수님을 보이게 하자"입니다. 저는 그 목표를 지금 실행할 수 있습니다. 제가 오늘 그 목표를 실행함으로써 내일에도, 그 다음날에도 실행할 힘을 얻습니다. 단기적이지만, 어떻게 보면 '삶의 방식으로서 장기적인' 목표라고 할 수도 있겠습니다. 평생 목표는 화살표의 처음과 마지막 부분에 다 있기 때문입니다. 저의 또 다른 평생 목표 중 하나는 제 두 아들이 자유롭고 굳건하며 헌신적인 청년으로 세워져, 자신에게 주어진 특별한 재능을 사용하며 살도록 도와주는 것입니다.

목표는 제가 지금 해야만 할 일입니다. 그러지 않으면 훗날에도 실현되지 않을 것입니다. 목표를 다듬어간다는 차원에서 장기 목표에는 지속적인 관심이 필요없을 수도 있지만, 나머지 중단기 목표들에 대해서는 꾸준히 개선하려는 관심이 필요합니다.

1982년 유에스 뉴스 앤 월드 리포트U.S. News & World Report에 '시간 낭비를 막는 전문가의 방법과 조언'이라는 내용으로 제임스 스테폰R. James Steffen을 인터뷰한 기사가 실렸습니다.⁹ 시간 관리에 대해 전문가인 스테폰은 우리가 어떻게 하면 시간을 좀 더 잘 관리하고 생산성을 높이면서 업무를 수행할 수 있는지에 대해 제안하였습니다. 그가 제시한 첫 번째 원칙은 정확하고 분명하게 목표를 기록하는 것입니다. 두 번째 원칙은 그 목표를 다시 기록하고 재정립하며, 또 개선하는 것입니다. 그의 세 번째 원칙은 그렇게 고쳐 쓴 목표를 또 다시 쓰고 더 조심스럽게 분석하여, 남녀노소 누구라도 자기가 무엇을 하고 싶어하는지를 정확히 알 수 있도록 하는 것입니다. 그의 원칙 세 가지는 모두 목표 설정과 확립에 관한 것입니다.

사실 저도 한때는 살아가면서 목표를 설정하기가 어려워진 적이 있었다고 고백합니다. 그러다 몇 년 전, 몸이 어떻게 움직이느냐에 따라 제 마음이 완전히 변화된다는 걸 알게 됐습니다.

우리 뇌의 아랫부분에는 '망상 활성 시스템'이라는 신경망이 있습니다. 이것은 우리 몸에서 붙박이 레이더처럼 작용하는데, 이 시스템이 작동하기 위해서는 한 가지 조건이 있습니다. 목표를 정해야 한다는 것입니다. 이 신경망 레이더는 우리가 무언가에 집중하는 순간, 집중하는 대상을 제외한 모든 정보는 중요하지 않으며 관련이 없다고 보고 걸러냅니다. 따라서 이 시스템은 우리가 목표에 대해서만 정신을 집중할 수 있도록 도와줍니다.

우리 몸은 이런 시스템을 늘 사용하고 있지만, 인체의 많은 경이로운 부분과 마찬가지로, 대부분은 우리가 알아차리지 못합니다. 예를 들어 어느 특정 브랜드의 자동차를 구매한 다음, 그것과 똑같은 자동차가 갑자기 텔레비전 광고나 지나가던 길가 어디에서나 눈에 띄기 시작하는 이상한 경험을 한 적이 있지 않나요? 그 자동차는 늘 있었지만, 당신이 그걸 구매한 다음부터 당신의 망상 활성 시스템이 작동하기 시작하여 이전에는 무시하고 지나갔던 걸 알아차리게 되는 것입니다. 소파를 사기로 결정하면 그로 인해 몹시 들뜨는 것도 같은 원리입니다. 무심코 신문을 보다가도 반값 세일을 하는 소파를 발견하면 '세상에, 이런 우연이 있다니!'라고 생각하게 되는 겁니다. 그런 세일은 늘 있었겠지요. 그 정보를 발견하게 된 진짜 이유는 바로 당신이 소파를 구매하겠다는 목표를 세웠기 때문입니다. 그렇지 않다면, 당신은 그런 광고에 눈길 한번 주지 않았을 것입니다.

정보는 항상 거기에 있습니다. 우리의 비전이 현실이 될 기회도 늘 거기에 있습니다. 하지만 우리가 의식적으로 목표를 세워놓지 않는다면 무의식적인 자원이 우리를 도울 수 없습니다. 이처럼 우리의 비전은 목표 설정을 통해 현실이 됩니다.

목표에 도달하는 가장 성공적인 방법

목표 설정의 힘이 가진 능력에 대해 어떤 면에선 선구자처럼 생각해 온 루 타이스Lou Tice가 이런 이야기를 들려주었습니다. 그는 부인이 벽돌로 아트 스튜디오를 짓겠다는 목표를 세웠다는 것으로 고민하게 되었습니다. 그가 사는 지역에서는 벽돌을 구하기 어렵기 때문에 처음엔 반대할 뻔했습니다. 그러기 직전에, 그는 모든 목표 설정에서 가장 근본이 되는 이 원칙을 기억해냈습니다. '사람은 증거 없는 믿음을 가져야 한다'라는 원칙인데, 이 원칙은 목표 달성에 필요한 자원이 손이 닿는 범위 안에 있든 없든 상관 없이 자신이 원하는 것에 따라 명확하게 목표를 설정하는 데 도움이 됩니다. 이런 생각은 어떤 일을 할 수 있을지 또는 하지 못할지를 처음부터 판단하는 것이 아니라, 먼저 목표를 설정한 다음 상황이 어떻게 전개되는지를 보자는 것입니다. 그래서 루 타이스는 그렇게 하기로 목표를 세웠습니다.

루는 여느 날과 마찬가지로, 그날 아침에도 30분을 운전해서 일터에 도착하였습니다. 오는 도중에 첫 번째 신호등에서 별다른 이유 없이 고개를 왼쪽으로 돌리게 되었습니다. 어느 건물이 철거되고 있었는데, 벽돌로 지어진 것이었습니다! 그는 그날까지 적어도 200번 넘게 그 집 앞을 지나다녔는데, 그 집이 벽돌로 지어졌다는 걸 알아채지 못했던 것입니다. 그는 몇 마일을 더 운전한 다음 신호등 앞에 멈춰 섰습니다. 오른쪽을 돌아보니 어떤 상가가 철거되고 있었습니다. 벽돌이 여기저기에 널려 있었습니다! 그는 계속 운전하여 시내에 가까워졌는데, 매일 지나치던 돔구장에서 보수공사가 진행중이라는 걸 보게 되었습니다. 돔구장 역시 벽돌로 지어진 것이었습니다! 그는 이런 상황이 그저 놀랍기만 했습니다. 벽돌은 어제도 그곳에 있었고, 그가 출퇴근하는 내내 거기에 있었습니다. 하지만 그걸 전혀 인식하지 못했을 뿐 아니라, 전날 밤에는 벽돌을 구할 수 없다고 확신하기까지 했습니다. 하지만 그의 '망상 활성 시스템'이 켜진 순간, 그가 필요로 했던 벽돌은 주변의 거의 모든 곳에 있었습니다.

최근에 제가 읽었던 책의 작가들은 모두 '설정해둔 목표가 이미 이루어졌다고 마음에 그림 그리듯 생생한 감정으로 채우는 것이 목표에 도달하는 가장 성공적인 방법 중 하나'라고 믿고 있었습니다. 우리의 마음은 '지배적 이미지'의 원칙에 따라 움직입니다. 사람들은 실제로 오랜 세월 그렇게 해왔지만, 이제는 연구를 통해 그런 '이미지 트레이닝'에 대한 정보가 우리에게 제공되면서, 많은 이야기들이 시각화의 힘에 대한 중요한 진실을 확인해주고 있습니다.

제임스 뉴먼James Newman은 한국전쟁에 참전했다가 중상을 입은 빌Bill 이라는 젊은 병사의 이야기를 그의 책 《너의 브레이크를 풀어놓으라》 Releasing Your Brakes에 기록하고 있습니다. 빌은 오랫동안 눈과 턱을 빼면 신체의 어느 부분도 움직일 수 없었습니다. 책을 읽으려면 침대 위에 선반을 설치해 그 위에 얹은 다음 간호사가 한 장씩 넘겨주어야 했습니다. 그래도 굴하지 않은 빌에게 한 가지 아이디어가 늘 있었습니다.

타이핑을 배우고 싶었던 겁니다. 그래서 타자 교본을 구해달라고 부탁했고, 타자기의 키보드를 빠르게 외우기 시작했습니다. 그는 상상 속에서 자기 손가락이 실제로 키보드를 정확하게 치고 종이에 인쇄되는 것을 그려보기 시작했습니다. 근육이 움직이지 않고 병원 침대에 누워 있으면서도, 빌은 매일 15분에서 20분씩 타이핑을 연습했습니다.

꽤 오랜 치료 과정을 거친 후, 빌은 드디어 팔과 손을 움직일 수 있게 되었습니다. 그는 바로 타자기가 있는 병원 사무실로 데려가 달라고 부탁하였고, 상상으로만 연습하던 타이핑을 처음으로 시도했습니다. 놀랍게도 1분에 55개의 단어를 오타 없이 칠 수 있었습니다!

상상력이 지식과 연습보다 훌륭하다

스킵 로즈Skip Rose는《당신의 가능성에 예스라고 말하라》Say Yes to Your Potential라는 책에서 여섯 개의 농구팀들과 진행한 실험에 대해 들려줍니다. 우선 각 팀의 선수들이 제각각 100개의 자유투를 쏘고 그 성공률을 기록하게 했습니다. 그런 다음 그중 두 팀은 두 주간 매일 몇 시간씩 자유투 성공률을 높일 수 있는 연습을 하도록 했습니다. 다른 두 팀은 연습 시간의 반은 자유투를 연습하고, 반은 앉아서 자유투를 상상하는 이미지 트레이닝을 100회 이상 하도록 하였습니다. 또 다른 두 팀은 실제 연습 없이 오로지 이미지 트레이닝만 하도록 했습니다. 그 과정을 시각화하고 감각으로 느낄 수 있는 도움만 제공받았을 뿐입니다. 그 특별한 시나리오는 이런 것이었다고 로스는 설명합니다.

당신이 자유투를 던지는 선 앞에 서 있다고 상상해보라. 게임이 끝나고 휘슬이 불리는 순간, 당신은 파울을 당했다. 팀은 한 점 차로 지고 있고, 당신은 두 개의 자유투를 던질 수 있다. 당신이 자유투를 성공시킨다면 당신의 팀은 그 리그에서 우승하게 된다. 지금 자유투 라인 앞에 서서 공을 튀기며 자신을 진정시키고 있다고 상상해보라. 그런 다음, 던진 공이 완벽한 포물선을 그리며 네트를 통과하는 걸 본다고 느껴보라. 관중은 열광하고, 경기는 동점이 된다. 당신은 너무나 흥분하여 주체하기 힘들 정도가 된다. 다시 공을 들고 한번 튕긴 다음 또 던진다. 공은 다시 한번 네트 속으로 빨려들 듯 들어간다. 관중들은 귀가 찢어질 것처럼 환호하며 경기장으로 달려 나와 영웅이 된 당신을 들어 올린다!

두 주 동안 여섯 개의 농구팀은 지시받은 대로 자유투 연습을 하였고, 두 주가 지난 후 자유투 기술이 늘었는지 테스트를 받았습니다. 두 주간 실제로 매일 자유투를 연습했던 두 팀은 평균적으로 약 1퍼센트 정도 능력이 향상되었습니다. 반은 연습하고 반은 이미지 트레이닝을 했던 두 팀도 결과는 비슷했습니다. 그런데 이미지 트레이닝만 했던 나머지 두 팀은 약 4.5퍼센트나 자유투 기술이 향상되었습니다.

실제로 연구에 따르면, 생생하게 상상한 목표는 현실만큼이나 강력합니다. 알버트 아인슈타인도 "상상력이 지식보다 중요하다"라고 말했습니다. 따라서 목표를 적고 그 목표를 시각화하는 일의 힘은 아무리 강조해도 지나치지 않습니다.

목표를 적고, 계속 그것에 대해 생각하고 다듬어나가는 것은 때로 무의미한 일처럼 느껴집니다. 하지만 그 목표가 당신이 가진 비전과 꿈, 좋아하고 원하는 일과 연결되어 있다면, 그 목표는 당신의 꿈을 이뤄줄 방법의 일부가 될 것입니다. 그렇게 되면 그 목표들이 결코 일로만 느껴지지 않을 것입니다. 하지만 만약 자기 목표를 세우지 않는다면, 항상 다른 사람의 목표만 받아들이게 될 것입니다.

아주 간단하지만, 심오한 질문을 하나 드리겠습니다. 당신이 인생에서 가장 원하는 것은 무엇입니까? 그걸 이루기 위한 계획을 세워보는 건 어떨까요? 앞에서 말한 것과 같이, 절정의 삶을 살아가는 과정에서 우리의 궁극적인 목표는 바로 온전해지는 것Wholeness입니다. 당신의 비전을 따라 사는 것, 하나님께서 원래 마음에 두셨던 당신의 모습이 바로 온전함입니다. 그것보다 더 생생하게 상상할 수 있는 마음의 그림이 또 있겠습니까?

용기 없는 믿음은 엔진 없는 자동차와 같다

지금 우리에게 필요한 것은 끝없는 용기다.

_캐서린 포터_Katherine Porter_

강하고 용기있는 자가 되라. _여호수아 1:6_

용기있는 사람이 다수를 차지한다. _앤드루 잭슨_Andrew Jackson_

요령은 내 안의 불안을 없애는 것이 아니라, 그로 인해 더 높이 날아오르는 것이다. _출처 불명_

우리는 지금까지 비전과 목표에 대해 이야기했습니다. 하지만 비전과 목표를 현실로 만드는 건 무엇일까요? 용기입니다. 용기야말로 좋은 아이디어와 행동을 연결하는 다리입니다. 믿음이 희망의 본질이라는 건 모두 압니다. 저는 용기가 바로 믿음의 본질이라고 믿습니다. 용기 없는 사랑은 단순히 감상이며, 용기 없는 비전은 그저 기분 좋은 꿈에 불과합니다.

용기는 아마도 우리 시대에서 가장 잘못 이해되고 평가절하된 미덕 중 하나일 것입니다. 우리는 평범한 운동선수가 탁월한 선수가 되고, 재능이 평범한 사람이 성공하고, 보통의 능력을 가진 사람이 엄청난 성과를 이루었다는 이야기를 들어왔습니다. 모두 '용기'라고 불리는 것 때문에 말이죠. 용기는 삶의 위대한 무형적 요소이자 보이지 않는 결정 요인이며, 거대한 배가(倍加)의 요소입니다.

정상탐험대의 감독이었던 스콧 해리스Scott Harris는 아마도 눈을 감고도 킹콩과 맞장을 뜰 사람입니다. 최근에 저는 삶에 대한 그의 태도의 근본이 무엇인지 알게 되었습니다. 그의 아버지가 20년 전에 쓴 글을 제게 보여주었거든요. 곰곰이 생각해볼 가치가 있는 내용이었습니다.

"인생이란 여행이다. 만약 내가 나 자신을 발견한다면, 내가 무엇을 할 수 있을지 기대할 수 있다면, 용기의 한계, 헌신의 정도, 삶의 일부를 누군가에게 바칠 수 있는 능력이 얼마만큼일지 기대할 수 있다면, 일과 아름다움에 대한 사랑과 목표, 그리고 더 이상 물러서지 않을 지점을 찾게 된다면, 이런 모든 가치들을 내가 지닐 수 있게 된다면, 나는 내 인생의 모든 시간을 존엄성과 존경심을 가지고서 살아갈 수 있는 대저택을 소유하게 될 것이다. 그리고 이 지식은 진실로 모든 날을 내 인생 최고의 날로 만들 것이다."

성경은 용기로 가득 찬 책입니다. 어떤 예시는 미묘하고, 어떤 예시는 담대합니다. 신명기 30장에서 하나님은 이스라엘 백성에게 "생명을 선택하라"고 도전하십니다. 그리고 다음 장에서는 "강하고 담대하라"는 말씀을 세 번이나 하십니다. 여호수아서 1장에서도 "강하고 담대하라"라고 네 번이나 말씀하십니다.

용기는 기독교인에게 너무나 중요한 요소입니다. 용기 없는 믿음은 단순한 이상주의에 불과합니다. 용기가 부족한 믿음은 위험을 무릅쓰지 않습니다. 용기가 없다면 한 걸음도 내딛지 않을 것이고, 1분도 더 쓰지 않을 것입니다.

믿음이 용기를 만든다

몇 년 전, 저는 1932년에 일어난 것으로 보이는 어느 사건에 대한 이야기를 듣게 되었습니다. 이 이야기는 누군가의 신앙에서 위험을 감수하는 용기가 얼마나 중요한지를 보여줍니다.

한 남자가 우물을 발견한 건 갈증 때문에 거의 죽을 것처럼 비틀거리며 사막을 걷고 있을 때였습니다. 그가 우물에 다가갔을 때, 근처에 있는 깡통에서 메모 하나를 발견했습니다. 메모에는 이런 글이 쓰여 있었습니다.

"친애하는 친구여, 이 우물에는 많은 사람이 쓸 만큼 물이 넉넉하다네. 하지만 종종 가죽으로 된 펌프 장치가 말라버리니까 먼저 마중물을 부어주어야 물을 길 수 있다네. 우물 서쪽에 있는 돌 밑을 보면 물 한 병이 있을 걸세. 제발 그 물은 마시지 말아 주게. 가장 먼저 해야 할 일은 그 물의 반 정도를 천천히 펌프에 부어 굳은 펌프 장치를 풀어주는 걸세. 그런 다음 병에 남은 나머지 물을 재빨리 펌프 위에 붓고서 미친 듯이 펌프질을 하면 된다네. 그러면 반드시 물을 길을 수 있을 걸세. 이 우물은 한 번도 마른 적이 없다네. 내 말을 믿어보게. 물을 충분히 얻은 후엔 이 쪽지를 다시 제자리에 가져다 놓고, 물병도 채워서 돌 밑에 두는 것도 잊지 말게. 행운을 비네. 그럼 즐거운 여행을 하게나. 자네의 친구, 사막의 피트가."

당신은 이럴 때 어떻게 하겠습니까? 갈증으로 거의 생사의 끝에 왔다고 느꼈을 때, 한 병의 물은 나의 마른 목을 해소할 정도이지 생명을 구할 만큼은 안 됩니다. 그런데 과연 그 한 병의 물을 마중물로 부어버릴 수 있을까요? 이 이야기는 기독교 신앙의 필수 요소를 잘 나타내주는 강력한 우화입니다. 첫째 요소는 메모가 들어 있는 깡통과 돌 밑의 물병 같은 '증거'가 있다는 것입니다. 모든 것이 순서대로 놓여 있지만, '사막의 피트'라는 사람이 진짜인지 믿을 수 있는 증거만 없습니다. 둘째 요소는 '위험을 감수하는 것'입니다. 메모는 갈증으로 죽어가는 사람에게 그나마 찾은 단 한 병의 물을 우물 펌프에 부어버리라고 요구합니다. 믿음에는 언제나 그에 따른 값을 치러야 한다는 말입니다. 셋째 요소는 '행함'입니다. 어떤 사람은 믿음이 그저 행함을 대신할 수 있다고 잘못 이해하는 것 같습니다. 믿음은 게으름이 아닙니다. '사막의 피트'는 우리가 믿고서 위험을 감수한다면 미친 듯이 펌프질을 해야 한다고 말합니다. 예수님은 우리에게 보잘것없는 양의 물을 우물에 부어버리고 있는 힘을 다해 움직이라고 말씀하십니다. 그렇게 할 때 우리가 갈증을 해소하고, 나아가 다른 사람의 갈증까지 해소할 만큼의 물을 얻을 수 있다고 약속하십니다.

또 다른 이야기는 아주 오래된 이야기로, 아마 당신도 들어보셨을지 모르지만, 다시 해도 좋을 만한 이야기입니다. 우리는 정상탐험대의 지침과 용기의 핵심을 보여주는 강의를 할 때, 사막의 피트 이야기와 더불어 이 이야기를 예화로 들려줍니다.

믿을 수 없을 정도로 공중 줄타기를 잘하는 사람이 있었습니다. 그는 파리 전역의 높은 곳에서 줄타기 묘기를 선보였습니다. 점점 수위를 높여가며 줄타기를 했고, 심지어 눈을 가린 채 손수레를 밀며 줄을 타기도 하였습니다. 그의 이야기를 들은 미국의 공연 기획자가 그에게 편지를 써서 "나이아가라 폭포 위에서 줄타기를 해달라"라고 요청했습니다. 그러면서 "아마 그렇게까지는 못하겠지요?"라는 말을 덧붙이기도 했습니다. 하지만 편지를 받은 줄타기 선수는 그 도전을 받아들였습니다.

홍보와 준비를 많이 한 다음, 엄청나게 모여든 사람들 앞에 줄타기 선수가 드디어 모습을 드러냈습니다. 그는 캐나다 쪽에서 출발해 미국 쪽으로 걸어가기 시작했습니다. 드럼이 울리고, 모두 숨을 죽인 채, 눈을 가리고서 손수레를 밀며 줄을 타고 있는 선수를 지켜보았습니다. 줄타기 선수가 미국 쪽에 도착하자 관중들은 열광했습니다.

줄타기 선수가 기획자를 돌아보며 말했습니다 "자, 이제 제가 할 수 있다는 걸 믿으시겠습니까?" 기획자가 답했습니다. "당연합니다! 방금 당신이 하는 것을 보지 않았습니까?"

"아니요, 아니요, 아니요. 내가 할 수 있다는 것을 진심으로 믿으시냐고요?" 줄타기 선수는 그에게 다시 물었습니다. "그렇다고 얘기하지 않았습니까?"라고 기획자가 말하자, "진심으로 믿는다고요?"라고 줄타기 선수가 다시 물었습니다. "네, 이제 믿습니다!" 기획자가 답했습니다. 그러자 줄타기 선수가 말했습니다. "좋습니다, 그렇다면 이 수레에 타십시오, 저와 같이 캐나다 쪽으로 다시 건너가시죠."

그리스어로 '믿다'believe라는 말의 뜻은 '그대로 살다'to live by입니다. 우리는 얼마나 자주 "예수님께서 말씀하신 대로 행하실 수 있다고 믿는다"라고 말합니까? 그러면서 정작 수레에 탈 용기는 왜 없는 걸까요? 우리의 믿음은, 행함이 동반되기 전까지는 완성된 것이 아닙니다.

신념을 유지하는 배짱

용기courage라는 단어가 마음heart을 뜻하는 옛 프랑스 말인 corage에서 왔다는 것이 흥미롭습니다. 물론 단순히 그런 뜻인 것만은 아니지만, 우리는 마음으로 하나님을 알 수 있습니다. 용기는 마음과 마찬가지로 다른 모든 미덕에 생명을 불어넣습니다. 그런데 무엇이 '좋은' 용기일까요? 그것은 다른 사람들을 위한 적극적인 연민일 것입니다. 마음으로 하나님을 아는 사람은 다른 사람을 위해 자신의 신념을 에너지와 행동으로 바꾸는 용기를 갖고 있습니다. 그렇지 않은 사람은 엔진 없는 자동차와 같습니다. 도로에선 너무나 멋있어 보이지만, 아무도 어디에도 실어 나를 수 없지요. 그런 사람은 보기에 멋은 있어도 인격에 깊이가 없고 마음이 없습니다. 멋진 세상kingdom of niceness을 하나님의 나라the Kingdom of God로 변화시킬 용기가 없지요.

이렇게 큰 마음의 용기는 어디서 오는 걸까요? 우리 내면에서 옵니다. 다 아는 것이지요. 그런 용기는 종종 꾸준한 노력, 용감무쌍, 또는 용맹으로 불립니다. 시중에선 그런 걸 '투지'라고 부른다는데, 저는 '배짱'이라는 말을 더 좋아합니다. 실제로 제 신약성경의 앞표지에는 "나는 배짱을 존경한다!"라는 문구가 있습니다. 저도 그렇습니다. 크기나 모양이나 형태가 어떻든 배짱은 다 존경합니다. 그런 배짱이 삶의 모든 상황에서 표현되는 것을 보았고, 특히 정상탐험대 코스에서는 몇 배나 큰 배짱의 순간들을 경험했습니다.

그런 용기는 어떤 것일까요? 어떤 사람에게는 옆에 있는 낯선 사람과 악수하는 것이 용기일 수 있습니다. 어떨 때는 단지 아침에 침대에서 일어나는 일일 수도 있습니다. 때로는 자신의 신념을 유지하는 배짱일 수 있습니다. 어떤 때는 직업을 바꾸는 결정이나 자신의 한계에 도전하는 것, 새로운 삶의 방식을 시작하는 것, 더 깊은 차원에서 삶을 단순하게 하고 집중하는 모든 것이 배짱일 수 있습니다. 우리는 이런 종류의 배짱을 가진 사람들을 생각해볼 수 있습니다.

유명한 우주비행사 존 글렌John Glenn은 자기가 알고 있던 사람 중에서 가장 용감한 사람이 누구냐는 질문을 받았습니다. 사람들은 우주를 돌고 온 그가 어떤 유명인을 고를 거라고 짐작했기에, 그의 대답에 다들 놀랄 수밖에 없었습니다. 그가 조금도 주저하지 않고 이렇게 말했기 때문입니다. "내가 아는 가장 용감한 사람은 바로 내 아내입니다. 나이 마흔여섯에 자신의 언어 장애를 극복하는 용기를 보여주었기 때문입니다".

저는 용기에 대해 생각할 때면 중증 장애인인 샤론 테일러_{Sharon Taylor}라는 친구를 생각합니다. 큰 역경에 맞서 싸우면서도 밤에는 전화 교환원으로 유쾌하게 일하며 많은 사람을 위한 멋진 일을 계속하기 때문입니다. 지체장애인들을 위한 산악 등반 프로그램인 'Go For It'에서 휠체어를 타고 산을 오른 줄리 켈리_{Julie Kelley}도 생각납니다. 그녀는 척추이분증으로 매일 고통을 겪고 있지만, 언제나 천진난만한 미소와 무엇이든 할 수 있다는 신념으로 늘 주위를 밝혀 줍니다.

산악 등반 코스 가운데 하강하기에 무척 어려운 난코스를 만났을 때 엄청난 용기를 보여준 자넷_{Janet}도 생각납니다. 두려움에도 불구하고 여섯 번이나 도전했지만 성공하지 못한 그녀를 본 우리는 "이쯤에서 포기해도 괜찮다"라고 설득했습니다. 그러나 그녀는 "아니요. 이것은 예수님이 제 삶에 실제로 살아계시다는 것을 증명하는 방법입니다"라며 끝까지 도전했고, 마침내 하강에 성공하였습니다.

역경에도 불구하고 배짱 좋은 용기에 대해 생각할 때면 팀 버튼_{Tim Burton}이라는 제 친구가 생각납니다. 제가 등반하던 중에 5층 높이의 크레바스에서 추락했던 낙상 사고에 대해 말씀드렸나요? (아, 이 이야기는 13장에 나올 예정이네요.) 그 후 저는 늘 엄청난 고통을 겪고 있지만 다행히 움직이는 데는 별 이상이 없습니다. 하지만 팀은 저처럼 운이 좋지 않았습니다. 그는 겨우 2미터 높이에서 떨어졌는데, 뇌를 크게 다쳐 평형감각과 언어 능력 대부분을 잃었습니다. 체격이 크고 건장한 그가 휠체어에 의지해서 생활합니다. 하지만 그는 제가 만난 사람 가운데 가장 재미있는 사람 중 한 사람입니다.

제가 팀을 처음 만난 건 '할 수 있다!'라고 이름지은 등반 코스에서
였습니다. 그때 모습이 아직도 제 눈앞에 있는 것처럼 선합니다. 강사
들이 살아있는 목발처럼 곰 같은 덩치의 팀을 양쪽에서 부축했습니다.
하지만 이 남자가 균형은 잡지 못하면서 힘은 쎄서, 도와주는 강사들
을 산 여기저기로 내팽개치곤 했습니다. 하지만 팀의 열정은 전혀 억
제되지 않아 전염될 정도였습니다. 한번은 그가 등산하던 내내 너무나
흥분하여, 자신이 체계적으로 배운 방식으로 "우와!" 하는 감탄사를 계
속 웅얼거렸습니다. "오, 우, 아, 와, 우!" 그가 어찌나 그걸 여러 번 거듭
했던지, 우리는 그를 기리고자 그 등산을 '우와 등반'으로 부르기로 했
습니다.

저는 등산을 할 때면 매일 아침 고통을 느끼며 깨어나는데, 팀과 '우
와 등반'을 하고 난 다음 날은 고통이 너무나 심해 앉아 있지도 못할
정도였습니다. 이제야 고백하지만, 그때는 제 자신이 너무나 불쌍하게
느껴졌습니다. "하나님, 왜, 왜요? 제발 저 좀 쉽게 해주세요!" 하고 투
덜거렸습니다. 하나님께서는 제가 스스로에게 연민을 느낄 때마다 그
분의 무한한 지혜와 유머로 용기를 북돋아주는 생생한 예를 제게 주신
다는 걸 저는 그때 알아차리기 시작했습니다. 그날 아침 제게 주신 생
생한 예는 바로 팀 버튼이었습니다.

제가 투덜거리고 있을 때, 제 옆에서 자고 있던 팀이 깨어나기 시작
했습니다. 그가 자고 있던 슬리핑 백에서 기어 나와 마침내 몸을 뒤집
고 '네 발'로 지탱하기까지 거의 30분이 걸렸습니다. 그는 그러는 내내

불평 한마디 없이 고군분투했습니다. 이 청년의 엄청난 용기를 지켜 보면서, 투덜거리고 불평했던 제가 매우 쑥스러워졌습니다. 팀은 저를 보더니, 환한 얼굴로 천천히 제게 말했습니다 "티 임, 잘 잤 어 요? 나 는 뭐 든 하 알 준 비 가 되 어 있 어 요!" 그건 그가 우리에게 들려준 그 의 인생 좌우명이었습니다. 그리고 저는 생각했지요. '오 주님, 우리는 아직도 배울 것이 많습니다!'

하나님으로부터 온 순수한 확신

용기는 이상한 포장에 담겨 올 수도 있습니다. 가만히 있기 위해서도, 정말로 잠잠하기 위해서도 배짱이 필요하다는 생각을 해본 적이 있나 요? 지금처럼 빠르게 돌아가는 세상에선 거의 상상할 수 없는 일입니 다. 하지만 가만히 있지 않으면, 우리는 진정한 영적 자아에 대해 결코 알 수 없습니다. "너희는 가만히 있어 내가 하나님 됨을 알지어다"라고 성경은 말하고 있습니다.

작가이며 목회자인 유진 피터슨은 '고요함'을 진지하게 받아들일 용기가 있었습니다. 그는 우리 대부분이 너무나 가볍게 여기는 성경 의 안식일 원리를 따라서 살기로 마음먹었습니다. 그는 안식_{Sabbath}이 라는 단어가 '그만두다', '노력하기를 멈추고 하나님 안에서 쉬는 것을 의미한다'라고 설명합니다. 그래서 유진 목사님 부부는 일주일 중 하 루를 조용히 지내는 날로 정했습니다. 일이라고 여겨질 수 있는 그 어 떤 행위도, 심지어 이익이 되는 일이라 해도 하지 않았습니다. 독서, 대화, 산책, 휴식, 친구들에게 편지쓰기로 하루를 보내신다고 합니다. 이런 안식이 그의 세상에 활력을 불어넣고 사역을 변화시켰다고 합니다. 그는 우리 모두가 현재 하고 있는 일의 반을 줄여 삶의 다른 반쪽을 잘 살 수 있도록 해야 한다고 권합니다.

우리는 저마다 알고 있는 배짱 두둑한 사람들의 명단을 만들 수 있습니다. 때로는 다른 사람의 용기를 자세히 살펴보는 것이 용기가 어디에서 오는지를 이해하는 데 큰 도움이 되니까요. 그러면 우리는 용기가 삶의 많은 영역에 얼마나 영향을 미치는지, 그리고 가치 있는 일을 해내고 있는 우리 주변 사람들의 삶에서 얼마나 널리 퍼져 있는지를 알 수 있습니다.

우리가 그런 용기를 가지기 위해선 또 하나의 자질이 필요한데, 바로 자존감입니다. '우리 자신이 될 수 있는 용기' 말입니다. 우리는 상황에 상관없이 건강하고 충분한 양의 긍정의 힘이 필요합니다. 더 나아가, 하나님으로부터 온 순수한 확신이 필요합니다. 절정의 삶을 살아가는 생활 방식을 배가시키는 요인이 바로 이런 건강한 자존감입니다. 이걸 가진 사람은 대단히 훌륭한 일을 해낼 수 있습니다. 그러면 용기를 내기가 쉬워지니까요. 우리는 인생이 비록 어렵더라도, 세상이 우리 귀에 대고 "너는 우리 기대에 맞지 않아"라고 소리칠지라도, 창조된 원래대로의 특별한 그 사람이 될 수 있으려면 충분한 양의 건강한 자존감을 가져야 합니다.

어떤 사람이 모든 계명 중에 가장 큰 계명이 무엇인지 예수님께 물었을 때, 예수님께서는 "네 마음을 다하며 목숨을 다하며 힘을 다하여

주 너의 하나님을 사랑하고 또 네 이웃을 네 몸과 같이 사랑하라"라고 말씀하셨습니다. 저는 이 구절에 대한 브루스 라슨Bruce Larson의 해석을 잊을 수 없습니다. "이 구절의 의미는 하나님을 완전히 사랑하고, 다른 사람을 조건 없이 사랑하며, 우리 자신을 지독하리만큼 사랑하라는 것이다." 우리가 끊임없이 기억해야 할 것 중 하나는, 우리 자신을 사랑하는 양에 비례해서만 다른 사람을 사랑할 수 있다는 것입니다.

'천명의 광대'라는 기념비적 연극에는 전통적인 사회에 대항해서 일시적으로 직장을 잃은 머레이와 그가 돌보는 12살짜리 조카가 등장합니다. 머레이가 직장을 잃자, 사회복지사는 그가 보호자로 부적합하다는 이유로 아이를 데려가려 합니다. 하지만 그는 아이의 장래를 염려합니다.

나는 내 조카가 아무것도 아닌 사람이 되지 않을 거라는 확신이 들 때까지 같이 있고 싶을 뿐입니다. … 저는 이 아이가 언제 스스로에게 자신감을 잃게 되는지 확실히 알기를 바랍니다. 자신이 특별한 존재라는 걸 정확히 알기를 바랍니다. 그러지 않으면, 그 특별함이 사라질 때 알아차리지 못할 것입니다. 이 아이가 늘 깨어 있어서 가짜가 누구인지 알기를 바랍니다. … 저는 그를 보내주기 전에 작은 배짱을 보여주고 싶습니다. 이 아이가 무한한 가능성을 보고 있는지 확인하고 싶습니다. 이 아이가 기회를 얻었을 때, 세상에 조금이라도 그 기회를 주는 것만으로도 모든 수고를 할 만한 가치가 있다는 걸 알았으면 합니다. 그리고 그가 왜 의자가 아닌 인간으로 태어났는지, 그 미묘하고 비밀스럽고 중요한 이유

를 알기 바랍니다.[10]

용기를 개발하는 일곱 가지 방법

건강한 자존감은 옵션이 아닙니다. 자존감이 우리에게 필요한 이유는
그것이 우리에게 개별적으로 무엇을 할 수 있기 때문만은 아닙니다.
우리가 우리 자신이 되는 용기, 다시 말해 우리가 아는 우리의 모든 부
정적인 면에도 불구하고 자신을 사랑할 용기를 얻어야 하는 가장 중요
한 이유 중 하나는, 하나님으로부터 온 그런 확신이 우리로 하여금 세
상을 사랑할 수 있도록 자유롭게 만들기 때문입니다. 이 과정은 나중
에 설명하겠지만, 절정의 삶을 살아가기 위해 필수적입니다.

　저는 당신이 이토록 중요한 요소인 용기를 개발하고 발휘할 수 있도
록 도와줄 일곱 가지 방법을 제안하고자 합니다. 당신이 이 방법들을
따르면, 온전히 자유롭게 살아갈 수 있을 것입니다.

　첫째, 당신이 지금까지 창조된 것들 중에서 최초이자 최고이며 유일
한 '당신 자신'이라는 것을 기억하는 것입니다. 이 말을 기억하십시오.
이 말에 대해 생각하십시오. 또 다른 당신은 없습니다. 당신의 독창성
을 이해하는 것이 이 사실을 축복하는 것입니다.

　둘째, 다른 사람과 당신을 비교할 필요가 없다는 것입니다. 우리는
매초, 매분, 매시간마다 다른 사람과 비교당하는 사회에서 살고 있습
니다. 사회는 미묘한, 또는 그다지 미묘하지 않은 방식으로 우리가 늘
기대에 못 미친다고 말하고 있습니다. 하지만 저는 당신이 비교하면

지는 것이라고 말하고 싶습니다. 자신이 다른 사람보다 못하다고 생각하는 것은 시간 낭비이며, 완전히 잘못된 생각입니다. 자신이 다른 사람보다 낫다고 믿는 것 또한 천국의 가치 측면에서는 특히 잘못된 생각입니다. 남들과 동등하다고 말하기 위해 비교한다는 것도 오해입니다. 우리는 모두 동등한 기회를 가지고 있지만, 천국의 가치체계로 보면 각자가 매우 독특합니다.

셋째, 당신의 행동이 당신은 아니라는 것입니다. 이 말을 항상 기억하십시오. 제가 아버지로서 할 수 있는 가장 중요한 일 중 하나는 제 아이들의 성격을 그들의 행동과 분리해서 보는 것입니다. 제가 그렇게 할 수 있다면, 가끔 아이들의 행동에 실망하더라도 그들을 무조건 사랑할 수 있게 됩니다. 그들이 하는 일이 마음에 들지 않을 수도 있지만, 그들 자체를 여전히 사랑할 수 있습니다. 이건 저 자신에게도 마찬가지입니다. 제가 하는 일을 좋아하지 않을 수도 있습니다. 하루에 열 번도 넘게 용서를 구해야 할 수도 있습니다. 죄책감으로 머리를 쥐어뜯고 싶을 수도 있고, 자신이 밉다고 말할 수도 있습니다. 하지만 나 자신이 유일무이한 가치가 있다는 것을 깨닫게 된다면, 하나님께서 죄가 아닌 죄인을 사랑하신다는 것을 깨닫게 된다면, 제가 무슨 행동을 하든 저 자신을 가치 있는 사람으로 볼 수 있게 됩니다.

넷째, 의사결정을 확고히 하라는 것입니다. 자기 수용은 용기있는 결단의 행동입니다. 이 점이 매우 중요합니다. 당신은 어느 순간 "나는 나 자신을 무조건적으로 수용합니다"라고 말함으로써 마음의 선을 그을 수 있어야 합니다. 당신 외에는 누구도 당신의 가치를 알 수 없습니다. 만약 다른 사람이 당신에게 '자기 수용'을 줄 수 있다면, 그것은 '다른 수용'이라고 불릴 것입니다. 왜 이렇게 해야 할까요? 주된 이유는, 남이 주는 다른 옵션(수용)이 어떻지라도 당신에게 좋지 않고 말이 안 되기 때문입니다. 너무나 많은 사람이 자기 수용 때문에 이리저리 흔들리며 엄청난 에너지를 소모하고 있습니다. 그렇게 해서 자신과 다른 사람들을 위해 쓸 수 있는 시간을 낭비하고 있습니다. 결론은 확실합니다. 이제는 당신의 의사결정을 단단히 해야 할 때입니다.

다섯째, 자신에게 실수를 허용하라는 것입니다. 실수는 성공으로 가는 디딤돌이라는 것을 기억하십시오. 이건 제가 뒤에서 다시 다룰 것이고, 어쩌면 미친 소리처럼 들릴지 몰라도, 실패는 매우 긍정적인 단어일 수 있습니다. 사실 실패는 인생이 제공하는 가장 위대한 스승일 수 있습니다. 이 책에 포함된 여러 개념들을 만든 밥 모워드Bod Moward는 우리가 따라 할 수 있는 정신 훈련을 하고 있습니다. 그는 자신에게 매일 다섯 번의 실수를 허용합니다. 처음 다섯 번까지는 괜찮습니다. 만약 오늘 네 번의 실수를 하게 되면, 내일은 여섯 번까지 실수해도 괜찮습니다. 이런 식으로, 그는 실수하는 것이 정상이며, 그것이 실제로 성공으로 가는 디딤돌이 될 수 있음을 늘 상기시킨다고 설명합니다.

여섯째, 매일 매 순간을 즐기라는 것입니다. 우리는 현재를 살도록 부름받았습니다. 사람은 과거, 현재, 미래의 세 시제에서 살 수 있지만, 과거에 대한 죄책감과 미래에 대한 걱정에 너무 많은 시간과 에너지를 소비하여 현재를 즐길 시간이 많지 않습니다. 어느 날, 제 친구 중 한 명이 말하던 도중에 단어 하나를 잘못 발음했습니다. "우리가 가진 것이 과거past와 현재present 그리고 미래future밖에 없다"라는 말을 하려던 건데, 그만 현재를 유쾌함pleasant이라고 잘못 발음한 것입니다. 저는 우리가 유쾌한 현재시제를 살도록 부름받았다는 것이 너무나 좋습니다.

일곱째, 자신에게 칭찬과 격려를 많이 하라는 것입니다. 왜냐하면 당신은 훌륭한 일을 하고 있기 때문입니다. 놀라셨나요? 놀라지 마십시오. 당신이 믿든 안 믿든, 그것이 정확히 당신이 하고 있는 일이니까요. 인간으로 산다는 것은 너무나 어렵고 복잡해서, 지금 여기까지 살아왔다는 것은 당신이 훌륭하게 잘 해내고 있다는 것을 의미합니다. 따라서 자신에게 많은 칭찬과 격려를 해주십시오.

혼잣말의 내용을 바꾸라

자신이 '혼잣말'을 한다는 걸 알아차린 적이 있습니까? 심리학자들에 따르면 사람은 일반적으로 분당 약 120개의 단어를 말한다고 합니다. 하지만 혼잣말을 할 때는 분당 1,300개의 단어를 쓴다고 합니다. 그런데 나쁜 소식은, 혼잣말의 70퍼센트 정도가 대체로 부정적이라는 겁니다. 그건 여러분과 제가 '아, 그러지 말았어야 했는데. 아, 진짜 바보 같아' 같은 자기 패배적인 말을 하는 데 꽤 많은 시간을 소비한다는 뜻입니다.

만약 여러분이 혼잣말의 내용을 바꿀 수 있다면, 그것이 여러분의 삶에 대한 관점을 변화시킬 거라고 저는 확신합니다. 만약 당신이 자신에게 갑자기 확신을 주기 시작한다면, 예를 들어 '이게 더 나답네. 이게 더 내가 하고 싶은 방식이네'라고 생각한다면 자신을 어떻게 보세 될지 생각해보십시오! 당신의 말을 바꾸면 당신의 모습이 바뀝니다. 다음엔 행동이 바뀝니다.

자신을 받아들이십시오. 하나님은 당신의 좋은 부분뿐 아니라 당신의 전부를 원하십니다. 하나님은 당신이 착하기 때문에 당신을 사랑하시는 것이 아닙니다. 특별하고 유일무이한 존재이기 때문에 사랑하십니다. "존재하는 것만으로 축복이다"라고 말한 아브라함 헤셸Abraham Joshua Heschel은 "그저 사는 것이 거룩하다"라고도 말했습니다.

자신을 온전히 받아들일 수 있는 용기를 가지십시오. 그러면 당신은 될 수 있는 최고가 될 수 있고, 온전하고 거룩한 삶을 살 수 있습니다.

당신을 '모든 사람'처럼 만들기 위해
밤낮으로 열심인 세상에서
자기 자신 말고 그 누구도 되지 않으려는 건
인간이면 누구나 싸울 수 있어야 하는
가장 어려운 전투를 치르는 일.
이 싸움을 결단코 멈추지 말기를!

_커밍스cummings

혼자 가지 말고
여럿이 더불어 가야 한다

나는 나보다 크지만, 우리보다는 작다.

내 하나님을 찾으려 했으나 찾을 수 없었다. 내 영혼을 찾으려 했으나, 내 영혼이 나를 피하였다. 옆에 있는 내 형제를 찾으려 하니, 세 가지를 모두 찾을 수 있었다. _작가 미상

두세 사람이 내 이름으로 모인 곳에는 나도 그들 중에 있느니라
_마태복음 18:20

지미 듀란테Jimmy Durante의 멋진 이야기가 있습니다. 그는 지난 세대의 위대한 엔터테이너 중 한 명이지요. 그가 2차 세계대전 참전용사를 위한 쇼에서 한 파트를 맡아달라는 부탁을 받았습니다. 하지만 일정이 매우 바빠 몇 분밖에 시간을 낼 수 없어서, 짧은 원맨쇼를 마치면 바로 떠나야 하는데, 그래도 괜찮다면 하겠다고 주최측에 말했습니다. 쇼의 감독은 "물론이죠!"라며 흔쾌히 동의했습니다.

그런데 지미가 무대에 오르자 무언가 흥미로운 일이 일어났습니다. 자기 순서를 마치고도 쇼를 계속한 것입니다. 박수 소리는 점점 커졌

고, 그는 계속했지요. 15분, 20분이 지나고, 이옥고 30분이 지났습니다. 드디어 마지막 인사를 하고 무대를 내려왔습니다. 무대 뒤에서 누군가 그를 불러세우며 물었습니다 "당신이 몇 분밖에 못 있을 줄 알았는데, 어떻게 된 일이에요?"

지미가 말했습니다. "가야 했지만, 왜 갈 수 없었는지 보여드릴 수 있어요. 저기 맨 앞자리에 앉아 있는 분들이 보이시죠? 내가 왜 못 갔는지 아실 거예요." 맨 앞줄에는 전쟁에서 팔을 잃은 두 남성이 앉아 있었습니다. 한 사람은 오른팔을 잃었고, 다른 사람은 왼팔을 잃었습니다. 그 둘이 쇼가 진행되는 내내 함께 크고 경쾌하게 박수를 쳤던 것이고, 그것이 바로 그들이 지미로 하여금 쇼를 더 하게 만든 이유였지요. 이것이 행동과 정신 모든 면에서의 팀워크입니다.

서로 사랑을 가능하게 하는 것

절정의 삶을 살아가는 삶의 방식과 팀워크가 무슨 관련이 있을까 싶나요? 앞서 얘기했듯이, 우리가 이야기하고 있는 절정의 삶은 평범한 개념이 아닙니다. 우리가 온전해지는 과정은 다른 사람들 없이 존재할 수 있는 것이 아니거든요. 시인 오덴W. H. Auden이 너무나 담대하게 말했던 것처럼 "우리는 서로 사랑하든지, 아니면 죽어야 합니다."

우리의 생활 방식은 다른 사람들과 무의식적으로라도 어울리는 것이어야 하고, 다른 사람을 향하는 것이어야 합니다. 우리는 정말로 서로가 필요하고, 서로 협력해야 합니다. 성경 첫 페이지에서 하나님은 창조의 정점을 보시고서 말씀하셨습니다. "사람이 혼자 있는 것이 좋지 않다."

나중에 예수님께서 세상이 그분의 제자들을 어떻게 알아볼 수 있는지에 대한 기준을 제시하셨을 때, 단 두 가지의 말씀을 주셨습니다. 절정의 삶을 살기 위한 과정이기도 한 "많은 열매를 맺음으로써", 그리고 그분의 새 계명에 순종함으로써, 즉 "하나님이 우리를 사랑하심같이 서로 사랑"(요한복음 15:8; 13:34)하는 것입니다. 팀워크야말로 그런 사랑을 가능하게 하며, 그 사랑을 눈에 보이게 만듭니다. "두세 사람이 모인 곳에는 나도 그들 중에 있느니라"라고 하신 그리스도의 말씀은 헛되지 않습니다. 우리의 협력은 매우 중요하며, 예수님께는 더욱 그렇습니다. 기독교 신앙에는 '우리'라는 성격이 있는 겁니다.

또한 팀워크가 잘 작동하면 강력한 마법이 생깁니다. 시너지는 바로 그럴 때 생기는 것입니다. 시너지라는 말의 의미는 총합이 각 부분들의 개별 합계보다 크다는 것입니다. 시너지는 '함께'syn와 '일하다'ergo라는 어근에서 유래한 말로, 구성원들이 따로 일하기보다 팀으로서 일할 때 훨씬 강력할 수 있다는 것을 의미합니다. 예를 들어, 만약 우리 몸의 모든 근육을 한 방향으로 당길 수만 있다면 25톤이 넘는 물건을 들어 올릴 수도 있을 것입니다.

위대한 사상가 벅민스터 풀러Buckminster Fuller는 그의 저서《시너지》Synergetics에서 "우리의 노력을 같은 방향으로 모으면 1 더하기 1이 4가 될 수도 있다는 말은 매우 설득력있다"라고 설명합니다. 하나님께서 그런 식으로 서로를 필요하도록 우리를 설계하셨다고 저는 믿습니다.

예수님은 요한복음 17장에서 "우리가 하나인 것처럼 그들도 하나가 되게 하소서"라고 기도하시면서, 17장에서 적어도 다섯 번이나 그 구절의 핵심을 반복하여 말씀하셨습니다. 이것은 그 메시지가 우리에게 얼마나 중요한지를 강력하게 보여줍니다. 우리는 그리스도의 몸이 되도록 부름받았습니다.

공동체라는 단어는 친교와 소통이라는 단어에서 유래했습니다. 우리가 기억해야 할 친교, 즉 성찬은 뗀 떡과 으깬 포도로 구성됩니다. 우리가 할 수 있는 최선을 다해 함께 모이고, 온전할 수 있게끔 서로를 돕도록 부름받은 이유는, 우리가 부서져 있고 불완전하기 때문입니다. 우리가 그리스도의 '몸'이라고 불린다는 사실도 이 개념의 핵심이라고 할 수 있습니다. 생리학적으로 신체의 모든 세포는 다른 세포를 위하도록 설계되었습니다. 세포 각각의 온전한 목적은 다른 모든 세포가 임무를 수행할 수 있도록 도와주는 것입니다. 자기만을 위해 존재하는 세포는 암세포뿐입니다.

우리가 절정의 삶을 살기 위해 밟는 과정은 개인적인 순례의 여정이지만, '단호한 개인주의자'가 될 필요는 없습니다. 자기 힘만으로 스스로를 일으켜 세우려는 미국인의 이미지는 기독교 신앙에서도 그렇지만, 절정의 삶을 살기 위한 과정에서도 마찬가지로 매우 이질적인 것입니다. 세상이 뭐라고 외치든 상관없이, 우리는 그렇게 창조되지 않았습니다. 우리는 서로를 필요로 하고, 서로 협력할 때 위대한 일이 일어납니다.

팀워크의 마법

저는 '팀워크'를 생각할 때면 저희의 등반 사역인 'Go For It' 프로그램이 떠오릅니다. 이것은 장애가 있는 참가자를 위해 비장애인이 같이 등산을 가는 놀라운 프로그램인데, 팀워크 없이는 할 수 없습니다. 장애 학생 한 명당 건강한 학생 한 명과 강사 한 명이 배치됩니다. 건강한 학생은 영어 약자로 TAB_{Temporarily able-body}이라고 불리는데, '일시적 비장애인'이라는 뜻입니다. 이 프로그램에서 팀워크는 가장 중요한 핵심입니다. 유연하고 정교하며 끈질긴 팀워크가 없었다면, 이 프로그램은 결코 성공하지 못했을 것입니다.

장애 학생이 휠체어를 타고서 산을 오르려면 일반적으로 휠체어 뒤에 사람이 서고, 휠체어 앞의 아래에는 슬링_{sling}이라는 로프를 묶어 TAB이 마치 말처럼 휠체어를 끌어야 합니다. 크로스컨트리를 할 때는 장애 학생과 휠체어를 같이 들고 가야 하는 곳도 있습니다. 가끔은 아주 창의적이어야 할 때도 있습니다. 예를 들어 TAB은 때때로 살아 있는 목발이 되거나, 눈이 불편한 학생에게는 그의 눈이 된 것처럼 행동하여 장애 학생들을 산으로 인도합니다. 우리는 이런 식으로 모든 종류의 장애인이 이 프로그램에 참여할 수 있도록 도왔습니다.

대개는 이런 프로그램에 TAB 같은 도우미를 배치하기가 매우 어려울 것이라고 생각할 것입니다. 하지만 우리에게는 매년 TAB으로 봉사할 수 있는 '특권'을 누리려는 청년들의 신청이 너무 많아 대기자 명단이 있을 정도입니다. 왜냐하면 그들이 장애 학생으로부터 너무나 많은 것을 되돌려 받기 때문입니다. 이 과정은 TAB 학생과 강사에게 용기,

연민, 인내 같은 것을 모두 요구합니다. 이 일에서 사랑은 말 그대로 달콤하며, 맛볼 수 있을 만큼 가득히 넘칩니다. 팀워크야말로 그것을 가능하게 하는 마법입니다.

팀워크에 대해 이해하지 못하는 것은 하나님이 교회를 설립한 이유를 이해하지 못하는 것과 같습니다. 누군가 경솔하게, 이렇게 말했습니다.

기독교인은 춤을 추지 않습니다.
기독교인은 술을 마시지 않습니다.
기독교인은 욕을 하지 않습니다.
기독교인은 담배를 피우지 않습니다.
그리고 … 기독교인은 서로를 좋아하지 않습니다.

이 짧은 이야기 속에 우리가 인정하고 싶은 것보다 더 많은 진실이 있다는 걸 우리는 압니다. 많은 기독교인이 서로 잘 지내지 못함으로써 팀워크의 힘을 잃고 있습니다. 하지만 팀워크와 공동체 정신은 우리가 서로에 대해 가지는 희생적이고 무조건적인 사랑에서 나오는 것입니다.

우리는 등반 코스가 끝나면 '아가페 축제'를 열어 노래와 공연을 하고, 예배하고 나누는 시간을 갖습니다. 나이가 많든 적든, 장애가 있든 없든, 모든 참가자들이 참여하는 즐거운 시간입니다. 성찬식과 발을 씻는 예식으로 그 축제를 마칩니다. 서로 씻겨주는 발은 일주일 내내

산속에서 등산화를 신었던 피곤한 발입니다. 우리 안에서 자라난 사랑과 팀워크가 얼마나 중요한지를 나타내기 위해, 우리는 이 의식에 즐겁게 참여합니다.

우리는 당신이 상상하는 대로 냄새나는 신발과 양말을 서로 벗겨줍니다. 그런 다음 물과 천으로 서로의 발을 씻고, 이번 등반의 여정을 같이하는 동안 그 동료가 자신에게 얼마나 큰 의미였는지를 말해줍니다. 또한 서로를 위해 봉사할 수 있었다는 점에 대해 서로에게 감사합니다. 우리 모두는 그 예식을 그 프로그램의 멋진 상징으로 보고 있으며, 늘 가까이 하고 싶은 '종의 리더십'의 모습이라고 여깁니다. 미소와 웃음 가운데 치러지는 이 예식은 우리가 될 수 있는 것, 곧 그리스도의 종이 된다는 것의 본질을 실제로 기념하는 것입니다.

그런데, 우리는 서로가 너무 다릅니다. 그런 우리가 '시너지'를 발휘할 수 있을 정도로 함께 잘 지내며 같이 일하는 것이 가능할까요? 저는 20여 년 전에 참석했던 어느 세미나에서 들었던 말을 아직 기억하고 있습니다. 그때 연사가 이렇게 말하였습니다 "우리가 갈등에 대해 확실히 알고 있는 것은 단 하나, 갈등을 피할 수 없다는 것입니다." 맞습니다. 갈등은 피할 수 없지만, 때에 따라서는 필요한 것일 수 있습니다. 갈등이 반드시 부정적이라고 볼 필요는 없습니다. 피아노 건반이 서로 다른 음을 내는 것처럼, 약간의 노력이 수반된다면 차이는 조화로움으로 변화될 수 있습니다. 사실 우리가 서로 다르지 않았다면, 우리에게 음악은 없었을 것입니다.

몇 년 전, 저는 어느 큰 기독교 단체를 위해, 도시의 노동자들 사이에서 발생한 심각한 문세와 갈등을 중재하는 일을 노운 석이 있습니다. 논쟁은 치열했고 목소리는 높아졌습니다. 문제가 된 사안들은 어렵고 복잡했습니다. 몇 시간 동안 분노와 좌절을 겪은 끝에 문제들이 조금씩 해결되기 시작했습니다. 해결해야 할 문제와 진정해야 할 감정은 아직 남아 있었지만, 불과 몇 시간 전까지 가장 뜨겁게 논쟁하던 어느 젊은 여성의 기도는 결코 잊지 못할 것입니다. 그녀는 갈라지는 목소리로 이렇게 기도했습니다.

"주님, 오늘 이 방에 모인 사람들로 인해 감사합니다. 그들로 인해 제가 좀 더 당신의 자녀처럼 살 수 있었습니다."

혼자서는 불가능한 것

팀워크는 선택이 아닙니다. 세상은 우리가 서로를 어떻게 사랑하는지를 보고서 예수님의 제자가 된다는 것을 알게 될 것입니다. 그 사랑은 효과적인 팀워크에서 매우 중요합니다. 본 회퍼Dietrich Bonhoeffer는《말씀 아래 더불어 사는 삶》Life Together이라는 공동체에 관한 고전적인 책을 썼습니다. 그는 이 책에서 "기독교 공동체는 예수 그리스도께서 당신을 위해, 그리고 나를 위해 주신 것"이라고 상기시켜 줍니다. 이것이 유일한 기준입니다. "예수 그리스도만이 우리가 하나되게 하신다. 그분이 우리의 평화이시다. 오직 그분을 통해서만 우리는 서로에게 다가가고, 서로 기뻐하며, 서로 교제한다."

문제는, 회퍼가 말한 대로, 우리가 종종 공동체를 그저 받아들이기보다 스스로 세우려 한다는 것입니다. 공동체는 우리가 실현하고 발전시키기 위해 노력해야 하는 어떤 이상이 아닙니다. 오히려 하나님이 창조하시고 예수님을 통해 우리에게 주신 것으로서, 우리가 참여할 수 있는 실제입니다. "우리의 바람으로 생겨난 기독교 공동체들은 무수히 많았지만 모두 무너졌다. 기독교 공동체에 처음 자리를 잡은 진지한 기독교인은 함께하는 그리스도인의 삶이 무엇인지에 대해 매우 명확한 생각을 가지고서, 그것을 실현하려고 노력할 것이다. 그러나 하나님의 은혜는 그런 꿈을 순식간에 산산조각 내신다. 하나님께서 우리를 진정한 기독교인의 교제에 대해 알도록 인도하시는 것처럼, 우리는 다른 사람들에 대한, 보통의 기독교인들에 대한, 그리고 운이 좋다면 우리 자신에 대한 큰 환멸에 압도되어야 한다."

우리는 예수님이 우리를 위해 하신 일과 그분을 우리 주님으로 영접했다는 사실 때문에 하나의 팀입니다. 그러므로 우리에게 남은 일은 그리스도께서 우리를 사랑하신 것처럼 서로 사랑하는 법을 배우는 것입니다. 그러나 우리의 성향은 하나님을 공경한답시고 옳다고 생각하는 방식의 친교를 구축하고, 멋진 기독교 공동체를 만들려고 노력하는 것입니다. 의도는 좋습니다. 하지만 이런 의도들이 우리가 진정으로 서로를 받아들이고 협력하는 데는 방해가 됩니다. 하나님께서 공동체에 대한 우리의 이런 바람을 부수고, 우리를 예수 그리스도의 실제로 이끄실수록 더 나은 우리가 된다고 본 회퍼는 말합니다.

공동체는 기독교의 이상이 아니라 신성한 현실입니다. 우리가 공동체를 만드는 것이 아닙니다. 있는 그대로를 받아들이는 것입니다. 그렇게 할 때, 우리는 팀워크의 능력과 그 흥분을 경험하게 됩니다. 우리가 혼자서 완전한 인간이 될 수 있는 방법은 없습니다. 웃고 울고 도전하기 위해, 경청하고 격려하기 위해 서로가 필요합니다. 기독교는 그렇게 상황 속에서 살아가는 것입니다. 고린도전서에서 바울이 "너희는 성령의 전이다"라고 썼을 때 '너희는'이라는 단어가 복수로 쓰였음에 주목해야 합니다. 함께하는 우리가 성령의 전이 된다는 것입니다.

참으로 믿음에는 '우리다움'이 있습니다. 우리가 함께하는 것이 하나님께 영광을 돌리는 것입니다. 만약 제 삶이 끝날 때, 저의 원수가 하나님 앞에서 제 발 하나를 붙잡아 들어 올리고 비웃으며 말하길 "한셀 이놈만 봐도 당신의 계획이 아무 효과 없었다는 걸 알 수 있어! 이놈이 기독교인으로서 얼마나 형편없이 살았는지 보라고!"라고 말한 다음, 저의 죄를 나열하는 데만 몇 시간을 보낸다고 가정해 보십시오. 세 권의 분량을 가득 채운 다음 숨을 고르고서 "이것들은 겨우 지난 11월에 지은 죄야"라고 비웃으며 말합니다. 하지만 그때 하나님이 개입하십니다. 전능하신 그분께서 머리를 저으시며 이렇게 말하시는 겁니다.

"아니, 넌 내 계획을 전혀 이해하지 못했구나! 그건 나의 의도가 아니야. 팀 한셀 혼자서 온전한 기독교 신앙을 실천하며 사는 것이 내 계획이 아니었단 말이야. 네가 이 보잘것없는 게임을 하고 싶다면 그리스도의 몸 된 지체들을 몽땅 붙잡고서 해야 돼. 기독교인의 온전한 몸으로서 공동체를 보아야 모든 유혹이 극복되고 내 의도가 성취되었다는 것을, 개인이 아니라 그리스도의 몸된 지체들을 통해 내가 계획한 모든 것이 성취되었다는 것을 알게 될 거야"

이 이야기는 제가 그리스도의 몸 안에서 한 부분을 감당하기 위해, 제 몫의 기독교 신앙을 따라 살도록 부르심받았다는 사실을 깨닫게 해 준 것이어서 저를 매우 자유롭게 하였습니다. 저는 혼자가 아닙니다.

혼자 가려고 하지 마십시오. 절정의 삶을 위한 이 믿음의 모험은 다른 사람들에 대한 확고한 신뢰가 필요합니다. 우리가 서로를 어떻게 필요로 하는지, 함께 일할 때 팀워크의 힘이 어떻게 증가하는지에 대해 확고한 이해가 필요합니다.

사소함에 최선이어야 탁월함에 이른다

11장

한 사람의 삶의 질은 그가 선택한 분야에 대한 노력과 상관없이, 탁월함에 대한 그의 헌신에 정비례한다.

_빈센트 롬바르디 _Vincent T. Lombardi_

천재는 1퍼센트의 영감과 99퍼센트의 노력으로 만들어진다.

_토마스 에디슨_Thomas Alva Edison_

탁월하다는 것은 평범한 일을 비범한 방식으로 수행하는 것이다.

_부커 워싱턴_Booker T. Washington_

당신이 무엇을 얼마나, 정말로 잘 해낼 수 있을지 궁금해한 적이 있습니까? 어떤 분야가 생각납니까? 좋아하는 취미? 직업이나 재능? 좋아하는 스포츠일 수도 있겠네요. 심지어 되고 싶은 특정 유형의 사람일 수도 있습니다. 그것이 무엇이든, 지금보다 훨씬 더 잘할 수 있을 거라는 생각이 든 적이 있습니까?

제 말이 무슨 뜻인지 아실 겁니다. 아마도 다른 사람이 당신의 특정 관심 분야에서 뛰어난 걸 보면 약간 부러운 마음이 들 겁니다. 가끔은 배알이 조금 뒤틀리기도 합니다. 그러고는 '내가 만약 좀 더 투자했다면, 목표를 조금만 더 높이 잡았다면 어떻게 되었을까?' 하는 의문이 들기도 할 겁니다. 과연 당신도 탁월해질 수 있겠습니까? 그러자면, 당신에게 무엇이 필요하겠습니까? 그것을 인식하든 하지 못하든 당신의 마음은 탁월해지고 싶다는 것에 대해 타고난 욕구를 알고 있고, 끊임없이 당신에게 도전하라고 부추깁니다. 우리는 "어디 한번 해보자" 하는 말이 심장을 뛰게 하고 호기심을 부추기던 어린 시절부터, 마음 깊은 곳에서 도전의 필요성을 잘 알고 있었습니다.

예수님을 따르기로 했던 제자들을 생각해보십시오. 예수님이 제자들에게 무슨 말씀을 주셨나요? "네 십자가를 지고 나를 따르라. 발에 묻은 먼지를 털어라. 네 거처를 만들지 말아라. 박해받아라. 좁고 험한 길을 찾아라. 가족과 친구들을 떠나 … 나를 따르라. 그리하면 내가 너를 사람을 낚는 어부가 되게 하리라!" 저런 무리에 누가, 왜 들어가고 싶을까요? 그 흔하지 않은 사람들은 도전을 사랑했을 뿐 아니라, 탁월함에 대해 불타는 열정을 가졌기 때문입니다. 그들은 편안하고 안락한 삶이 인생의 진정한 목적이 아니며, 궁극의 성취감을 주지 못한다는 것을 알았습니다.

탁월해지려는 열정

앨런 로이 맥기니스Alan Loy McGinnis 는 《사람들에게서 최고의 능력을 끌어내라》라는 책에서 이렇게 말하고 있습니다.

우리가 아주 바쁘지 않다면, 힘들게 일하지 않아도 된다면, 숙제가 많지 않다면 더 행복할 것이라고 생각하는 건 우리 문화의 허상이다. 우리는 좀 더 쉬고 휴가를 더 많이 가질 수 있기를 바란다. 하지만, 가장 행복한 사람은 살아갈 이유를 발견하고 헌신적으로 추진하는 삶의 길을 걸어간다. 그런데 현실은 대부분의 사람들이 지루해한다는 것이다.[11]

우리의 마음이 끊임없이 우리에게 제시되는 도전을 받아들이든 받아들이지 않든, 우리 모두는 탁월해지기 위해 헌신과 도전이 필요합니다. 그렇지 않으면 우리는 훨씬 지루할 것입니다. 대부분의 사람들은 무언가를 잘해야 할 필요성을 느낍니다.

우리는 여기서 탁월함에 대한 열정을 이야기하고 있습니다. 생각해 보면 이 말은 또 다른 모순이고 역설입니다. 탁월함은 매우 엄격하게 통제되는 것이지만, 열정은 억제되지 않고 거칠고 활기차 보입니다. 하지만 제가 이 용어를 이런 식으로 만든 이유는, 두 개념이 현실이 되기 위해서는 서로가 필요하기 때문입니다. 우리는 탁월함에 대해 끌립니다. 우리 마음은 우리에게 최선을 다하라고 도전합니다. 하지만 그 욕망 뒤에 어떤 건전한 열정이 없다면, 실제로 우리의 최선을 위한 탐구를 시작하지 않을 것입니다.

그렇다면 우리의 가장 탁월한 자아란 무엇일까요? 우리 모두는 자신이 뛰어날 수 있는 영역을 선택해야 하고, 그런 다음 긴장하고, 위험을 감수하고, 바라고 견디며, 최선을 다해 노력하기만 하면 됩니다. 이것이 바로 절정의 삶을 살아가는 라이프스타일의 과정입니다. 그러나 궁극적으로 자신의 탁월함을 판단할 수 있는 유일한 사람은 자신뿐입니다. 마틴 루터 킹 주니어는 "만약 한 사람이 거리의 청소부로 부름받았다면, 그는 미켈란젤로가 그림을 그릴 때처럼, 베토벤이 작곡할 때처럼, 셰익스피어가 시를 쓸 때처럼 거리를 쓸어야 한다"라고 말했습니다. 하늘과 땅의 모든 주관자께서 "여기에 자기 일을 잘 해낸 위대한 청소부가 살았다"라고 말씀하실 수 있도록 거리를 쓸어야 한다는 겁니다.

또한 우리가 해야 할 최선을 다하기 전에, 우리 자신이 가지고 있는 타고난 탁월성을 이해해야 한다고 저는 생각합니다. 인류는 살아있는 기적입니다. 시편 기자가 말하듯, 우리는 '경이롭고 기이하게' 창조되었습니다. 알고 계셨는지 모르지만, 여러분과 저는 매일 약 30억 개의 적혈구와 분당 약 100만 개의 적혈구를 생산합니다. 한번은 어떤 그룹에게 이것에 대해 말해주고 소감을 물었습니다. 저는 그들이 놀라고 흥분할 것이라고 예상했습니다. 하지만 한 남자가 "피곤해요"라고 말해서 모두 웃고 말았습니다. 사실 우리는 이런 이야기에 충분히 충격받아야 합니다. 우리 몸에는 약 6만 마일 길이의 모세혈관이 흐르고 있습니다. 어떤 곳에서는 세포들이 각기 주어진 임무를 수행하기 위해 하나씩 줄을 서서 긴 모세혈관을 통과해야 합니다. 더 놀라운 사실은, 이 모든 일이 우리의 의식적 노력 없이 수행되고 있다는 것입니다.

인간의 눈은 약 800만 개의 다양한 색상을 볼 수 있습니다. 또한 초당 200만 개의 신호가 우리의 신경계를 자극하는 것으로 추정됩니다. 우리는 자연의 가장 위대한 기적입니다. 우리의 뇌는 엄청난 양의 정보를 생성하고 저장할 수 있습니다. 그 정보의 양을 길이로 표현하면 650만 마일인데, 지구와 달 사이를 열네 번 왕복할 거리라고 합니다.

이런 이야기는 입이 마르도록 하고 또 할 수 있습니다. '놀랍고도 경이롭게 지음받았다'는 건 완전히 새로운 의미를 갖기 시작합니다. 그리고 바라기는, 우리가 얼마나 특별한 존재인지, 어떤 특별한 사람이 될 수 있는지 깨닫기 시작함으로써, 우리의 감사하는 태도가 조금 더 민감해져야 할 것입니다.

제가 개인의 탁월함에 대해 말하는 건 '오늘은 보통이더라도 내일은 뛰어나라'는 걸 의미하는 것이 아닙니다. 탁월함에서 비약적인 도약은 없습니다. 탁월함은 조금씩 실현되는 것입니다. 그것은 태도로서 시작되며, 이윽고 열정이 삶의 크고 작은 모든 영역으로 그걸 밀어 넣습니다. 사실, 탁월함은 작은 영역에서 시작되어야 합니다. 그렇지 않으면 큰 영역은 절대 건드리지 못할 것입니다.

작은 일에 관심을 기울일 때

사업에서의 탁월함에 대한 책인《탁월함에 대한 열정》A Passion for Excellence 에서 저자인 톰 피터스Tom Peters와 낸시 오스틴Nancy Austin은 우리에게도 적용될 수 있는 중요한 원칙을 말해주고 있습니다. 그들이 말하길, 사업에서는 비서가 전화로 고객을 응대하는 방식이나 직원이 고객의 상품을 다루는 방식에서, 그리고 회사 전체로 볼 때는 하찮아 보이는 어떤 직원이 고객을 대하는 방식에서 탁월성이 결정된다고 합니다. 저자들은 사소한 일과 세부 사항들에서 회사 전체의 우수성을 보여주는 것이 바로 탁월함이라고 책 전반에 걸쳐 암시하고 있습니다.

저는 삶의 작은 영역에서, 예를 들면 친절이나 예의 같은 것에서 품위와 탁월성을 추구하는 사람들에게 가장 깊은 인상을 받았습니다. 프레드릭 비크너는 "거룩한 사람이 되고 싶으면 친절하라"고 말했습니다. 대부분의 사람에게서 탁월한 점은 작은 영역에서 가장 쉽게 찾을 수 있습니다. 예를 들어, 뛰어난 체력은 음식을 먹는 법이나 몸을 다루는 법, 운동의 일관성 같은 작은 것들에서 옵니다. 그래서 우리는 "기차는 무리하지 않는다"라는 말을 듣게 됩니다. 우리도 이런 작은 것들에 주의를 기울이면 몸이 천천히 변하는 것을 느낄 수 있습니다. 삶의 다른 영역에서도 마찬가지입니다.

탁월해지려는 열정은 가장 작은 방식으로 나타납니다. 가족을 위해 즐거운 식사를 준비하는 어머니, 가족과 즐거운 하루를 보내기 위해 일을 중단하는 아빠, 쪽지 시험에도 최선을 다하는 학생, 몇 밀리미터라도 더 높이 뛰기 위해 스트레칭하는 체조 선수, 고객과 동료를 똑같이 훌륭한 방식으로 대하는 사업가, 수업을 좀 더 활기차게 진행하려고 따로 남아 준비하는 주일학교 교사, 어린 청소년들이 더 나은 운동선수가 될 뿐 아니라 더 나은 젊은이가 되도록 도우려고 사소한 일을 마다하지 않는 코치, 진정한 예배를 드리려고 말씀에 귀를 기울이는 것이 마치 하나님이 자기 삶을 변화시키는 일인 것처럼 생각하는 교인, 이런 사람들처럼 작은 일에 관심을 기울일 때 탁월해질 수 있는 현실적 목표를 자신에게 부여하게 되고, 이런 경험이 우리를 앞으로 나아가게 할 것입니다.

탁월해지려는 열정에 어떤 제한이 있겠습니까? 탁월해지기에는 너무 늙었다거나 아직 젊다고 할 수 있을까요? 신체적이거나 정신적인 한계가 우리를 막을 수 있을까요? 전혀 아닙니다. 누구든지 탁월해질 수 있습니다. 왜냐하면 우리는 스스로 탁월해지기 위해 노력하고 있기 때문입니다. 최선을 다하는 것! 그것이 가장 중요한 본질입니다. 이런 일에 대해선 제 친구 세 명이 삶으로 증명하고 있습니다.

아주사 퍼시픽대학의 축구 코치인 짐 밀혼Jim Milhon은 자전거를 타고 미국 전역을 누비면서 50번째 생일을 맞이했습니다.

63세의 오르브 메스타드Orv Mestad는 2년 동안 알래스카산을 올랐고 휘트니산의 동쪽을 등반했으며, 여름에는 한 무리의 젊은이를 아프리카 가나로 데려갔습니다. 뿐만 아니라, 저는 자전거로도 그를 따라잡을 수 없다는 걸 인정해야 합니다.

그렉 피셔Greg Fisher는 탁월함에 대해선 믿을 수 없는 열정을 보여줍니다. 그는 무엇보다, 우리가 느끼는 한계의 대부분이 스스로 만든 것이거나 다른 사람의 의견을 따른 거란 걸 상기시켜 줍니다. 그렉은 'Go For It' 탐험대의 일원이었습니다. 그의 두 다리는 의족이고, 한 팔에는 세 개의 손가락만 있으며, 다른 팔은 그마저도 없습니다. 그가 어느 날 제게 "개프니Gafney에게 근력운동에 대해 물어보고 싶어요"라고 말했습니다. 개프니는 탐험대 강사 중 한 명인데, 아주 훌륭한 근력운동 코치입니다. 아무나 그의 코칭을 받지 못합니다. 그렉이 큰 역기를 드는 장면이 도저히 상상되지 않아 그에게 물었습니다. "역기를 드는 근력운동을 하고 싶다고요?" 그가 결연한 눈빛으로 단호하게 말했습니다. "아니, 그냥 나아지고 싶어서요." 제가 그에게 물었습니다. "어떤 역기 종목을 할 수 있는데요?" 그러자 그는 "제가 가장 잘하는 종목이 벤치 프레스입니다"라고 말했습니다.

당시 그렉의 몸무게는 68킬로그램 정도밖에 안 되었습니다. 그때 저는 할 수만 있다면 다시 주워 담고 싶은 말을 했습니다. "그러면, 당신의 최고 기록은 얼마인데요?" 심각한 장애를 가진 청년에게 그런 질문을 하다니, 얼마나 난처한 질문이었는지 부끄러워 얼굴을 가리고 싶었습니다. 하지만 그의 대답은 저를 너무나 기쁘게 만들었습니다. 아직도 잊을 수 없습니다. "저의 최고 기록은 325파운드이지만, 더 잘할 수 있습니다." 저는 깜짝 놀랐습니다. 제가 한창 운동선수로 뛸 때 300파운드를 들어 올린 것이 최고 기록이었거든요. 그때의 느낌은 그렉이 한손으로 아시아 대륙을, 다른 손으로 유럽대륙을 들고 있는 것 같았습니다. 그는 우리 모두가 자신을 얼마나 심각하게 과소평가하는지를 다시 한번 깨닫게 해주었습니다.

당신은 정말 자기 삶에 최선을 다하고 있습니까? 하루하루를 소중하게 여기며 보내고 있습니까? 저는 그저 살아갈 날을 헤아리기만 하기보다, 살아가는 날들이 의미가 있기를 바랍니다. 그러기 위해서는 작은 부분에서부터 탁월해지기를 추구해야 합니다. 나의 삶이나 주변의 누구든 삶의 질을 향상시키기 위해, 지금부터 한 시간 동안 무엇을 할 수 있는지 스스로에게 물어보십시오.

저는 조금이라도 빨리 읽는 속독법을 배우려는 사람에게서 탁월함을 봅니다. 성경공부나 QT에 10분이라도 더 쓰려고 노력하는 사람에게서 탁월함을 봅니다. "이번 주 금요일이면 매일 당신을 위해 기도한 지 만 5년이 됩니다"라고 말해준 친구에게서 헌신과 열정의 탁월함을 봅니다.

작가 루이스C. S. Lewis가 믿었던 사심없는 탁월함의 예를 아실 거라고 생각합니다. 그는 기독교 작가로서의 자기 역할을 '진리의 명사이신 하나님께 다른 사람들을 이끌기 위해 노력하는 형용사'로 비유했습니다. 사람들이 진리의 명사를 믿으려면 우리라는 형용사가 빛이 나게 해야 합니다. 삶의 어떤 부분에서 탁월해지려는 열정을 쏟기로 선택하든, 할 수 있는 최선의 방법으로 하나님을 섬기고 있다는 사실을 깨닫는다면, 그런 데서 우리는 더 깊은 열정을 찾을 수 있습니다.

12장
제7의 열쇠

실패해도 괜찮아야
변화할 자유가 생긴다

성공률을 두 배로 높이려면 실패율도 두 배로 높여야 한다.
_토마스 왓슨Thomas Watson, IBM 사장

성공은 결코 최종적이지 않다. 실패는 결코 치명적이지 않다. 중요한 것은 용기이다. _윈스턴 처칠Winston Churchill

어딘가에서 실패해 본 적이 없는 사람은 위대해질 수 없다. 실패는 위대함의 진정한 시험이다. _F. D. 매티슨Mattiesen

신임 은행장으로 임명된 사람이 퇴임하는 선배 은행장의 사무실에 들러 조언을 구했습니다. "선배님, 제가 어떻게 하면 선배님처럼 잘 해낼 수 있을까요?"

선배 은행장은 서류에서 눈을 떼고서, 젊은 후배를 위아래로 훑어보더니 퉁명스럽게 답했습니다. "두 단어로 말하지. 좋은 결정."

신임은 고개 숙여 인사한 다음 사무실을 나갔습니다. 곧 다시 몸을 돌리더니, 사무실 문을 열고서 또 물었습니다. "죄송하지만 한 번 더 여쭐게요. 좋은 결정을 내리려면 어떻게 해야 합니까?"

선배는 잠시 뜸을 늘이더니, 이 말을 하고선 하던 일을 계속했습니다. "한 단어로 말하지. 경험!"

신임은 고개를 끄덕이며 돌아섰습니다. 하지만 이번엔 문에 다가가기도 전에 걸음을 멈추더니, 또 돌아섰습니다.

"또 뭐야?" 선배가 서류를 내려놓으며 묻자, 신임이 쭈뼛거리며 말했습니다. "그게요…. 경험은 어떻게 하면 쌓을 수 있나요?"

퇴임이 말했습니다. "이번에도 두 단어야. 나쁜 결정."

성공적으로 실패하는 능력

나쁜 결정, 잘못된 결정, 실수, 실패…. 받아들이고 싶진 않지만, 우리에겐 매우 익숙한 단어들입니다.

절정의 삶의 열쇠를 찾는 논의에서 실패를 포함하니 이상하게 보일 겁니다. 하지만 믿든 안 믿든, '성공적으로 실패하는 능력'은 절정의 삶을 살기 위한 생활습관을 가지는 데서 가장 중요한 요소입니다.

실패는 예수 그리스도와의 관계에서도 핵심 뿌리가 될 수 있습니다. 기독교인이 되려면 우리가 실패한 존재라는 걸 받아들여야 하니까요. 스스로 하지 못하는 일이긴 합니다만, 우리는 하나님 나라로 들어가는 시험에서 실패했다는 사실을 받아들여야만 합니다. 그렇다면, 성공적으로 실패한다는 건 어떻게 한다는 걸까요?

때로는 성공과 필요에 대한 우리의 열망이 실패의 진정한 본질과 목적을 이해하지 못하게 합니다. 그저 실패에 대해 말하는 것이 아닙니다.

스스로에게 실패할 자유를 허용하는 것에 대해 말하고 있는 겁니다.

NASA의 전문가들은 우주선이 우주에 가서도 항상 조정이 필요하다는 걸 알고 있습니다. 사실 제가 알기로, 우주선이 목표 지점에 바로 도달하지는 못합니다. 전문가들이 '우주선의 태도(자세)attitude'라고 말하는 것이 그래서 가장 중요하다고 합니다. 당신이 최선을 다하는 과정도 마찬가지입니다. 인생은 수천 번의 실패로 만들어집니다. 그러니 누가 성공할 수 있다는 말일까요? 비밀은 태도에 있습니다. 실패는 최악의 경우라 해도 그저 일시적인 좌절일 뿐이며, 태도만 바르다면 당신이 한 조각의 지혜라도 얻는 기회입니다. 기꺼이 실패할 수 있다는 태도는 필수 조건입니다.

토마스 에디슨Thomas Edison이 제대로 된 전구를 발명하는 과정에서 거의 8천 번이나 실패를 경험해야 했다고 들었습니다. 한밤중에도 등잔불 기름을 많이 태웠겠지요. 사람들이 그에게 실패할 때마다 기분이 어땠는지 묻자, 이 위대한 천재는 단순하게 답했습니다. "실패가 아니었어요. 교육이었습니다." 두 눈 부릅뜨고 보자면, 실패보다 나은 교육은 없습니다. 우리는 실패할 용기를 가져야만 합니다. 그걸 가진 것이 우리가 최선을 다하려고 위험을 감수하고 있다는 증거입니다.

회사에 천만 달러의 손실을 입힌 IBM의 프로젝트 관리자에 대한 실화가 있습니다. 낙담한 관리자는 사직서를 제출하기 위해 사장실로 갔습니다. "죄송합니다. 제가 사임하기를 바라시겠지요. 오늘 바로 그만두도록 하겠습니다."

사장의 뜻밖의 반응은 그 회사가 실패의 가치를 어떻게 이해하고 있는지를 보여주었습니다. "지금 장난해? 우리가 당신을 가르치는 데 천만 달러나 투자했다고! 이대로 보낼 순 없지. 당장 가서 일이나 해!"

실패와 성공의 맥락을 적절히 이해하는 사람은 무엇이든 시도할 자유가 있습니다. 정상탐험대는 장애 아동과 비행 청소년을 위한 프로젝트 기금 마련을 위해 휘트니 클래식Whitney Classic이라는 자전거 대회를 후원합니다. 참가자들은 24시간 동안 미국에서 해발 고도가 가장 낮은 캘리포니아주 데스밸리Death Valley의 배드워터Badwater(바다 수면보다 282피트 낮은 곳)에서 가장 높은 휘트니산Whitney Mountain까지 자전거를 타고 가는 도전을 합니다. 우리는 49명의 라이더가 출발한 이 대회의 일부를 촬영했는데, 소수만 정상에 도착했습니다. 나머지는 실패한 걸까요? 저는 아니라고 생각합니다. 그들은 스스로 한계를 설정하고, 몸을 풀어가며 자신에 대해 알아가면서 '해보려는 자유'를 즐겼습니다. 이 자전거 타기가 절정의 삶을 살아가는 생활 습관의 상징이라고 본 우리는 이때 촬영한 영상을 '거룩한 땀'Holy Sweat 영화 시리즈를 만들 때 하이라이트 장면으로 썼습니다.

혹독한 달리기에 참여한 사람들은 모두 자기만의 방식으로 우수한 성과를 거두었습니다. 그들도 그걸 깨달았습니다. 그것이 도전하고 실패하기도 하는 자유의 마법이라는 걸 말입니다. 하지만 성공에 집착한 나머지 지나치게 실패를 두려워하여, 계속해서 소심하고 조심스레 살아가는 사람이 많습니다.

저는 안전하고 깔끔한 삶에 대해 비유한 이 이야기를 좋아합니다. 제가 말하려는 요점을 잘 보여주거든요.

어떤 사람이 서로 사랑하는 이들을 관찰했습니다. 그는 사랑이 연인들에게 불굴의 투지를 요구한다는 걸 알게 되었습니다. 희생과 자기부인을 요구한다는 것도 알게 됐습니다. 논쟁과 번민을 일으킨다는 것도 알게 되었지요. 사랑은 너무나 비용이 많이 드는 일이라고 결론내렸습니다. 사랑으로 삶을 허비하지 않겠다고 결심했습니다.

그는 사람들이 아득하고 몽롱한 목표를 위해 애쓴다고 보았습니다. 남자들은 성공을 추구하고, 여성들은 높은 이상을 좇는다는 것도 알게 되었지요. 목표를 위한 노력이 자주 실망으로 뒤섞인다는 것도 알았습니다. 강자가 지는 것도 보았지요. 그런 노력이 사람들을 옹졸하게 만드는 것도 보았습니다. 때로는 성공한 사람이 성공하지 못한 사람이라는 것도 알았습니다. 그래서 성공하려면 비용이 너무 많이 든다는 결론을 내렸습니다. 성공을 추구하는 일로 삶을 허비하지는 않겠다고 결심했습니다.

그는 다른 사람들에게 봉사하는 사람들을 살폈습니다. 가난하고 도움이 필요한 이에게 돈을 주는 사람들을 보았습니다. 그런 사람들이 도와주면 도와줄수록 가난한 사람들의 요구는 더 빨리, 더 많이 늘었습니다. 배은망덕한 수혜자들이 도와준 친구에게 등을 돌리는 꼴도 보았습니다. 남을 돕는 일로 삶을 허비하지 않겠다고 결심했습니다.

그가 죽었을 때, 하나님 앞에 나아가 자기가 살아온 삶에 대해 발표했습니다. 삶에서 가진 것이 줄어들지 않았고, 훼손되지 않았고, 더럽히지 않았으며, 세상의 더러움으로부터 깨끗했다며, "이것이 제 인생이었습니다"라고 자랑스레 말했습니다.

그러자, 위대하신 하나님께서 일침을 가하셨습니다.

"무슨 인생이 그 따위야?"[12]

실패는 변화할 자유를 준다

우리를 매우 조심스럽고 두려워하게 만드는 것은 성공에 대한 우리의 왜곡된 개념입니다. 어떤 사람들은 '실패할 수도 있다는 것'이 지나치게 두려운 나머지 행동하지 못합니다. 다른 사람들이 어떻게 생각할지 끊임없이 두려워합니다. 성공에 대한 그들의 개념은 '자신이 누구냐'에 의해서가 아니라, 그저 다른 사람이 자기를 보는 평가에 의해서만 측정됩니다. 하지만 어떤 현명한 사람이 이렇게 말한 적이 있습니다. "나는 성공이 뭔지 모르지만, 실패가 뭔지는 압니다. 실패는 모든 사람을 만족시키려는 것이지요."

유진 피터슨은 '성공 감옥'이라고 직설적으로 말했습니다. "성공은 믿음의 고난과 위험을 거부하고, 인간답게 행동하기보다 바르게만 보이는 걸 선호하는 교만한 사람이 어리석게 받아들이는, 비성경적인 짐입니다."

사실 이 장에서 우리가 이야기하는 주제는 자유입니다. 하나의 글에서 자유와 실패를 말하는 것이 이상하게 들리지요? 하지만 이 둘은 필연적으로 연결돼 있습니다. 실패하는 사람은 어쨌든 모두 자유롭다는 뜻일까요? 아닙니다. 탁월함을 추구하면서 실패에서도 자유한 사람이 가장 자유롭습니다.

우리가 최선을 다 하면 할수록 더 많이 실패할 수 있을 것입니다. 하지만 또한 더 많이 경험하게 될 것입니다. "실패의 두려움은 자유를 억제하지만, 실패할 수 있는 자유는 실패를 장려합니다." 유진 피터슨이 한 말입니다. "믿음의 삶은 종종 실패로 이어지는 위험을 감수하도록 부추깁니다. 왜냐하면 인간을 위기와 미지의 세계로 모험하도록 밀어붙이기 때문입니다."

우리는 종종 각자의 얼굴에 실패라고 쓰면서 쓰러질 것입니다. 실패가 그렇게 파국적인 결말일 필요는 없습니다. 자신을 더 잘 이해하고, 하나님의 은혜를 더 넓고 깊게 경험할 수 있는 방법이 될 수 있습니다.

당신이 이 책과 더불어 절정의 삶을 위한 생활 습관 변화의 과정을 시작하면서, 실패는 단순히 삶의 일부라는 걸 깨닫게 될 것입니다. 당신이 최선을 다하고 위험을 감수하다 보면, 어느 시점에서는 실패할 것이 거의 뻔합니다. 여전히 믿기 어렵다고 느끼겠지만, 이건 사실 좋은 소식입니다. 성경이 실패와 믿음에 대한 이야기로 풍성하게 짜인 태피스트리tapestry(여러 가지 색실로 그림을 짜 넣은 직물) 같다는 게 과연 우연일까요? 하나님으로부터 온 확신과 안전에 대해 놀랍도록 아름답게 고백한 시편 23편은 다윗이 사람들에게 어떻게 조롱받았는지를 쓴 22편 다음에 나옵니다. 다윗은 끔찍한 실패의 감정 속에서 하나님의 능력을 깨달았고, 수천 년이 지난 지금 우리에게도 깊은 울림을 주는 믿음의 걸작을 썼습니다.

실패는 우리에게 변화할 자유를 줍니다. 우리는 더 이상 스스로 자족하거나 독립적인 척할 수 없습니다. 다른 사람과 다르다는 척도 할 필요가 없습니다. 그러면 다른 사람들 앞에서 우리의 실패를 인정하기가 쉽겠네요? 맞나요? 아니요, 틀렸습니다. 그렇게 하기는 쉽지 않습니다. 야고보서 5장 16절은 우리가 서로에게 죄와 실패를 고백하는 정도에 직접 비례해서 치유된다고 말합니다. 우리는 서로에게 죄를 인정하고 기도하는 습관을 갖도록 격려받습니다. 그것이 우리가 치유되고 완전해지는 길입니다. 하지만 우리가 서로 실패를 숨기고 있다는 사실 때문에, 저는 기독교인이기를 거의 포기할 뻔한 적이 있습니다.

제 인생은 긴 실패의 목록을 가지고 있습니다. 그래서 저는 제대로 된 방식으로 기독교인이 된 적은 없던 것 같다고 몇몇 사람들과 농담을 주고받기도 했습니다. 앞서 언급했듯이, 저는 기독교인이 되었을 때의 시간과 장소, 심지어 그 순간조차 정확히 모르는 기독교인 중 한 명입니다. 저는 고민하고 의심했으며, 때로는 단순하게 하나님의 은혜가 저를 변화시킨다는 말씀도 거부했습니다. 제가 기독교인이 되어간 변화는 오랜 기간 지속된, 길고 지루하고 어려운 과정이었습니다. 하나님의 나라로 옮겨져 걷어차이고 비명을 질렀다고 말한 C. S. 루이스처럼 느껴집니다.

제가 처음 기독교인이 되었을 때, 제 거친 행동을 없애기가 약간 어렵다는 걸 알게 되었습니다. 당시 제 인생 철학은 '야단법석의 왼쪽 어디쯤'으로 가장 잘 묘사될 것입니다. 저는 제 삶을 새로운 방향으로 바꾸는 데에 매우 어려움을 겪고 있었습니다. 그건 제게 결코 작은 좌절이 아니었습니다. 더 큰 문제는 주변의 다른 기독교인들이 불굴의 존재로 보이거나, 실패하고 고민하는 것을 저와 나누고 싶어하지 않는다는 사실이었습니다. 실제로 여러 기독교인이 저에게 "기독교인은 실패해서는 안 될 사람이다"라고 말했습니다. 모든 사람이 '기독교적인 삶'에 묶여 있는 것처럼 보였습니다. 그런 행동을 하지 않는 사람은 저뿐이라는 확신이 들었습니다. 저는 엄청난 죄책감에 시달렸습니다. 약 1년간의 고민 끝에, 하나님은 저를 사랑하실 수 없다는 결론에 도달했습니다. 아무리 열심히 노력해도 너무나 혼란스럽기만 했습니다. 저는 하나님나라에 부적합하다는 확신이 들었습니다.

다행스럽게도 저의 소중한 친구인 돈 맥클린Don McClean이 자기 문제에 대해 솔직하게 이야기해주었습니다. 그는 수년 동안 싸워온 개인적인 유혹과 고민에 대해 고백했고, 그 중 일부는 제가 한 것과 똑같았습니다. 영적으로 깊이있는 이 남자와 이야기를 나누면서, 그가 이런 어려움을 겪는다면 저도 결국 완전히 절망적이지 않을 수 있다는 걸 깨달았습니다. 그의 솔직한 고백은 제 인생을 완전히 바꿔놓았습니다. 지금까지도 저는 진심으로 돈에게 감사합니다. 제 큰아들의 중간 이름은 맥클린으로 지었는데, 정직과 연민으로 제 인생을 바꿔준 이 친구를 기리기 위한 것입니다.

저는 대학 시절 하숙집 주인이 저에게 해준 말을 절대 잊지 못할 겁니다. 제가 그녀에게 물었습니다. "딩글러 부인, 제 '옛 자아'가 그리스도와 함께 십자가에 못 박힌 거라면, 왜 저는 여전히 흔들리고 있는 걸까요?"

그녀는 제게 부드러운 미소를 지으며 말했습니다. "팀, 십자가에 못박힌다는 것은 느린 죽음이라는 걸 기억해야 해요."

기독교인이 된다는 것은 실패와 싸우는 것을 의미합니다. 찰스 콜 슨_{Charles Colson}이《러빙 갓》Loving God에서 설명했던 것처럼 말이지요.

> 하나님은 우리의 성공을 원하지 않으십니다. 우리를 원하십니다. 그분은 성취를 요구하지 않으십니다. 순종을 요구하십니다. … 거룩하신 하나님은 십자가의 추악한 패배를 통해 완전히 영광스러워지셨습니다. 승리는 패배를 통해서 오고, 치유는 상처를 통해 이루어지며, 한 사람의 자아를 찾는 것은 그의 자아를 잃는 것을 통해 이뤄집니다.[13]

순종의 본질이란 바로 이런 것입니다. 하나님께서는 상황이나 결과를 고려하지 말고 주라고 우리에게 요구하십니다. 사실 예수님은 스스로 자신을 구하거나 자기의 성공을 이루려고 하신 적이 없습니다. 그러면, 우리는 왜 그래야 할까요?

야심차게 시작한 일의 실패가 아무것도 시도하지 않는 것보다 낫습니다. 실패는 다른 사람들의 생각을 두려워하지 않고 우리에게 변화할 자유를 줍니다. 사실 데살로니가전서 2장 4절에서 바울은 "우리가 이와 같이 말함은 사람을 기쁘게 하려 함이 아니요 오직 우리 마음을 감찰하시는 하나님을 기쁘시게 하려 함이라"라고 설명합니다.

저는 저의 실패에 대해 끊임없이 놀라고 있습니다. 실패를 반복하기 때문입니다. 하지만 정말 놀라운 것은 하나님께서 어쨌든 저에게, 그리고 저를 통해서 계속 역사해주신다는 사실입니다. 하나님께서 저의 성공보다 실패에서 더 많이 역사하셨을 거라고 저는 확신합니다.

믿음의 챔피언이 된 실패자

성경에 믿음의 챔피언이 된 실패자가 잔뜩 있다는 것이 저는 정말 고맙기만 합니다. 베드로, 다윗, 모세, 마가, 요나 등이지요. 그들의 이야기는 하나님께서 우리의 업적을 보시는 것이 아니라 우리를 보고 계신다는 것을 보여줍니다. 심지어 저의 실패조차 그분의 궁극적인 영광을 위해 사용될 수 있다는 것을 보여줍니다. 그들 중에 제가 가장 좋아하는 실패작은 베드로입니다. 그는 메시아의 팔꿈치에서 3년을 보냈지만, 위기가 닥쳤을 때 그분을 세 번이나 부인했습니다. 그 중 두 번은 어린 소녀에게 한 것이고요. 그의 이야기에서, 그리고 베드로가 했던 모든 실패 이야기에서, 저는 우리가 실패해도 복음을 위해 또 다시 부르심을 받게 된다는 걸 배웠습니다.

마가복음에 나오는 부활 이야기를 생각해보세요. 7절에서 천사는 마리아와 사람들에게 말하길 "가서 그의 제자들과 베드로에게 전하라"고 합니다. 누구에게요? 제자들과 베드로입니다. 이 말씀이 의미심장합니다. 이 말씀은 전체 말씀을 놀랍게 만듭니다. 가장 비참하게 실패한 사람이 용서받고, 또 다른 기회를 얻었음을 알 수 있도록 구체적으로 이름이 불렸으니까요. 바로 그 순간이 베드로가 세상에서 될 수 있는 가장 위대한 지도자, 곧 '반석'이 되는 길의 시작이었습니다

십자가상의 도둑은 저에게도 항상 흥미를 불러일으켰습니다. 예수님은 이 이야기에서 우리에게 무엇을 가르치려고 하셨을까요? 거기에는 자신의 삶을 낭비하고, 은혜받을 만한 일을 전혀 하지 않은 한 남자가 있었습니다. 비참한 실패자에 불과했지요. 하지만 예수님은 그 남

자가 낙원에서 예수님과 함께 있을 것이라고 말씀하셨습니다. 그 말씀은 우리를 향한 하나님의 사랑이 너무나 무조건적이어서, 우리의 어떤 실패조차 압도한다는 걸 풍성하고도 충격적으로 알게 해줍니다. 이 지식은 우리가 위험을 감수하는 데에서, 심지어 실패하는 데에서도 필요한 모든 힘과 용기를 줄 수 있습니다.

앨런 로이 맥기니스Alan Loy McGinnis는 그의 책《사람들에게 최고를 제공하기》Bring out the best in people에서 "강한 사람도 약한 사람만큼 끔찍한 실수를 저지른다"라고 믿는 어느 현명한 사람의 말을 인용합니다. "차이가 있다면, 강한 사람은 실수를 인정하고 웃어넘기며 실수로부터 배운다는 것이다. 그것이 바로 그들이 강해지는 방식이다."

역사를 통틀어 사람들은 실패와 실패를 거듭해 왔습니다. 탁월한 삶을 살아온 사람들과 결국 실패에 이른 사람들의 차이는 실패를 통해 배우려는 의지에 달려 있다고 믿습니다. 어느 유명한 사람의 인생이 아마도 이것을 가장 잘 보여줄 것입니다.

1831년, 사업에 실패했습니다.

1832년, 국회의원 선거에서 실패했습니다.

1833년, 사업에 다시 실패했습니다.

1834년, 국회의원에 선출되었습니다.

1835년, 약혼자가 사망했습니다.

1836년, 신경 쇠약을 겪었습니다.

1938년, 백악관 대변인 경선에서 패배했습니다.

1840년, 선거권을 박탈당했습니다.

1850년, 아들이 사망했습니다.

1855년, 상원의원 선거에서 패배했습니다.

1856년, 부통령 선거에서 패배했습니다.

1858년, 상원의원 선거에서 패배했습니다.

1860년, 이 사람, 아브라함 링컨은 대통령이 되었습니다.[14]

누군가가 링컨에게 실패는 영원한 흔적이 아니라 기회라는 것을 가르쳤나 봅니다. 그의 영향력은 점점 커졌습니다.

우리는 실패가 치명적이지 않을 환경을 만들어야 합니다. 스스로에게 실패할 자유를 주어야 합니다. 우리는 완벽을 목표로 하는 것이 아니라 온전함을 목표로 하고 있습니다. 거부당할 때 대처하는 방법을 배울 수 있고, 그리하여 다른 사람들이 그런 일을 당할 때도 도울 수 있습니다.

실패할 자유는 새로운 지혜와 성숙의 문을 열어줍니다. 크게 실패할 용기가 있는 사람만이 거뜬히 성취할 수 있습니다.

인내는 절대 포기하지 않게 해주는 능력이다

13장

제8의 열쇠

> 하나님을 믿는다고 하면서 마음에 열정이 없고, 고뇌가 없고, 불확실성이 없고, 의심이 없고, 심지어 절망도 없는 사람은 하나님에 대한 관념만 믿는 것이지, 하나님의 실체를 믿는 것이 아니다.
> _마들렌 랭글_Madeleine L'Engle

> 절대 포기하지 마라. _윈스턴 처칠_Winston Churchill

잘 실패할 수 있는 능력은 대단히 중요합니다. 하지만 그런 능력이 당신에게 불리하지 않도록 작동하려면 더 나은 특성이 필요합니다. 인내입니다. 이 오묘한 특성은 매우 치명적입니다. 실패할 수는 있다고 해도, 회복할 능력이 없다면 아무런 의미가 없기 때문입니다.

저에게 일어났던 거의 죽을뻔한 사고로 인해, 저는 실패와 아울러 인내의 중요성에 대해서도 전부 알게 되기를 바랐습니다. 그 사고는 제 책《당신은 계속 춤을 춰야 합니다》에 썼던 것처럼, 1974년 어느 멋진 날 친구와 함께 눈과 얼음 위를 걸으며 암벽 등반을 하던 중에 일어났습니다. 멋진 등반을 마치고 거의 정상에 이르렀을 때였습니다. 남은 건 빙하가 움직여 만들어낸 거대한 얼음 균열, 크레바스를 가로지르는 스노우 브리지를 건너는 일뿐이었습니다.

우리는 짜릿한 등반으로 피곤하면서도 활기가 넘쳤습니다. 우리 둘 다 크레바스 위의 눈 표면이 변해 평소에는 단단했던 발판이 미끄러워졌다는 사실을 알아채지 못했습니다. 등산화 바닥에 부착된 스파이크 아래에 눈이 뭉치기 시작했습니다. 순식간에 가장자리로 미끄러져 몸이 뒤집힌 채 바닥으로 떨어졌는데, 목덜미가 땅에 먼저 닿았습니다.

불행 중 다행이었습니다. 근처의 얼음송곳이 제 손목을 꼬챙이처럼 찔렀을 수도 있었습니다. 바닥에 있는 거대한 바위에 목이 부러질 수도 있었습니다. 하지만 훨씬 좋았을 수도 있었습니다. 제가 뒤집혀서 떨어지지만 않았다면, 상체 대신 다리가 먼저 그런 바닥에 부딪혔을 테니까요. 제 몸과 바닥 사이에 뭔가가 있었다면, 부상이 그렇게 심하지도 않았을 겁니다.

제가 친구와 함께 크레바스를 빠져나와 베이스캠프로 걸어간 건 친구들뿐 아니라 저까지 놀라게 한 일이었습니다. 캠프로 돌아와 충격이 가라앉을 때까지는 모든 것이 괜찮아 보였습니다. 비로소 몸이 찢어질 듯한 극도의 고통이 느껴지기 시작했습니다. 그날 이후 제 삶은 결코 예전 같을 수 없었습니다. 의사들이 거듭해서 회진하고 엑스레이를 찍어보더니, 척추뼈가 골절되고 디스크 여러 곳이 찢어졌으며, 목에는 뼛조각이 박혔다는 사실을 알게 되었습니다. 의사들은 제가 전신마비가 되지 않은 것이 천우신조라며 입을 모았습니다. 살아있는 것만으로 성발 운이 좋았습니다. 하지만 통증은 계속될 것이며, 강렬하고 만성적일 거라는 말을 들어야 했습니다. 어차피 그렇게 될 일이었습니다.

고통이 계속되자, 저는 고통이 제 삶에서 어떤 권한을 가지게 할지를 결정해야 했습니다. 아직은 선택의 여지가 있다는 걸 깨달았던 겁니다. 그 선택은 어떤 사람들이 상상하는 것만큼 쉽지 않았습니다. 매일, 때로는 매시간 계속 해야 할 선택이었습니다. 인내에 대한 교훈은 매일, 그리고 매시간 얻게 되는 것이기도 합니다.

인내를 선택하라

인내는 용기를 잡아서 늘리는 일입니다. 성경에 나오는 말씀 중에 인내는 핍박받는 어려운 상황에서 용기를 발휘한다는 것이 있습니다. 인내는 연단을, 연단은 소망을 이루기 때문입니다(로마서 5:4).

고통보다 기쁨을 선택하기로 한 저의 투쟁을 간증한 책《당신은 계속 춤을 춰야 합니다》가 나온 뒤부터, 사람들은 제게 "언제나 기쁘기만 하느냐?"고 묻곤 했습니다. 제가 어떻게든 최대한 기뻐하는 방식으로 인내하기로 결정하면서, 독자들은 제게서 어떻게든 고통이 사라졌다고 믿게 되었습니다. 그렇지 않다면 지금 어떻게 기쁨을 유지하며 살아가고 있겠으며, 어느 정도 고통을 극복할 의지가 있겠느냐는 생각이었습니다.

사실 저는 꼭 그렇지만은 않았습니다. 뒤에서 또 말씀드리겠지만, 기쁨에 대한 우리의 인식은 바로잡아야 합니다. 제게는 힘든 통증이 지속되었고, 너무 심해서 움직이기도 어려운 날이 많았습니다. 이 책을 쓰는 일조차 통증 때문에 여러 번 지체되기도 했습니다. 이런 와중에도 기쁨을 선택하려면, 때로는 엄청난 노력과 계속해야 할 이유에 대한 믿음이 필요했습니다.

하지만 다행히도, 우리는 사실 하루에 한 번, 힘들 때는 한 번에 겨우 3분만 기뻐하기로 선택하면 됩니다. 기뻐하기로 선택하면, 느헤미야 8장 10절에 나오는, 하나님의 약속에 의해 주어지는 하나님의 능력이 우리 안에서 풀어집니다. 삶과 기쁨은 계속해서 선택하는 것입니다. 제가 자기계발 분야에선 전문가가 아니라는 점을 말씀드리려고 이 이야기를 하고 있습니다. 저는 날마다 최선을 다해 고군분투하고 있으며, 여전히 나아질 필요가 있는 부분이 많아서 자주 낙담하고 있습니다. 사고를 당한 이후 제 몸 상태가 매우 약해졌기에, 사실 제가 원하는 모습으로 돌아가기 위해 지금도 매일 싸우고 있습니다.

인내심이 결코 쉬운 자질은 아닙니다만, 어떤 선택받은 사람들에겐 대단한 일도 아닙니다. 하지만 대부분의 경우에는 가질 수 있다고 전혀 믿지 못할 만큼의 용기가 필요합니다. 그건 인내심에다 지구력을 더하는 특별한 조합입니다. 역경에도 불구하고 삶을 가치 있게 만드는 건 바로 그것입니다. 그리고 인내심은 하나님께서 우리로 하여금 계속해서 인내하게 해주시고, 우리에게 그분의 능력을 쏟아부어 포기하지 않도록 해주시는 특성을 종종 포함합니다.

저는 구석에 기어들어가서 절대 나오지 않고 싶은 날도 있다는 걸 고백하지 않을 수 없습니다. 하지만 고통의 현장에는 숨을 구석이 없다는 것도 충분히 알고 있습니다. 우리 모두가 정서적으로 육체적으로 힘든 시기를 직면하고 있으며, 낙담하고 포기할 생각마저 하고 있다는 걸 좀더 온전히 인식하게 해드리려고 제가 이런 이야기를 나누는 것입니다. 포기란 우리가 어떤 일을 할 때나 위기에 처했을 때, 종종 우리 모두가 받고 싶은 유혹입니다. 그런 어려운 상황들이 우리를 위험과 실패에 노출시키기 때문입니다.

누군가 창고를 열어 중고 세일을 한 마귀 이야기를 들려준 적이 있습니다. 마귀가 수 세기에 걸쳐 사용했던 도구들을 꽤 많이 꺼내 팔고 있었습니다. 어떤 건 거의 쓰지 않은 것이었고, 어떤 건 조금 닳아 있었습니다. 그 중 하나는 자주 사용해서 그런지 유난히 낡아 보였습니다. 중고품을 구하러 온 자가 그 도구를 집어 들고서 물었습니다. "이게 무엇이지요?" 그 마귀가 답했습니다. "오, 그건요, 제가 처음부터 즐겨 쓰던 도구랍니다. 달리 쓸 게 없을 때면 늘 그걸 썼지요." 그러면서 음흉하게 웃었습니다. 구매자는 그 도구를 자세히 살폈습니다. 측면에 칼로 긁어 쓴 글씨가 보였습니다. '낙담'이었습니다. 낙담은 우리 모두가 씨름하는 것이며, 인내의 숙적입니다. 하지만 인내는 우리에게 선택의 여지가 있다는 걸 상기시키기 위해 주어지는 선물입니다.

우리는 실패를 성공으로 바꿀 수 있습니다. 모든 것이 불가능해 보일 때는 다른 걸 선택할 수도 있습니다. 계속 행동하기를 선택함으로써, 소망하기를 선택함으로써, 살아가기를 선택함으로써, 한 번에 몇 센티미터씩이라도 나아가는 기적을 일으킬 수도 있습니다. 누군가 말한 것처럼, "인생은 미터로 재면 힘들지만, 센티미터로 재면 아주 근소

2부 | 믿음으로 사는 인생의 10가지 열쇠

한 차이에 불과합니다."

하나님을 기다리는 능력

종종 인내는 하나님을 기다리는 능력으로도 표현될 수 있습니다. 저는 이것을 '기다림의 훈련'이라고 부릅니다. 성경에 "오직 여호와를 앙망하는 자는 새 힘을 얻으리니 독수리가 날개 치며 올라감 같을 것이요 달음박질하여도 곤비하지 아니하겠고 걸어가도 피곤하지 아니하리로다"(이사야 40:31)라는 말씀이 있듯이 말이죠. 아마도 가장 큰 죄 가운데 하나는 오래 기다리지 않고 너무 빨리 포기하는 것일 겁니다.

당신은 어쩌면 한두 세대 전에 친구와 함께 작은 시골 학교의 난로에 실수로 등유 대신 휘발유를 부은 열 살 소년에 대한 실화를 들어본적이 있을 겁니다. 난로가 폭발할 때 근처에 있던 다른 소년은 그 자리에서 죽고 말았습니다. 실수한 소년은 너무 심하게 다쳐 의사들이 그의 다리를 절단하려 했습니다. 하지만 그의 부모는 하루만 더 기다려 달라고 애원했습니다. 그들은 매일 하루를 더 달라고 의사에게 요청했습니다. 의사들은 매일 망설이면서도 그 요청을 들어주었습니다.

절단하기를 하루씩 미루기를 희망하며 지낸 지 몇 달이 지나, 의사들이 붕대를 벗겼습니다. 하지만 소년의 왼쪽 다리가 오른쪽 다리보다 6센티미터 이상 짧아지고, 오른쪽 다리의 발가락 대부분이 없어진 것을 보았을 뿐입니다. 의사들은 "이 소년은 절대 걸을 수 없을 것"이라고 선언했습니다. 하지만 소년은 인내심을 가지고서 걸었습니다. 의사들은 "목발 없이는 절대 걸을 수 없을 것"이라고 단정했습니다. 하지만 소년은 인내심을 가지고서, 목발 없이 비틀거리며 걷기 시작했습니다. 그리고 달리기를 해보기로 결심했습니다. 그리고 몇 년 만에, 글렌 커닝햄Glenn Vernice Cunningham이라는 이 소년은 올림픽 역사상 가장 위대한 육상 선수 가운데 한 명이 되었습니다. 그런 다리로 1936년 베를린 올림픽 육상 1500미터에서 은메달을 수상했습니다. 사실상 그는 '세계에서 가장 빠른 인간'으로 불리기도 했습니다.

조지 버나드 쇼George Bernard Shaw는 처음에 쓴 다섯 편의 소설을 출판사들로부터 거절당했습니다. 모네Claude Monet는 86세의 나이에 우리가 아는 위대한 작품들을 그렸습니다. 시인 알프레드 테니슨 경Alfred, Lord Tennyson은 83세에 '모래톱을 지나며'Crossing the Bar라는 명시를 썼습니다. 작곡가 리하르트 바그너Richard Wagner는 자기 인생의 초기 30년을 실패라고 생각했습니다. 그가 처음에 쓴 세 편의 오페라는 형편없는 실패작이었습니다. 이 사람들은 인내하기만 한 것이 아닙니다. 승리했습니다.

"하지만 이들은 재능을 타고난 사람들이잖아요!" 당신은 어쩌면 이렇게 말하겠지요. 재능은 그런 성공을 이룬 것과 거의 관련이 없습니다. 어쩌면 당신과 저는 그런 천재성의 폭발, 영감의 섬광, 뛰어난 재능이라는 축복을 받지 못했을지도 모릅니다. 하지만 저는 우리의 영적 성숙을 향한 여정과 그 과정에서의 창의성은 작고도 신중하며, 때로는 눈에 띄지 않는 발걸음으로 이루어져 있다고 믿습니다.

인도 선교사 에이미 카마이클Amy Beatrice Carmichael은 이런 생각을 한 적이 있습니다.

때때로 정복자 이상의 업적을 이룬 사람들의 글을 읽을 때

우리는 낙담할 수 있습니다.

나는 결코 그들처럼 되지 못할 거라고 느낍니다.

하지만 그들은 단계별로 승리했습니다.

아주 작은 조각 같은 의지로,

조금씩 자신을 부인하며,

작은 내적 승리들을,

아주 작은 일에도 충실함으로써.

그들은 있는 그대로의 그들이 되었습니다. 아무도 그들에게 숨겨진 작은 단계를 보지 않습니다. 그들은 오직 성취할 것만 보았지만, 그래도 작은 발걸음들을 내디뎠습니다.

갑작스러운 승리는 없습니다. 영적 성숙도 그렇습니다. 그것은 바로 현재의 일입니다. 인내심이 조금만 있어도 탁월함을 많이 더할 수 있습니다. 가치 있는 일을 성취하려면 시간과 노력이 필요합니다.

절대 포기하지 마!

육상선수 글렌 커닝햄은 아마도 윈스턴 처칠이 했던 '세상에서 가장 짧은 연설'을 좋아했을 것입니다.

처칠은 학생일 때, 이전에 다니던 학교로 돌아가라는 처분을 받았습니다. 중학교에 입학했는데 초등학교로 돌아가라는 식이었습니다. 완

전히 낙제했다는 겁니다. 그러나 그는 탁월해지기 위한 열정과 인내를 통해, 자기 안에 있는 '실패를 성공으로 바꾸는 재능'을 발견했습니다. 모두가 알다시피 그는 영국의 총리가 되었고, 2차 세계대전의 영웅이 되었습니다.

교장 선생님이 남학생들로 가득 찬 강당에서 역사상 가장 위대한 웅변가 중 한 사람인 이 남자를 소개했습니다. "젊은이들이여, 이 연설은 아마도 여러분이 들을 수 있는 최고의 연설 중 하나가 될 것입니다. 그러니 메모를 많이 하세요."

그런데 그날 처칠이 했던 연설문의 분량이 얼마였는지 아시나요? 키 작고 통통한 처칠이 연단에 서서 한 말은 겨우 이것이었습니다. "절대 포기하지 마!"^{never give up!} 그리고 나서 거의 1분 동안 말을 멈췄습니다. 숨을 고른 그는 더욱 '담대하게' 말을 이어갔습니다.

"절대 포기하지 마!"

또 길게 멈추었습니다. 이윽고 단상에 주먹을 내리치더니, 폐를 토할 것처럼 이렇게 소리쳤습니다.

"절대, 저얼대, 쩌얼대, 쩌어얼때, 쩌어어얼때, 절때로 포기하지 마!"

Never, never, never, never, never, never give up!

그럼 다음, 그는 조용히 자리에 돌아가 앉았습니다. 이것이 그가 그날 한 연설의 전문이었습니다. "절대 포기하지 마!" 아마도 역사상 가장 잊을 수 없는 연설 중 하나일 것입니다. 척 스윈돌^{Charles Rozell Swindoll}은 이런 접근 방식을 "세 걸음 앞으로 나아가고 두 걸음 뒤로 물러나는 것"이라고 부릅니다.

희망한다는 것은 절대 포기하지 않는 것입니다. 가장 암울한 실패에서도 배우고 성장할 수 있는 방법을 찾는 법은 절대 포기하지 않는 것입니다. 최선을 다해 살아갈 수 있는 삶의 방식을 깨달으려면, 개인적으로, 영적으로, 감정적으로, 그리고 정신적으로, 우리가 절대 포기하지 말아야 할 이유를 알게 하시려고 하나님께서 우리 안에 두신 특별한 '예비 능력'을 활용해야 합니다.

인생이 고통 없이 살 수 있는 건 아니지만, 기쁨 없이 살 수 있는 것도 아닙니다. 인내하세요. 힘을 내세요. 그것이 영웅의 모습이고, 당신 안에 있는 것입니다.

기쁨은 모든 사람에게 생명을 주는 기술이다

내가 이 말을 너희에게 하는 것은 내 기쁨이 너희 안에 있고, 또 너희 기쁨이 충만하게 하려는 것이다. _예수님

기쁨은 왕이 거하시는 내 마음의 성에서 높이 휘날리는 깃발이다. _무명

행복은 좋은 결혼, 보람 있는 직업, 즐거운 휴가 등, 우리가 기대하는 곳에서 어느 정도 나타난다. 반면에 기쁨은 그것을 주신 분만큼이나 예측할 수 없는 것으로서, 악명이 높다. _프레드릭 비크너

우리가 다른 모든 사람에게 생명을 줄 수 있는 핵심 원칙은 기쁨을 선택할 수 있는 능력입니다. 당신에게 기쁨이 없으면, 애초에 어디라도 가기 힘들 것입니다. 설혹 도달했다 해도, 머물지는 못할 것입니다.

삶을 즐기고, 일을 즐기고, 살아간다는 사실 자체에서 내면의 기쁨을 느낄 수 있는 능력이 있다면, 당신의 계획과 꿈 전체에서 힘이 흐르고, 자신의 최선을 다할 수 있는 삶을 살게 될 것입니다. 활력과 '하고 싶다'는 열망이 자리를 잡을 것이고, 다른 건 훨씬 쉬워질 것입니다.

기쁨과 능력 사이에는 직접적인 관계가 있습니다. 적이 우리에게서

힘을 빼앗으려 할 때 가장 먼저 빼앗으려는 건 기쁨입니다. 느헤미야 8장 10절에 따르면, '주님의 기쁨이 우리의 힘'입니다. 이것은 당신이 1밀리미터의 기쁨을 선택할 때 하나님께서 당신에게 몇십 센티미터의 힘을 주실 것이며, 더 많은 기쁨을 선택할 수 있는 능력을 주신다는 것을 암시합니다. 기뻐하는 것이 당신에게 더 많은 힘을 얻을 수 있는 능력을 그 대가로서 준다는 뜻입니다. 이것은 지속적인 선택의 과정이며, 지속적인 능력 부여의 과정이기도 합니다. 이런 선순환이 진행된다면, 이런 사람은 정말 축복받는 것입니다.

그런데 기쁨이란 무엇일까요? 행복과 같은 것일까요? 그렇지 않습니다. 기쁨은 종종 오해되는 개념입니다. 우리는 누군가가 기뻐서 뛰거나, 기뻐서 울거나, 기뻐서 춤을 추는 모습을 담은 사진을 상상하곤 합니다. 하지만 기쁨은 완전히 다른 개념입니다.

첫째, 기쁨은 행복과 같지 않습니다

행복은 상황에 의지합니다. 사실 영어의 행복happiness이라는 단어 자체는 '어떤 일이 일어나다'happening와 같은 어근에서 파생되었습니다. 행복하다는 건 어떤 좋은 일이 생긴 걸 의미합니다. 예를 들어 새 셔츠를 입으면 행복합니다. 좋은 음식을 먹으면 행복합니다. 자동차 할부금을 다 갚으면 행복합니다. 사실 저도 그러면 정말 행복할 겁니다. 그런 행복을 바라는 건 전혀 문제가 아닙니다. 사람들이 가능한 한 그런 행복을 많이 누리기를 바랍니다. 하지만 행복은 언제나 상황과 사건에 기반한다는 걸 아는 것이 중요합니다.

행복은 기쁨과 같지 않습니다. 상황이 행복을 가능하게 하기 때문이어서, 행복을 희박한 공기 속으로 사라지게 만들 수도 있습니다. 반면에 기쁨은 상황을 거스릅니다. 의심, 모호함, 고통과 공존할 수도 있습니다. 기쁨은 상황을 초월한 만족감이며, 모든 게 잘못돼 보이고 나쁘게 느껴지고 쓴맛이 들 때라도 다 괜찮다고 말하는, 파괴할 수 없는 자신감입니다.

제가 어느 세미나에서 이런 이야기를 나누었는데, 여성 한 분이 제게 다가와 말하길 "기쁘기 위해 굳이 행복해질 필요가 없다는 걸 전혀 깨닫지 못했었어요"라며 깊이 깨달은 바를 나누더군요. "고통을 친밀하게 알지 못하면 기뻐하는 생활 방식을 가지지 못할 수 있다"라고 말할 수 있습니다. 작가 루이스 스메데스Lewis Smedes가 쓴 것처럼요.

> 당신과 나는 기쁨을 위해 창조되었다. 기쁨을 놓치면 우리의 존재 이유를 놓치는 것이다. 하지만 우리의 기쁨이 정직한 것이라면, 그 기쁨은 어떤 면에선 인간의 비극과 조화할 수 있어야 한다. 이것은 기쁨의 진정성을 시험하는 일이다. 기쁨이 고통과 공존할 수 있을까? 호환이 될까? 아파본 마음만이 기쁨을 누릴 자격이 있다.[15]

제 친구에게 "기쁨을 생각할 때 떠오르는 성경 구절이 뭐야?"라고 물었습니다. 그는 단도직입적으로 "산상수훈!"이라고 답했습니다. 당황한 저는 그를 쳐다보고 다시 말했습니다. "아니, 아니, '기쁨' 할 때

떠오르는 성경 구절이 뭐냐고?" 그러자 그는 다시 답했습니다. "그래, 내가 말했잖아. 산상수훈이라고." 그는 이어서 '축복받았다'라는 단어가 그리스어에서는 실제로 '즐거움'이라는 특징을 가장 깊이 내포하고 있다고 설명했습니다. 산상수훈을 다시 보고서 기쁨에 대해 생각해보면, 우리는 자비와 평화에서는 물론이고, 가난과 박해에서도 기쁨이라는 단어의 깊은 의미를 이해하기 시작할 수 있습니다. 기쁨은 변하지 않는 힘을 가지고 있습니다. 바다 위에서 무슨 일이 일어나든, 기쁨은 마치 우리를 앞으로 나아가게 하는 저류(底流)와 같습니다.

저는 제 책《당신은 계속 춤을 춰야 합니다》에서 불행한 상황에도 불구하고 기뻐하는 것에 대해 썼습니다. 하지만 그 책에서 저는 그런 개념을 고려하기 전에, 고통이 우리 인간 드라마의 보편적인 현실임을 인정해야 한다는 걸 먼저 다루었습니다. 저는 고통이 어떤 것인지 모르는 사람을 만난 적이 없습니다. 고통은 모든 곳에, 모든 것에 있습니다. 쉘든 코프Sheldon Kopp가 말한 것처럼 "인생은 모두에게 필요한 모든 고통을 제공할 수 있습니다."

앞서 언급한 나사NASA의 은어처럼 고통이 우리를 어디로 데려갈지, 그리고 그것이 우리 안에서 무엇을 만들어낼지를 결정하는 것은 우리의 태도입니다. 고통이 기쁨을 가져다줄까요? 불행을 가져다줄까요? 무지개를 만드는 프리즘이 될까요? 아니면 감옥이 될까요? 무엇이 되든, 그건 우리의 태도가 선택한 결과입니다. 우리는 이 선택을 피할 수 없습니다.

1962년, 빅터Victor와 밀드레드 괴르첼Mildred Goertzel은 413명의 유명

하고 뛰어난 재능을 가진 사람들을 조사한 《저명인사 요람》이라는 제목의 책을 출판했습니다. 저자들은 수년에 걸쳐 무엇이 그런 위대함을 만들어냈는지, 이 뛰어난 사람들의 삶에 어떤 공통점이 있을지 이해하려고 노력했습니다. 놀랍게도 가장 눈에 띈 사실은 413명 중에서 거의 모두인 392명이 성공을 거둔 지금의 자리에 오르기까지 인생의 중대한 장애물과 어려움을 극복해야 했다는 것이었습니다.

클라이드 리드Clyde Reid는 이렇게 썼습니다.

삶을 온전히 누리는 데에서 가장 흔한 장애물 중 하나는 고통에 직면하기를 꺼리는 것이다. 우리는 고통을 두려워한다. 고통을 피하기 위해서라면 무엇이든 한다. 우리의 문화는 고통 없는 삶을 살 수 있다고 보장함으로써 고통을 회피하기를 부추기지만, 고통 없이 산다는 것은 반쪽짜리 삶을 사는 것이다. 고통과 기쁨은 함께 가는 것이다. 우리 삶에서 고통을 잘라내려 할 때, 자기도 모르게 기쁨도 잘라내게 된다.**16**

바울이 난파되어 감옥에 갇힌 후에 쓴 짧지만 강력한 편지인 빌립보서에는 '기쁨' 또는 '기뻐하다'라는 단어가 열아홉 번 이상 사용됩니다. 우리는 기쁨을 경험하기 위해 상황이 바뀔 때까지 기다릴 필요가 없다는 것을 분명히 이해해야 합니다.

선과 악이 그렇듯이, 고통을 모르고서 기쁨이 어떤 느낌인지 알 수 있겠습니까? 야고보 사도가 터무니없게도 시험과 기쁨을 같은 문장에 넣은 데에는 충분한 이유가 있었을 겁니다. "내 형제들아 너희가 여러

가지 시험을 당하거든 온전히 기쁘게 여기라"(야고보서 1:2).

우리는 걱정하고 허둥지둥하며, 불행을 피하려고 노력하고, 기쁨을 누리기 위해 몸부림치는 경향이 있습니다. 마치 우리가 할 수 있는 일인 것처럼 말이죠. "지난달에 무슨 일이 있었는지 알고 있는데 어떻게 기뻐할 수 있어?" 또는 "모든 문제가 해결되거나 기분이 나아지면 기뻐할 거야" 같은 말을 중얼거립니다. 감정적이든 육체적이든, 우리는 고통을 피하려는 필사적인 노력 덕분에 일상에서 저류처럼 흐르는 기쁨을 경험할 수 있는 많은 기회를 놓치게 됩니다.

사람들은 종종 저에게 "신체적 고통과 정서적 고통 중에서 어느 것이 더 심합니까?"라고 묻습니다. 저는 보통 이렇게 답합니다. "둘 다 끔찍하다고 생각하지요." 하지만 사실 저는 정서적 고통이 장기적으로는 더 큰 피해를 주고 감당하기 어렵다고 생각합니다.

우리가 크리스천이 된다고 해서 문제로부터 자유로워지는 건 아닙니다. 그 문제들을 통해 '삶이라는 여행의 안내서'를 받게 될 뿐이지요. 데살로니가전서 5장은 우리에게 "항상 기뻐하라 … 범사에 감사하라 이것이 그리스도 예수 안에서 너희를 향하신 하나님의 뜻이니라"라고 말씀합니다(데살로니가전서 5:16,18). 과거를 후회하고 미래가 가져올 것에 대해 걱정하는 시간을 보낼 때, 우리는 기쁨의 궁극적 원천인 하나님을 지나쳐 달려가고 맙니다. 이 아름다운 시 '나는 I AM이다'는 그걸 완벽하게 요약합니다.

나는 지난 일을 후회하며

미래를 누려워하고 있었습니다.
갑자기 나의 주님께서 말씀하셨습니다.

나의 이름은 'I AM'이니라.

주님이 잠시 말씀을 멈추셨고,
나는 기다렸습니다.
주님은 계속 말씀하셨습니다.

네가 과거의 실수와 후회할 일과 함께
과거에서 산다면, 네 삶은 힘들 것이다.
나는 과거에 있지 않다.
내 이름은 'I WAS'가 아니다.

네가 미래의 문제와 두려운 것들과 함께
미래에서 산다면, 네 삶은 힘들 것이다.
나는 미래에 있지 않다.
내 이름은 'I WILL BE'가 아니다.

네가 지금 이 순간을 산다면,
네 삶은 어렵지 않을 것이다.
나는 현재에 있다.

내 이름은 'I AM'이다.

_헬렌 맬리코트 Helen Mallicoat

　기쁨은 항상 현재시제에 있습니다. 하나님께서 그러신 것처럼, 영원한 현재에 있습니다. 시편 16편 11절은 주님이 계신 곳에는 기쁨이 충만하다는 것을 알려줍니다. 우리가 기쁨을 이해하고, 지금 우리 주변 상황에서 잠시 오고 가는 일시적 행복과 다르다는 걸 깨닫게 되면, 기쁨이 일정한 실체의 한 부분으로 분리되어 실제로 존재한다는 것을 우리는 느낄 수 있습니다.

　우리가 기뻐하기로 선택한다면, 기쁨은 현재의 기회이자 선물입니다. 강물이 변함없이 흘러가듯, 변하지 않으시는 하나님처럼 기쁨도 변하지 않을 것입니다.

둘째, 기쁨은 선택입니다

사고를 당한 이후 날마다, 저는 기쁨을 어떻게 일상의 태도로서 선택할 수 있을지에 대해 고민하게 되었습니다. 그건 끊임없는 선택이었습니다. 어떤 날은 고통이 너무 압도적이어서 기쁨을 선택하기 싫었습니다. 때로는 다음날은 차치하더라도, 다음 순간을 위해 기쁨을 선택하는 것조차 마귀와의 싸움이기도 했습니다. 그리고 앞서 말했듯이, 기쁨을 선택한다고 해서 고통과 모호함과 불신이 완화되지도 않았습니다. 고통과 함께 살아갈 수 있는 법을 알려줄 뿐입니다.

그래서 이제 고통이 심하고 기쁨이 전혀 없는 날이면, 저는 매우 중요한 원칙을 이해하게 됩니다. 제가 비참해지기로 선택했기 때문에 제가 비참해졌다는 것입니다. 따라서 저는 제게 다른 선택지가 있다는 것을 스스로에게 상기시킵니다. 저는 다른 걸 선택할 수 있습니다!

가끔은 타는 듯이 더운 날이 저를 거의 마비시킬 때가 있습니다. 하나님께서 제 몸으로 무얼 하실지 모르겠습니다. 저를 더 힘들게 하는 건, 제가 운동에 관해선 제법 괜찮은 배경을 가졌다는 점입니다. 한때는 마음만 먹으면 육체적으로 거의 모든 일을 할 수 있다고 믿었습니다. 지금은 무릎을 만지지도 못하고 똑바로 서 있지도 못하는 날들이 많아 눈물이 날 지경입니다. 때로는 미묘하고, 때로는 숨막히는 두려움을 억누를 수 없을 때도 있습니다.

그럼에도 불구하고, 그런 두려움이 제가 기쁨을 선택하는 또 다른 이유입니다. 기쁨은 사랑과 같습니다. 기쁨은 두려움을 모릅니다. 폴 세일하머Paul Sailhamer 목사는 "기쁨은 하나님께서 당신의 삶의 모든 영역을 지배하고 계시다는 깊고 확고한 자신감입니다"라고 말했습니다.

제임스 돕슨James Dobson 박사님이 저를 그의 라디오 프로그램에 출연시키셨을 때, "이 모든 일에도 불구하고 왜 기쁨을 선택해야 하는지" 물어보셨습니다. 저는 "그래야만 하니까요!"라고 답했습니다. "왜냐하면, 가끔은 그러지 않으면 말 그대로 제가 산산조각이 날 것 같아서요. 기쁨을 선택하지 않으면 제 삶이 위축될 거란 걸 저는 알고 있습니다. 하나님께서 저를 붙잡고 계시다는 확신이 저로 하여금 계속해서 기쁨을 선택하게 만듭니다."

제가 깨달은 건, 기쁨이 그 자체로 하나의 과정이라는 것입니다. 단순한 감정 그 이상입니다. 그것은 태도이며, 우리를 사랑하시는 하나님의 선물입니다. 처음에는 다음 순간을 즐겁게 살기 위한 의식적 선택이며, 다음에는 기쁨을 선택하기 위해 더 많은 힘을 얻기 위한 기도이며, 그 다음에는 그 두 가지가 혼합됩니다. 기쁨과 기도와 능력은 어느 정도 습관이 되어, 이내 생활의 습관이 됩니다. 초기에는 습관을 조절하기로 선택하지만, 나중에는 습관이 저를 통제하기 시작합니다. 그 노력으로부터 때로는 고요하고, 때로는 혼란 가운데서도 자신감이 생깁니다. 그것이 기쁨입니다.

피부암이 너무 심해 얼굴을 숨겼던 82세 목사님을 기억하시나요? 어느 날, 그는 성경에서 기쁨이란 그리스도께서 우리에게 진정으로 주고 싶어하시는 선물이라는 내용을 읽었습니다(요한복음 15:11). 그는 그 선물을 요청하기로 선택했습니다. 그리고 그는 그 선물을 큰 괴로움 가운데에서 받았고, 너무나 놀란 나머지 다른 사람들에게 말해야 했습니다. 그 기쁨은 혼란 속에서도, 혼란에도 불구하고 선택이었고, 선물이 되었습니다.

인생은 고됩니다. 악명 높고 잔인하게 어렵습니다. 그 사실을 받아들이면 삶이 당신에게 던지는 모든 것을 기쁨보다 더 잘 대처할 수 있는 방법을 생각해낼 수 있을까요? 기쁨에 대한 내면의 헌신만큼 삶을 최대한 오래 살게 하는 데 영향을 미치는 것은 없습니다.

기쁨은 자유롭지만, 값이 싸지는 않습니다. 고통이 없을 때보다 더 자주, 용기와 믿음과 더불어 기쁨과 진밀한 관계를 유지해야 합니다. 누군가 "고통은 피할 수 없지만, 불행은 선택 사항이다"라고 말하는 걸 들은 적이 있습니다. 저는 기쁨이 인생의 최저점뿐 아니라 최고점에서도 더 나은 선택이라고 주장할 뿐입니다. 기쁨을 선택하면, 다음 순간, 다음 시간, 다음 날, 다음 해에 기쁨을 선택하는 것이 더 쉬워집니다. 기쁨이 있으면, 모든 것을 얻을 수 있습니다.

셋째, 기쁨의 근거는 '무엇을 가졌느냐'가 아니라 '우리가 누구인가'입니다

만일 우리가 매일 뉴욕 매디슨 거리에서 우리를 자극하는 광고들이 말하는 기쁨에 대한 아이디어를 믿는다면, 우리는 잘생기거나 아름다워야 하고, 냄새가 좋아야 하며, 머리를 섹시한 방식으로 스타일링하고, 특정 음료를 마시고, 특정 디자이너의 이름이 인쇄된 옷을 입고, 이국적인 장소를 찾아가고, 화려한 삶을 살아야 삶이 기쁨으로 가득 차게 된다고 믿었을 것입니다. 모든 것을 따라잡으려는 생각은 우리를 피곤하게 만듭니다. 조금 낙담하는 것은 말할 것도 없습니다. 세상이 끌어당기는 힘은 거대합니다. 우리가 세상을 더 잘 알게 되었을 때에도요.

우리는 지금 기뻐해야 합니다. 여기에서, 이 안에서, 우리가 누구인지와 우리가 가진 것과 더불어 기뻐해야 합니다. 제가 아주사 퍼시픽 대학교의 코치 시절에 학생 선수였던 마크 스펙먼은 이 말이 진리라는 걸 알고 있습니다. 저는 그가 축구를 하러 나온 첫날을 생생하게 기억합니다. 마크는 손이 없는 상태로 태어났습니다. 우리는 손 없는 사람이 어떻게 축구를 할 수 있는지 궁금했습니다. 그는 주전 수비수가 된 것에 그치지 않고, 4학년 때는 미국 대표로 뽑혔습니다. 심판에게 경고받을 때를 즐기기까지 했습니다. 재즈 트롬본을 연주했고, 농구도 했고, 학점 3.6을 받은 학생이기도 했습니다. 저와 그는 함께 테니스를 치고 있는데, 복식 토너먼트에 출전할 수 있기를 기대합니다. 상대방이 그를 경이롭게 쳐다보면 절반은 이긴 거나 다름없다고 가끔 농담하듯 말하기도 합니다. 현재 그는 뛰어난 코치이며 최고의 강사로도 일하고 있습니다. 무엇이 그에게 이런 변화를 일으켰을까요? 그는 인생을 도전의 과제로 삼고, 모든 문제를 기쁨으로 해결하기로 결심했기 때문입니다. 기쁨이 그의 힘의 원천인 것입니다.

넷째, 기쁨은 이기적이지 않습니다

기쁨을 선택해야 하는 또 다른 이유가 있습니다. 기쁨은 제가 바깥을 향하도록 자유하게 만듭니다. 그래서 저는 종종 다른 사람에게 도움이 되기 위해 기쁨을 선택합니다. 제가 비참할 때는 누구에게도 도움이 되지 않았습니다. 때로는 기쁨을 향해 얼굴을 돌리려면 가진 힘이 전부 필요할 때도 있습니다. 하지만 기뻐해야 할 더 깊은 목적이 있을 때면, 어려운 시기에도 모든 일에 변화를 가져올 수 있습니다.

  당신이 알고 있듯이, 제가 기쁨을 선택하지 않으면 저의 선택은 이기적인 것이 됩니다. 그건 제가 죄책감에 빠져들기로 선택할 때 발생하는 문제와 같은 것입니다. 제가 최근에 읽은 가장 강력한 문장 중 하나는 이것입니다. "아무도 당신의 죄책감에서 이익을 얻지 못합니다." 제가 죄책감을 선택할 때, 제 안의 에너지가 상실됨을 느낍니다. 마찬가지로 자신을 받아들이지 못할 때, 저는 사랑할 수 있는 능력을 잃고 맙니다. 제가 고통을 받아들이기를 실패하면 하나님의 에너지를 제 안에 가두어버립니다. 저를 저 자신 속에 가두는 것입니다.

자기연민은 놀라운 일입니다. 자기연민은 "왜 나야?"라고 속삭이며 계속 찾아올 수 있습니다. 그럴 때, 자신만을 위해 기쁨을 누리려는 것은 자기패배입니다. 나만을 위해 기쁨을 선택하면 지속할 힘이 없습니다. 그런 건 오래 지속되지 않기 때문에 효과가 없을 것입니다. 자기연민은 우리가 더 큰 것에 얽매이지 않는 기쁨을 유지할 수 없게 할 것입니다.

우리가 "왜 나야?"라고 울부짖게 될 우리의 또 다른 특징은 무엇일까요? 자기 의도대로 하도록 놓아두면, 우리는 사실 언제나 우리 자신을 위해 어떤 일을 하기로 선택할 것입니다. 좋든 싫든, 우리는 모두 이기적 성향을 장착하고 있습니다. 그것이 인생을 이렇게 힘들게 만드는 이유입니다. 하지만 다른 사람들을 위해 기쁨을 선택하는 것은 우리가 포기하지 않을, 더 나은, 더 강한 이유를 줄 수 있습니다.

기쁨을 진정으로 이해하고 선택하려면, 그리고 그렇게 하기 위해 현실적인 목표를 가지려면, 우리는 은혜의 도움이 필요합니다. 빌립보서 2장 13절은 이렇게 말합니다. "너희 안에서 행하시는 이는 하나님이시니 자기의 기쁘신 뜻을 위하여 너희에게 소원을 두고 행하게 하시나니…."

이 말씀에 대해 생각해보세요. 기독교인의 삶은 어렵지 않습니다. 어려워지는 건 노골적으로 불가능합니다. 우리는 그런 방식으로 설계되어 있습니다. 우리가 스스로의 성취를 통해 어떤 걸 해낼 수 있다면 하나님의 은혜는 필요하지 않을 것입니다. 대신에 우리는 "주님, 감사합니다. 제가 아내를 위해, 제 아이들을 위해, 제 친구들을 위해 기쁨을 선택할 수 있도록 인도해주시기를 간절히 구합니다"라고 말할 수 있습니다. 이것은 혼자서 할 수 있는 것이 아닙니다. 기쁨을 선택하고 은혜를 받아들여 계속 유지하는 것은 나에게 사랑할 자유를 줍니다. 기쁨의 목적은 사랑과 봉사이며, 인생을 사랑에 헌신하지 않으면 너무나 많은 것을 놓치는 것입니다.

정말 말이 안 되는, 설명하기 어려운 또 다른 역설을 듣고 싶으신가요? 저는 저 자신과 투쟁하는 가운데서, 제 인생이 사실은 '이상적'이라는 걸 깨닫게 되었습니다. 놀라운 고통의 '특권'을 받은 것입니다. 왜냐하면 고통이 저로 하여금 포기하게 한 것이 아니라 진정한 기쁨이 무엇인지 발견하도록 이끌었기 때문입니다. 그렇지 않았다면 진정한 기쁨을 아예 몰랐을 가능성이 큽니다.

이런 깨달음이 순식간에 찾아온다는 건 의심의 여지가 없습니다. 하지만 제가 기준의 틀을 바로잡고 우선순위를 바르게 하면 야고보 사도가 "온전히 기쁘게 여기라"라고 말한 것이 정확히 무슨 뜻인지 이해할 수 있습니다. 그런 고난이 기쁨의 선물로 가는 길을 닦아주기 때문입니다. 그것들은 우리를 피상적인 삶의 인식을 거쳐 더 깊은 내면의 평

화로 이끌어줍니다. 알다시피 고난은 삶의 가장 깊은 가치와 하나님이
주시는 가장 깊은 기쁨을 발견하는 도구이기도 합니다.

다섯째, 기쁨의 목적은 봉사입니다

기쁨의 궁극적 목적이 우리를 기분 좋게 해주는 것이 아니라는 걸 이
해하지 않았다면, 이 다섯째는 이해할 수 없었을 것입니다. 알다시피
기쁨의 목적은 우리에게 봉사할 수 있는 힘을 주려는 것입니다. 우리
가 이 궁극의 이유를 이해할 때, 각자가 될 수 있는 최선의 삶을 살아
가기가 자연스럽고, 삶이 충만하고 풍요로워질 것입니다. 이러한 삶의
기쁨은 다음 섹션(3부)에서 설명할 것처럼, 우리가 섬김의 리더, 종으
로서의 지도자가 될 수 있도록 힘을 실어주기 위한 것입니다.

다른 사람들을 위해 기쁨을 선택하는 것이 단지 기독교인으로서 '해
야 할' 또 다른 부담이라고 잠시라도 여기지 마십시오. 그건 시작하기
도 전에 죽이는 일입니다.

제 친구 가운데 한 사람이 캘커타의 지저분한 거리에서 수년간 죽어
가는 사람들을 위해 일했던 놀라운 여인, 테레사 수녀_{Mother Teresa}를 만
난 적이 있었습니다. 수녀님은 누구에게든 기쁘게 대하지 않는 법이
없었다고 친구가 말해주었습니다. 사람들이 마더 테레사에게 "어떻게
이런 엄청난 일을 하실 수 있지요?"라고 물어보았습니다. 수녀님은 항
상 이렇게 답했다고 합니다. "엄청난 일이라고요? 그게 무슨 말이죠?
저는 엄청난 특권을 누리고 있습니다. 명백히 제 주님을 섬기고 있으

니까요."

마태복음 25장은 "우리가 이 중에서 가장 작은 자를 섬길 때 그리스도를 직접 섬기는 것"이라고 말합니다. 마더 테레사는 그 구절을 삶의 방식으로 삼았습니다. 그녀의 기쁨은 전설적이었습니다. 여러분은 이런 기쁨이 가능하다고 믿으시나요?

제가 추정하기로 기쁨 없는 기독교는 가능은 하겠지만, 그다지 재미있게 들리지는 않습니다. 기독교인의 삶에서 기쁨이 없다는 건 너무나 재미없게 들립니다.

주님,
재미로 바보 같은 짓을
해본 적이 있으신가요?

예를 들면,
이 무거운 세상을 손에 쥐시기 전에
공중에 떠 있는 어딘가에 앉아서
아무 글이나 끼적거려본 적이 있으시나요?

사람들이 주님을 어떻게 생각할지
전혀 생각하지 않으시고,
은하계를 가로질러 야생적으로 여행하거나
무지개를 매듭으로 묶어보신 적이 있으시나요?

오리너구리와 캥거루는 주님께서 늘 웃으시려고
즐겨 곁에 두시는 농담 따먹기 커플이겠죠?

제발, 하나님!
마을의 모든 설교자와 은행가들 아래에다
폭죽을 설치하십시다.
세상을 조금은 느슨하게 하고,
소방관의 호스를 이용해서,
꼿꼿이 선 채로
이 마을을 소유하고 있다고 생각하는
고양이들의 모자를 벗겨 내자구요.

하루 동안 교통 체증을 멈추고
우리가 만든 모든 고아들을 위해
주식증권으로 퍼레이드를 펼쳐보십시다.

세상을 박람회장으로 바꾸고
하늘에 색종이 조각을 날려
우리가 여기 모인 걸 축하합시다.
어서요, 하나님, 해봐요!

예수 그리스도가 모든 걸 의미한다면,

그건 그분이 우리 중 한 명이라는 뜻입니다.

그리고, 그분의 부활이

죽어가는 사람들만의 꿈이 아니라면,

그분은 이 세상을 다시 살아나게 해야만 할

유일한 분이십니다.

_노먼 하벨 Norman C. Habel

이 책의 모든 개념은 여기와 지금, 현실의 것들입니다. 평범하고 일상적인 축복입니다. 이 아이디어들은 여러분의 부엌에서, 뒤뜰에서, 사무실에서, 그리고 당신의 계획과 꿈에서도 일어날 수 있는 것들입니다. 기쁨은 거기에 있습니다. 기쁨은 가능합니다. 그것이 시작되는 곳으로부터 오는 아찔한 은혜의 선물도 가능합니다.

기독교인의 생활방식에서 최고의 선물, 그것은 바로 기쁨입니다. 기쁨으로부터 비전을 품으려는 자극이 생기고, 용기와 인내심을 가지려는 충동이 생기고, 탁월함에 대한 열정과 실패할 위험까지 감수하려는 의지와 모든 것을 나눠줄 이유가 생기는 것입니다.

어느 날 저는 전보 하나를 받았습니다. 간단히 이렇게 쓰여 있더군요. "모든 것을 기뻐하라! 추가 공지가 나올 때까지."

15장 모든 것을 주어야 온전해지는 목적을 이룬다

제10의 열쇠

> 우리가 여기서 만나는 각 사람을 마치 우리 주님을 만나는 것처럼 대하면서, 그들에게 우리 자신을 내어준다고 생각하면 어떨까?
>
> _로이드 오길비_Lloyde Ogilvie_

> 불행하고 신경질적인 유형의 사람과 기쁨이 가득한 사람의 본질적인 차이는 가지는 것과 주는 것이다. _에리히 프롬_Erich Fromm_

> 하나님께서는 우리에게 상처받을 때까지 나누라고 하지 않으신다. 그저 모든 것을 주라고 하신다. _빌 밀리켄_Bill Milliken_

> 주지 않은 모든 것은 잃어버린 것이다.
>
> _도미니크 라피에르_Dominique Lapierre_

절정의 삶을 살아가는 과정 전체는 우리의 궁극적 목표, 곧 우리가 될 수 있는 최고가 되는 것이며, 가진 모든 것을 상처받은 절망적인 세상에 주라는 부르심을 따르는 것입니다. 우리는 우리의 삶을 다른 사람들과 나누라고 부름받았습니다. 이 말이 이상하게 들리시나요? 그렇지 않아야 합니다. 우리가 이야기하는 절정의 삶을 살아가는 열쇠는 우리가 세상이 절실히 필요로 하는 종의 리더십을 가지는 것입니다. 이것이 바로 우리 믿음의 기초입니다.

시인 엘리엇T. S. Eliot은 글에 관해선 놀라운 재능을 가진 사람입니다.

그가 이런 말을 한 적이 있습니다. "우리가 시작이라고 부르는 것은 종종 끝이 된다. 그리고 끝에 도달하는 것은 시작에 이르는 것이기도 하다. 끝이란 우리가 시작하는 곳에 있다." 섬김의 리더십은 곧 절정의 삶의 시작이자 끝입니다. 원천이자 궁극적인 목표입니다.

'섬김의 리더'는 어떤 사람입니까? 섬기는 리더는 섬기는 자의 심장과 가치관에 의한 태도를 가지고 있으며, 모두를 이끌 수 있는 마음과 역량과 독창성이 있으며, 문제를 해결하는 지도자의 능력을 가진 사람입니다. 섬기는 리더는 본질적으로 틈gap, 곧 격차 사이에 서려는 사람이며, 변화를 만들어내려는 사람입니다.

얼마를 주느냐보다 큰 것

아마도 성경에 나오는 가장 슬픈 구절은 주님께서 에스겔을 통해 하신 이 말씀일 겁니다. "이 땅을 위하여 성을 쌓으며 성 무너진 데를 막아서서 나로 하여금 멸하지 못하게 할 사람을 내가 그 가운데에서 찾다가 찾지 못하였으므로"(에스겔 22:30).

지금은 우리가 팔을 걷어붙이고 우리가 진리라고 믿는 것을 행동으로 옮겨야 할 때입니다. 이것은 우리 신앙의 가치와 원칙을 믿음으로 구현하며, 다른 사람들에게 손을 내밀어 우리의 신앙을 자서전으로 만드는 걸 의미합니다.

우리는 요한복음 3장 16절 "하나님이 세상을 이처럼 사랑하사 독생자를 주셨으니…"에서 요한일서 3장 17절 "형제의 궁핍함을 보고도 도와줄 마음을 닫으면 하나님의 사랑이 어찌 그 속에 거하겠느냐"로 가야 합니다. 하나님의 크신 사랑은 우리를 통해 세상에 번역되어야 합니다.

어떤 이가 이렇게 말했습니다. "하나님께서는 세상을 이처럼 사랑하사 위원회를 보내지 않으셨습니다." 실제로 그분은 우리를 너무나 사랑하셔서 그분의 본질, 바로 그분 자신을 주셨습니다. 우리는 이 사실을 마음에 새기고, 우리의 손길을 통해 다른 이들에게 스며들게 해야 합니다. 예수님께서 마지막 남은 물질을 헌금으로 바친 한 과부를 칭찬하신 이유는, 그녀가 얼마나 많이 주었느냐가 아니라 모든 것을 바쳤기 때문입니다. 우리는 자신에게 물어보아 알아야 합니다. 무엇이 우리를 주저하게 하는지? 아직도 무엇에 매달리고 있는지?

우리가 사는 세상은 많은 상처를 입은 상태입니다. 우리는 이런 세상에 뭔가 하도록 부름받았습니다. 2천년 전, 하나님은 그리스도의 삶을 통해 인간의 육체가 거룩한 전력을 전달할 수 있는 좋은 전도체임을 증명하셨습니다. 제가 알기로, 그분의 이런 아이디어는 지금도 여전히 유효합니다. 아무리 이상하게 들릴지라도, 하나님은 여전히 당신과 저를 통해 세상의 문제들을 해결하고자 하십니다. 우리는 우리가 살아가는 삶을 통해 우리의 메시지를 실현해야 합니다.

이것이 삶의 진정한 기쁨이며, 자신이 강한 존재로 인식되는 목적에 부합하는 것이며, 세상이 당신을 행복하게 해주지 않는다며 불평하는 소란스럽고 이기적인 약골과 불만 덩어리가 되는 대신 '자연의 힘'이 되는 것입니다. 더 열심히 일할수록 더 많이 사는 것이기 때문에, 저는 죽을 때 완전히 소모되고 싶습니다. 저는 제 삶 자체를 즐깁니다. 제게 인생은 작은 촛불이 아닙니다. 지금 이 순간을 위해 들고 있는 화려한 횃불입니다. 저는 이 횃불이 미래 세대에게 전달되기 전에 최대한 밝게 타오르게 하고 싶습니다.[17]

친구를 위해 자기 목숨을 준 사랑

어니스트 고든Ernest Gordon이 제2차세계대전 때 일본의 포로수용소에서의 삶에 대해 쓴 실화《콰이 계곡을 지나서》Through the Valley of the Kwai는 감동하지 않을 수 없는 이야기입니다. 이 책은 모든 것을 바쳐, 말 그대로 군인들의 포로수용소 전체를 변화시킨 한 남자에 관한 이야기입니다. 그의 이름은 앵거스 맥길리브레이Angus McGillivray입니다.

앵거스는 스코틀랜드 출신으로 콰이강 위에 악명 높은 다리를 건설하는 일을 해야 하는, 미국, 호주, 영국인들로 가득한 수용소의 포로 중 하나였습니다. 그 수용소의 상황은 매우 좋지 않았습니다. 개처럼 서로를 물고 늘어지는 일이 일상이었습니다. 동맹국 사이에도 말 그대로 서로 훔치고 서로 속이기 일쑤였습니다. 머리 밑에 둔 것도 훔치기 때문에 자기 짐 위에서 잠을 자곤 했습니다. 생존이 전부였습니다. 정글의 법칙이 지배하였습니다. 앵거스 맥길리브레이의 죽음에 대한 소식이 캠프 전체에 알려지기 전까진 말이지요.

그가 죽었다는 소문이 퍼졌습니다. 아무도 덩치 큰 앵거스가 죽었다는 걸 믿을 수 없었습니다. 그는 상했습니다. 모두 그가 수용소에서 마지막으로 죽게 될 사람이라고 생각했습니다. 사실 사람들을 놀라게 한 것은 그가 죽었다는 소문이 아니라, 그가 죽은 이유였습니다. 그들은 소문의 조각을 모아 이야기를 완성했습니다.

스코틀랜드 군인들인 아길스agils는 그들의 친구 제도를 매우 진지하게 여겼습니다. 그들의 친구들은 '단짝'이라고 불렸습니다. 그럼에도 불구하고, 아길스는 단짝이 살아남는 것은 말 그대로 각자의 몫이라고 믿었습니다. 하필 앵거스의 친구가 죽어가고 있었는데, 모든 사람이 그를 포기하고 있었습니다. 앵거스는 아니었지요. 그는 친구가 죽지 않게 하겠다고 다짐했습니다. 누군가가 그 친구의 담요를 훔쳤습니다. 그래서 앵거스는 자기 단짝에게 "방금 하나 더 생겼다"고 말하며 자기 담요를 주었습니다. 식사할 때도 매번 마찬가지로, 앵거스는 자신이 배급받은 음식을 아파서 누워 있는 친구에게 가지고 가서 억지로 먹이곤 했습니다. 추가 음식을 또 얻을 수 있었다고 말하면서요. 그는 친구가 회복에 필요한 걸 얻을 수 있는지 알아보려고 무엇이든 했습니다.

하지만 앵거스의 단짝이 회복되기 시작하자, 앵거스는 쓰러졌습니다. 의사들은 그가 굶주림으로 인한 탈진으로 사망했다고 진단했습니다. 그는 자기 몫의 음식과 쉴 곳을 주었습니다. 가진 모든 것, 자기의 생명까지 주었습니다. 그의 사랑과 이타심의 행위가 수용소에 미친 영향은 놀라웠습니다. "내 계명은 곧 내가 너희를 사랑한 것 같이 너희도 서로 사랑하라 하는 이것이니라 사람이 친구를 위하여 자기 목숨을 버리면 이보다 더 큰 사랑이 없나니"(요한복음 15:12-13).

앵거스 맥길리브레이가 죽은 이유에 대한 소문이 돌면서, 수용소의 분위기는 바뀌기 시작했습니다. 포로들은 갑자기 자신의 생존을 뛰어넘어 자신을 바치는 인류애에 집중하기 시작했습니다. 그들은 각자의 재능을 모으기 시작했는데, 그중 한 명은 바이올린 제작자, 한 명은 오케스트라의 리더, 한 명은 캐비닛 제작자였고, 또 다른 한 명은 교수였습니다. 이윽고 수용소에는 그들이 직접 만든 악기로 오케스트라가 결성되고 '벽 없는 교회'라는 이름을 붙인 교회가 생겼는데, 일본군 간수들도 참석할 정도로 강력하고 매력적이었습니다. 포로들은 대학, 병원, 도서관 시스템을 시작했습니다. 앵거스라는 한 남자가 친구를 위해 가진 모든 것을 바쳤기 때문에 수용소는 변화되었고, 질식돼 있던 사랑이 되살아났습니다. 이런 변화는 수용소의 많은 사람들에게 생존을 의미했습니다. 한 사람이 실제로 자신의 모든 것을 바쳤을 때 발휘되는 잠재력을 보여주는, 멋진 일이 일어난 것입니다.

줌으로써 느끼는 기쁨

하지만 '모든 것을 바치는 것'이 우리에게 의무로서의 일이 될 수는 없습니다. 의무가 되면 모든 것을 바치기는 매우 불가능합니다. 당신과 제가 가끔 조금씩은 나눠줄 수 있습니다. 여기저기서 다른 사람들을 돕기 위해 우리의 각자 역할을 다할 수도 있습니다. 하지만 우리의 모든 것을 주는 것, 삶의 방식으로서 가진 모든 걸 주는 것은 자기 힘으로는 완전히 불가능합니다. 우리는 할 수 있는 만큼은 다 바칠 수 있지만, 모든 것을 바칠 수는 없습니다.

이 마지막 원칙의 비밀은 노력보다 헌신을 통해 나오는 것입니다. 대그 해마스켈트Dag Hammarskeld는 이걸 우리에게 심오하고도 단순한 방식으로 상기시켜줍니다. "내가 아니라 내 안의 하나님이 하시는 것이다." 이것은 이후에 알게 된 생각인데, 기쁨이 그 열쇠입니다. 절정의 삶을 사는 우리의 라이프스타일에서 가장 중요한 부분이 여기에 있습니다. 기쁨이 라이프스타일, 그 자체인 겁니다.

자신을 포기한 앵거스 맥길리브레이를 생각해보세요. 그가 그런 일을 할 수 있었던 이유는 친구를 구할 때 느꼈던 기쁨 때문이었습니다. 기쁨은 모든 것을 포기하는 플랫폼입니다. 기쁨이 없다면 어떻게 모든 것을 줄 수 있겠습니까? 기쁨은 은혜처럼 '주어지는' 것입니다. 기쁨은 말과 행동 사이의 공간입니다. 줌으로써 느끼는 기쁨은 논리적이고 자연스러우며, 유일한 일처럼 보일 것이며, 우리가 성장하는 과정을 통하여, 절정의 삶을 살아가는 라이프스타일에서 생겨날 것입니다.

그럼에도 불구하고, '모든 것을 버리는' 것은 희생처럼 들릴 수 있습니다. 희생은 궁극적으로 매우 어렵게 들립니다. 희생이라는 단어가 '거룩하게 하다', '온전하게 만들다'를 의미하는 sacer-facere에 어원을 두고 있다는 걸 알면 아마 놀랄 것입니다. 이런 생각으로 온전해지고 거룩하게 되기 위해, 팔과 다리와 발바닥을 움직여 헌신하십시오. 충분히 헌신하십시오. 실제로 헌신하십시오. 그러면 온전해져야 한다는 우리의 목적이 성취될 것입니다.

저는 세상이 하나님의 백성인 우리를 보면서 예수님의 모습을 보게 된다고 믿습니다. 그래서 저는 그들에게 좋은 모습을 보이자고 말합니다. 하나님께서 계시지 않다면 우리 삶이 아무 의미 없다고 할 정도로, 더 힘있고, 더 요동치며, 더 멋지고, 더 기뻐하며, 더 주는 삶이 되기를 바랍니다.

우리는 '틈새를 위한 사람들'이 되도록 부름받았습니다.

16장 당신이 쓸 수 있는 제11의 열쇠는 무엇인가?

다시 말하지만, 방법이 그대에게 방법을 가르칠 것이다. 그 방법이
란 자기 자신을 주저하지 않는 법을 배우는 것이다

_버나드 필립스*Bernard Philips*

앞서 언급했듯이, 우리의 여정은 제각각 독특하게 개인적입니다. 크
리스천에게 경험이란 경우에 따라 무엇을 배우게 되든, 횟수를 세면
서 경험할 수 있는 것이 아닙니다. 제가 드린 열쇠들에 더하여 당신만
의 '다음 단계' 혹은 '슬쩍 찌르기'nudges를 추가하도록 스스로 격려하고
싶다면, 자신에게 적합한 개인적 아이디어를 다음 페이지의 빈 공간에
적어보십시오.

나만의 다음 단계, 나의 11번째 열쇠

_____

_____

_____

_____

_____

추천하는 11번째 열쇠 : 고독과 고요함

우리는 언제나 과정 가운데 있습니다. 진정한 삶은 결코 정적이지 않습니다.

이 책을 집필하고 영화 시리즈를 제작하는 동안, 저는 예상하지 못했던 방법으로 성장하고 변화해야 했습니다. 그 결과, 저는 우리가 이야기해온 열쇠의 목록 외에 다른 많은 열쇠가 포함될 수 있다는 것을 깨달았습니다. 그래서 이 장에서는 당신이 중요하다고 생각하는 자신만의 열쇠를 추가할 수 있는 빈 공간을 앞에 마련한 것입니다.

저는 이 책을 쓰는 동안 이 라이프스타일에 절대적으로 중요하다고 느끼는 한 가지 핵심을 더 발견했습니다. 당신도 이것을 염두에 두면 좋겠습니다.

오늘날 우리가 자주 듣는 도전은 이런 말들입니다. (이 장에서 암시되기도 합니다만.) "더 해! 더 줘! 더 많아지라고! 해보라고!"

우리가 평범함의 굴레에서 벗어나 우리의 소명을 찾고 행동에 옮기도록 격려하기 위해서는 이런 도전이 필요하다고 생각합니다. 하지만 이 모든 흥분 속에서 하나님은 우리에게 매우 명확하게 말씀하십니다. (아마도 또 다른 역설일 수도 있습니다만.) "너희는 가만히 있어 내가 하나님 됨을 알지어다"(시편 46:10).

궁극적인 소명은 우리가 어떤 일에 헌신하는 것이 아니라 한 사람에게 헌신하는 것입니다. 소매를 걷어붙여야 할 때도 있지만, 그럴 시간은 반드시 순종의 핵심인 '가만히 있어 경청하는 시간'이기도 해야 합니다. 사실 순종이라는 단어는 '듣다'라는 뜻의 '오보디어'에서 온 것입니다.

나는 행동이 부차적일 정도로 나 자신이 평온할 때 가장 즐겁다. 끊임없이 근원에 굴복하는 마음이 필요하기 때문이다. 중심 잡기는 내가 균형을 맞추는 과정에서 사용하는 이미지로, 공이 아닌 실뭉치처럼 느껴져 그 실을 따라 빠져나갈 수 있게 해준다. 온전함을 위한 순수한 본능과 함께, 필요한 극단을 걸어가도록 도울 것이다. 이 실은 숨결처럼 유연할 수 있다. 야생 포도나무만큼 단단할 수도 있다. _리처드 M. C. Richards.

시작해야 할 때가 있습니다. 멈춰야 할 때가 있습니다. 기다려야 할 때가 있습니다. 잠잠해야 할 때도 있습니다. 이때가 주님 안에서 중심을 잡을 때입니다. "거룩해지려는 육체만큼 역겹거나 애처로운 것은 없다"라고 이안 토마스 소령은 외칩니다. 우리는 세상에서 연민을 배우지만, 침묵 속에서 우리의 행동을 지휘하는 음악을 배웁니다. 침묵 속에서 우리는 다른 어떤 곳에서보다 우리의 가능성에 더 접근할 수 있습니다.

우리를 억지로 희생시키는 세상에서, 우리는 예수 그리스도와의 사랑스러운 만남 가운데에서 우리의 새 자아가 태어나게 하는 고독으로 부름을 받는다. 이 고독 속에서 우리는 온 인류와 단절된 연대를 깊이 인식하고, 도움이 필요한 사람에게 다가갈 준비가 된 자비로운 사람이 된다. 이런 고독 속에서 우리는 모든 인류에게 부서져 있는 연대를 깊이 염려하며, 도움이 필요한 누구에게나 다가갈 준비가 된 자비로운 사람이 된다.[18]

우리가 이런 삶의 여정을 계속하다 보면 결국 고요함과 행동이 교차하는 지점에 도달하게 되고 하나가 됩니다. 참으로 사색하는 사람이 곧 행동하는 사람이 되는 것입니다. 마찬가지로, 세상에서 그리스도를 섬기기 위해 모든 가능성을 활용하려는 사람은 고요함의 자리로 가야 합니다.

나는 시간이 필요합니다.
어수선하지 않은 시간,
자신의 중심을 잡고,

자신이 그 안에 함께하기 위해.

나는 내 삶을 함께 지켜갈
중심을 다시 찾고 싶습니다.

나는 다시 사랑할 수 있기 위하여
조용해질 수 있도록
내 눈을 들여다보고 싶습니다.

하나님은 자신을 중심에 두십니다.
회전하는 모든 것들의 축으로서,
모든 것의 중심으로서.

하나님은 원이십니다.
거기서 우리는 모두 자유롭습니다.
그리고 그 원 안에는
우리가 져야 할 십자가가 있고
거기로부터 우리는 사랑의 생명으로
다시 부활할 것입니다.

_울리히 섀퍼Ulrich Schaffer

3부

앞장서고 싶다면
맨 뒤에 서라

섬김의 리더십은
어떻게 하는 것인가?

틈gap에 서는 사람을 찾았다. 한 사람도 없었다. _에스겔 22:30

나는 하나님의 생각이 알고 싶다. _앨버트 아인슈타인Albert Einstein

어느 착하고 부유한 사람이 아들과 딸에게 섬김의 리더십에 대해 가르치고 싶어서 그 둘에게 특별한 자선의 일을 맡겼습니다. 그들이 할 일은 극심한 기근으로 기아에 허덕이는 인근 마을의 농부들에게 식량을 전달하는 것이었습니다. 둘 다 같은 지시를 받았는데, 사람들을 먹일 수 있는 같은 양의 식량을 할당받은 겁니다.

아들은 깊은 헌신과 다짐으로 자기 일에 임했습니다. 사람들을 돕는 일 외에도, 아버지를 기쁘게 해드리려고 빠르고 효율적으로 일을 끝내고 싶었습니다. 자기 일에 객관적이기로 다짐했기에 할 일을 매우 능숙하게 처리했습니다. 그의 조직성과 객관성은 제값을 했고, 오전에 임무를 마치고 정오까지 집으로 돌아갈 수 있었습니다.

반면 딸은 효율적이지도 객관적이지도 않았습니다. 음식을 나눠주기 시작하면서 굶주린 사람들에 의해 마음이 크게 흔들렸습니다. 이윽고 굶주린 사람들에게 빠져든 자기를 보게 되었습니다. 그 결과 음식을 나눠주는 데 오빠보다 시간이 더 걸렸고, 울어서 눈이 붉어지고 부어오르고, 굶어서 몸이 약해지고 지친 상태에서 아버지의 집으로 돌아 갔습니다. 자기의 외투와 신발을 나눠주었기 때문에 몸을 떨고 있었습니다.

두 사람은 임무 수행 보고를 하러 아버지 앞에 섰습니다. 아들은 자신이 맡은 일이 효율적으로 마무리됐고, 모두 빠르게 식량을 받았다고 자신 있게 보고했습니다. 딸은 농부들이 식량 외에 다른 것도 많이 필요하다는 이야기를 길게 하면서, 감정을 감추지 못해 머뭇거리기도 했습니다.

이들 중에 누가 진정한 섬김의 지도자였을까요?

답을 콕 집어 말하기는 어렵습니다. 아마 둘 다일 것입니다. 진정한 섬김의 리더는 한쪽의 동정심과 다른 쪽의 효율성이라는 두 가지가 섞인 것입니다.

섬김의 리더는 아주 헌신적이고 동정심이 매우 많아야 할 뿐만 아니라, 고도로 훈련된 사람이어야 합니다. 하지만 우리는 그 훈련이 무엇인지 잘 이해하지 못하는 것 같습니다. 한편으로는 효율성을 중시하는 아들에게 박수를 보내며, 성경의 구절을 들어 그가 한 일을 지지하는 식의 기독교적 허식으로, 즉 이론적으로는 사실상 세속적인 리더십 훈련을 제공하기도 합니다. 다른 한편으로, 그리스도인은 자비롭고 종의 마음을 가진 딸을 가장 닮아야 한다고 가르치며, 반드시 필요한 아들의 지도력 스타일 같은 건 간과한 채, 딸의 감정에만 칭찬을 아끼지 않습니다. 그러나 우리 세상은 이 두 가지의 역동적이고 효과적인 조화를 필요로 하고 있습니다.

섬김의 지도자는 공감력과 효과적인 리더십이 섞인 것입니다. 그들은 틈(격차) 가운데 서서 그들이 할 수 있는 대로 어디서나 언제나 다리가 되도록 부름받은 사람들입니다. 이것이 바로 지속적인 절정의 삶을 위해, 우리의 생활방식으로 만들어내야 할 리더십입니다.

지금까지 저는 라이프스타일을 발견하는 것뿐 아니라, 그것을 자신만의 라이프스타일로 만드는 몇 가지 기본적 방법을 제시했습니다. 이제는 제가 평생을 하나님께서 의도하신 대로, 그분을 통하여 나의 최선을 발견하는 삶을 살 수 있다고 말하고 싶습니다.

섬김의 리더십의 모순적 본질, 즉 앞의 두 남매의 서로 다른 스타일과 그 역설에 대해 필립 브루어Philip Brewer가 다음과 같은 말로 훌륭하게 표현했습니다.

하나님의 사람의 역설

약해질 수 있을 만큼 강합니다.

실패할 수 있을 만큼 성공적입니다.

시간을 낼 수 있을 만큼 바쁩니다.

"모르겠어요"라고 말할 수 있을 만큼 현명합니다.

웃을 수 있을 만큼 진지합니다.

가난해질 수 있을 만큼 부유합니다.

"내가 틀렸다"라고 말할 수 있을 만큼 옳습니다.

훈육할 수 있을 만큼 자비롭습니다.

230

자유롭게 할 수 있을 만큼 보수적입니다.

아이 같을 수 있을 만큼 성숙합니다.

죄인이 될 수 있을 만큼 의롭습니다.

마지막일 수 있을 만큼 중요합니다.

하나님을 두려워하는 만큼 용감합니다.

즉흥적일 수 있을 만큼 계획적입니다.

유연해질 수 있을 만큼 제어될 수 있습니다.

붙잡힌 걸 견딜 수 있을 만큼 자유합니다.

질문할 수 있을 만큼 지식이 풍부합니다.

화를 낼 수 있을 만큼 사랑합니다.

익명이 될 수 있을 만큼 유명합니다.

놀 수 있을 만큼 책임감이 넉넉합니다.

거절당할 수 있을 만큼 확신합니다.

울 수 있을 만큼 안정적입니다.

패배할 수 있을 만큼 승리합니다.

긴장을 풀 수 있을 만큼 부지런합니다.

섬길 수 있을 만큼 지도합니다.

_필립 브루어

종이 어떻게 지도자가 될 수 있는가?

'섬김의 지도자'는 또 다른 역설입니다. 어떻게 섬기는 자인 동시에 지도자가 될 수 있나요? 하나가 다른 하나를 상쇄하지 않나요? 이 둘은 언뜻 보기에 완전히 양립할 수 없는 것처럼 보일 수 있습니다.

두 단어를 살펴보도록 하겠습니다. 섬기는 자, 즉 종이 된다는 말은 우리 귀에 그다지 매력적으로 들리지 않지만, 지도자가 된다는 말은 훨씬 매력적입니다. 지도자가 된다는 것이 종이 되기보다 자유를 더 누릴 수 있어서 그럴지도 모릅니다.

하지만 섬기는 자가 된다는 것이 우리 대부분에게는 지나치게 노예

나 종이 되는 것처럼 들립니다. 제가 어느 세미나에서 '종의 리더십'에 대해 이야기하기 시작했을 때, 어느 기독교인 의사가 당혹스럽다는 어투로 이렇게 물었습니다. "다른 말로 하면 안 될까요?"

여기엔 또 다른 역설이 있습니다. 섬김의 지도자는 모든 지도자들 중에서도 가장 자유롭습니다. 스탠리 존스Stanley Jones는 "자기 포기는 인간에게 찾아온 가장 위대한 해방"이라고 믿습니다. 예수님께서는 우리에게 먼저 하나님의 나라와 의를 구하라고 말씀하셨습니다. 그리하면 우리 자신을 포함한 모든 것을 우리에게 더하시리라고 약속하셨습니다. 당신이 하나님의 나라를 먼저 찾지 않으면, 당신은 그 나라를 전혀 찾지 않습니다.

섬김의 리더는 자신이 이끌어야 할 이유와 이끄는 방법을 알고 있습니다. 그리고 무엇을 위해, 누구에게 이끌고 가는 건지도 알고 있습니다. 하나님의 나라와 그 의를 위해, 하나님에게 이끌고 가는 것이지요. 그건 그들이 모방하고 있는 분에게 이미 배운 것이기 때문입니다. 그래서 가장 큰 자는 가장 작은 자가 될 것이며, 가장 앞서려는 자는 가장 마지막에 설 것이며, 수건을 들고서 자기 제자들의 발을 씻을 것입니다. 그렇게 사신 분보다 더 자유롭게 산 사람은 없습니다. 이것이 바로 섬김의 지도자의 자유가 생기는 삶의 길입니다.

제가 앞에서 언급한 바와 같이, 섬김의 지도자는 종의 마음과 가치와 태도를 가져야 하며, 동시에 지도자로서의 기술, 비전과 독창성, 그리고 창의성을 가진 사람입니다. 가장 단순하게 정의하자면, 리더는 두 가지 주된 요소를 가지고 있습니다. ① 사람들에게 특정한 방향으로 ② 영향을 미치는 것입니다. 그 방향은 긍정적일 수도 있고 부정적일 수도 있습니다. 섬김의 지도자는 여러 가지 면에서 일상에서 볼 수 있는 일반적인 지도자와 다르지만, 주요한 차이점은 안에서보다 겉에서 더 많이 나타납니다.

먼저 하인이 된 지도자

《섬김의 리더십》이라는 책의 저자인 로버트 그린리프Robert Greenleaf는 헤르만 헤세의 '동양으로의 여행'에서 처음 영감을 받은 이야기를 들려줍니다.

한 무리의 남자들이 동방 땅에서 종종 발견되는, 수도자들의 고립 집단인 신비로운 기사단의 일원이 되려고 여행을 떠납니다. 레오는 그 여행자들과 동행하는 하인인데, 하찮은 허드렛일을 전부 감당했으며, 일행에게 혼과 노래까지 바쳐가며 정신적이고 정서적인 도움을 주었습니다. 그는 특별한 존재감을 지닌 사람이었습니다. 일행이 레오와 함께 있는 동안은, 그러니까 그가 이상하게 사라지기 전까지는 이유를 전혀 알 수 없는 평화와 연대의식을 느꼈습니다. 일행은 혼란에 빠졌고, 결국 여행을 포기하게 됩니다. 그들은 신비로운 레오가 그 여행에서 얼마나 중요했는지 깨닫게 됩니다. 그리고 몇 년간 방황한 뒤에, 일행 가운데 한 명이 우연히 레오를 다시 만나 기사단에 들어가게 됩니다. 그곳에서 그는 처음엔 하인으로 만났던 레오가 실제로는 기사단의 수장이자 단체를 이끄는 정신이며, 위대한 지도자라는 사실을 알게 됩니다.

그린리프는 설명합니다. "레오는 언제나 실제적인 지도자였다. 하지만 그는 먼저 하인이 되었다. 왜냐하면 그것이 그의 내면 깊은 곳의 본질이었기 때문이다." 이것이 그의 영향력과 위대함의 비결이었습니다. 레오의 섬김의 리더십은 우리가 애를 쓰지 않아도 이해하게 됩니다. 그의 내면에서 우러나왔기 때문입니다. 그러므로, 섬김의 지도자는 먼저 종이어야 합니다. 남자든 여자든, 하나님과 다른 사람들에게 자신의 재능과 시간을 드리기로 선택받은 사람이라는 의미에서, 가장 좋은 뜻으로 하는 말이 바로 종입니다.

역사상 가장 위대한 지도자는 예수님이었습니다. 하지만 예수님은 종의 마음과 종의 연민을 가지고 계셨습니다. 프레드릭 비크너는 "연민이란 때때로 다른 사람의 피부 속에서 사는 것이 무엇인지 느낄 수 있는 위대한 능력이다. 당신에게 기쁨과 평화가 있기 전까지는 내게도 결코 기쁨과 평화가 있을 수 없다는 것을 아는 지식이다"라고 말했습니다.

'섬김의 지도자' 하면 자비를 실천한 밥 피어스Bob Pierce를 꼽지 않을 수 없습니다. 월드비전WorldVision의 창시자인 그는 이런 모토를 가지고서 살았습니다. "하나님의 마음을 아프게 하는 것들로 인해 내 마음도 아프게 되기를 바랍니다."

마태복음 9장에 따르면, 예수님은 사람들을 보시고 불쌍하게 여기셨다고 합니다. 이 구절에서 '연민'을 뜻하는 그리스어 단어는 '함께 고통하다'를 의미하며, 이는 신경을 너무 많이 쓴 나머지 신체적으로도 영향을 미쳤음을 암시합니다. 예수님은 너무나 깊이 근심하셨기에 거의 쓰러지실 뻔하셨을 겁니다.

우리는 도울 방법을 잘 알아내기 위해 많은 신경을 써야 합니다. 그리스도의 눈으로 세상을 보고, 본 것을 위해 뭐라도 하고, 우리의 동정심을 키우고, 그 대상에게 손과 발을 뻗어야 합니다. 그러기 위해서는 실제적으로 섬김의 지도자로서 역량과 마음을 가진 누군가가 필요합니다. 하지만 그리스도의 눈으로 세상을 바라보면 대부분의 사람들은 손을 들 것입니다. 요구사항이 얼마나 복잡하고 까다로운지 보십시오! 많은 사람은 이에 대한 반응으로 땅에 머리를 묻어버릴 것입니다.

하지만 만약 성경이 사실이라면, 제가 분명히 믿는 것은 우리에게 선택의 여지가 없다는 것입니다. 우리는 관여해야 합니다. 한 번에 하나의 구멍을 채우기만 한다면 그 빈 곳들을 채울 수 있습니다. 톰 사인Tome Sine이 그의 훌륭한 책《겨자씨의 음모》The Mustard Seed conspiracy에서 이렇게 말했습니다. "하나님은 항상 낮고 겸손하며 유명하지 않은 사람들을 통해 세상을 바꾸기로 하셨다." 당신과 저처럼 평범한 사람들을 이용하시는 건 항상 하나님의 전략이었습니다.

틈은 곳곳에 있습니다. 경제적인 격차, 정서적인 격차, 사회학적인 격차, 정신적인 격차가 있습니다. 저는 많은 사람들이 그런 격차를 메우기 위해 지금도 열심히 일하고 있다고 생각합니다. 그 간극을 인식하려면 우선 그것들을 보아야 합니다. 하지만 세상의 문제가 너무 벅차다고, 우리는 자신을 완고하게 만들고 눈을 감아버립니다. 눈을 감으면 그 틈을 찾기가 쉽지 않습니다.

도울 수 있는 손과 볼 수 있는 눈

저는 기독교인들이 얼마나 완고해질 수 있는지 알 수 있을 만한 이야기를 우연히 들었습니다. 어느 신학교 교수가 자기의 설교학 수업을 독특한 방법으로 시작했습니다. 그는 학생들에게 선한 사마리아인의 비유에 대해 설교하라고 미리 알려주었고, 수업 당일에는 학생들이 각각 한 교실에서 다른 교실로 한 교실씩 이동하며 설교하도록 했습니다. 어떤 학생들에게는 한 교실에서 다른 교실로 이동할 시간을 10분씩 주었고, 또 어떤 학생들에게는 그보다 시간을 적게 주어 서두르도록 했습니다.

학생들은 이동하는 복도에서 교수가 그곳에 일부러 있게 한 부랑자 옆을 지나가야 했는데, 이 부랑자는 도움이 필요해 보였습니다. 결과는 놀라웠고, 학생들에게 강력한 교훈을 주었습니다. 부랑자를 도우려고 멈춘 선한 사람들의 비율은 지극히 낮았습니다. 특별히 이동할 시간이 부족해서 압박감을 느낀 이들은 더 그랬습니다. 시간이 부족할수록, 부랑자를 돕기 위해 멈춰 선 이는 극소수였습니다.

교수가 그것이 실험이었음을 밝혔을 때, 미래의 영적 지도자들이 어떤 충격을 받았을지는 당신이 상상할 수 있을 것입니다. 선한 사마리아인에 대해 설교하러 가기 위해 서두르느라, 정작 그 이야기의 중심에 있는 부랑자를 지나쳐 갔던 겁니다.

우리는 도움을 줄 손이 있어야 할 뿐 아니라, 볼 수 있는 눈도 있어야 합니다. 그렇지 않으면 전혀 도움을 주지 못할 수도 있습니다. 이 잘 알려진 시는 이 교훈을 강력하게 표현하고 있다고 생각합니다.

저는 배가 고팠습니다. 그러자 당신은
저의 굶주림을 주제로 토론하겠다고
인문학 동아리를 만드셨습니다.
고맙습니다.

저는 감옥에 갇혔습니다. 그러자 당신은
저의 석방을 위해 기도하겠다며,
다니시는 교회로 조용히 사라지셨습니다.
잘하셨습니다.

저는 벌거벗겨졌습니다. 그러자 당신은 마음속으로
제 모습의 도덕성을 검토하셨습니다.
그게 무슨 소용이 있었나요?

저는 아팠습니다. 그러자 당신은 무릎을 꿇고
당신이 건강한 것에 대해 하나님께 감사하더군요.
저는 당신의 도움이 필요했답니다.

저는 노숙자였습니다. 그때 당신은 제게
'하나님의 사랑의 집'에 대해 설교하시더군요.
저는 당신이 저를 당신 집에 데려다주었으면 했어요.

저는 외로웠습니다. 그러자 당신은
저를 홀로 버려두고 떠나셨지요.
저를 위해 기도하러 가겠다고요.
왜 제 곁에 머물지 않으셨나요?

당신은 너무 거룩해 보여요. 하나님과 매우 가까워 보이고요.
하지만 저는 여전히 매우 배고픕니다. 외롭고요. 추워요.
그리고, 여전히 아픕니다.
당신하고 무슨 상관이냐고요?

_익명

섬김의 지도자가 되는 길

섬김의 지도자의 자질을 기르는 여정은 지금 여기에서 시작됩니다. 효과적인 섬김의 지도자가 되기 위해서는 이러한 자질을 다음의 단계를 따라 의도적으로 배양해야 한다고 저는 굳게 믿습니다.

① 의식하기

첫째 단계는 우리 눈이 세상을 다르게 보도록 다시 배우는 것입니다. 우리는 의식하기, 즉 그리스도께서 보시는 것처럼 세상을 의식하는 능력을 키워야 하는 것입니다.

제가 보통은 안경을 쓰지 않지만, 예전에는 실험 삼아 그리스도의 눈으로 세상을 보는 법을 배우겠다고 렌즈 없는 낡은 뿔테 안경을 써보기도 했습니다. 그 안경을 일정 기간 쓰면서 이렇게 기도했습니다. "주여, 주님이 보시는 방식으로 세상을 보는 법을 제게 가르쳐주십시오." 저는 몇 년간 이런 일

①의식하기

을 '거룩한 리마인더'(생각나게 해주는 알림 기능)라고 생각하며 해왔는데, 나름 그리스도인의 눈으로 세상을 보려는 노력이었습니다. 이 방법은 단지 저의 제안에 불과합니다. 여러분은 아마도 자신만의 방법을 고안할 수 있을 겁니다. 어쨌든 이 첫째 단계, 의식하기는 반드시 필요합니다.

②동기부여

의식한 다음, 필요성을 알게 되면 동기부여가 됩니다. 마음에 와닿게 되는 것이지요. 이것이 둘째 단계입니다. 우리는 보이는 것, 즉 의식한 것에 대해 무언가를 하게 되고, 관여하고 싶어질 정도로 신경을 쓰게 됩니다. 도시 청소년 사역을 하는 제 친구는 이렇게 말합니다. "사람들이 여기에 와서 이 아이들의 눈을 바라보면 이 사역에 참여할 것이라고 확신합니다." 동기부여는 의식하기 나름입니다.

우리가 동기부여는 대개 잘하는 편입니다. 하지만 어려운 점은, 기

독교 리더십의 많은 부분이 바로 동기부여 단계에서 멈춘다는 것입니다. 대학을 다니는 젊은이들과 신학교를 다니는 사역자들이 학교 밖으로 나가서 문제를 보고 느끼도록 동기를 부여하는 경우가 많지만, 정작 그들이 자신이 갖고 있는 유일한 '도구'가 무엇인지 깨닫게 되면 자신이 그 일을 감당할 수

②동기부여

없다는 걸 알게 되는 경우가 종종 있습니다. 안타깝게도 그들은 효과적일 뿐 아니라 생존을 위해서도 절실히 필요한 기술을 배우지 못했습니다.

　제가 어느 신학 과정에서 가르친 청년이 있는데, 그는 사역에 대한 의욕이 남달랐습니다. 사실 그리스도를 위해 그렇게 불이 붙은 사람은 본 적이 없었습니다. 그의 동정심은 그로 하여금 도시 한 가운데의 가장 깊은 상처를 품고서 사역하게 하였습니다. 슬픈 일은, 그곳의 복잡한 문제에 비해 그의 준비가 너무 부족했으므로 그만 지쳐버렸다는 것이었습니다. 그는 사역을 그만두었을 뿐 아니라 결국 믿음에서도 떠나고 말았습니다. 제가 알기로, 최근 통계에 따르면 젊은 선교사의 상당수가 결국 선교를 그만두고 집으로 돌아간다고 합니다. 아마도 우리가 종의 마음이 담긴 리더십의 기술을 가르치지 않았기 때문일 것입니다.

③기술

바로 이 지점에서 다음의 그림이 등
장합니다. 이 그림은 지도력의 기술, 지
도할 수 있는 발, 문제를 해결할 수 있
는 손을 나타냅니다. 인생의 핵심 과제,
곧 그리스도인의 핵심 과제는 문제를
해결하는 것입니다. 제가 고등학교와
대학교와 신학교 등에서 가르치면서

③기술

학생들이 문제 해결 과정에 대한 이해가 얼마나 부족한지 알게 된 것
은 충격이었습니다. 학생들에게 문제 해결을 위한 단계별 행동계획을
보여달라고 요청했을 때, 논리적이고 설득력있는 계획을 받아본 적이
없습니다. 하지만 섬김의 지도자들에게는 이런 기술이 필요합니다.

④미소의 능력

이제 넷째 단계로서 미소의 능력을
강조하고자 합니다. 미소는 섬김의 리
더로서 필요한 힘과 인내를 제공해주
는 기쁨을 선사합니다. 섬김의 리더는
눈으로 격차를 파악하고, 마음으로 그
격차를 메꾸기로 결심하며, 손으로 격
차를 좁히기 위해 노력하며, 발로 그 틈
속에 섭니다. 일반적으로 말하자면, 자

④미소의 능력

신이 누구인지 정말 알고자 하고, 자신이 누구라고 생각하는 것과 구별되기를 진정으로 원한다면, 당신의 발이 당신을 어디로 향하게 되는지 주시하십시오.

⑤ 함께 다리 놓기

그리고 마지막 그림에서 보듯, 우리는 다섯째 단계로서 그리스도의 사랑의 몸으로서 함께 모여, 틈 사이에 다리를 놓아야 합니다. 이 마지막 요소가 없어도, 섬김의 리더로서 충분히 구비된 것으로 볼 수는 있습니다. 하지만 사실은 그렇지 않습니다. '고독한 총잡이'처럼 혼자 일하는 섬김의 지도자는 없습니다.

"나는 나보다 많지만 우리보다 적습니다." 기독교 신앙에는 우리가 부정할 수 없는 '우리성'이 있습니다. 공동체와 팀워크는 우리가 소명을 받은 대로 참여할 수 있도록 격려하고 방향을 제시합니다. 우리가 참여할 수 있기 위해 완벽해지기 전까지 기다릴 필요는 없습니다. 다른 섬김의 지도자들과 함께 일하면 그것을 깨닫게 됩니다. 우리는 모

⑤ 함께 다리 놓기

두 그리스도의 부서진 몸이며, 부서진 그 몸 속에서 '상처 입은 치유자'로 불리게 됩니다.

섬김의 리더십은 절정의 삶을 살아가는 라이프스타일에서 비롯되는 것이므로, 물론 여전히 하나의 과정입니다. 우리는 부서짐 속에서도, 가난함 속에서도, 성장하는 가운데서도 여전히 배우고 있습니다. 섬김의 리더십의 핵심은 계속해서 그 일에 참여하며, 동정심과 기쁨과 역량을 꾸준히 계발하고 심화하는 데에 있습니다.

위의 단계별 그림들은 본질적으로 섬김의 리더십의 핵심을 이루는 중요한 세 가지 요소들, 즉 동정심, 기쁨, 역량을 보여주고 있습니다. 우리는 동정심이 있고, 기뻐하며, 역량을 갖춘 섬김의 지도자가 되어야 합니다. 마음이 가도록 하는 동정심, 흔쾌히 주고 계속 주게 하는 기쁨, 진정으로 문제 해결에 도움이 되는 역량을 갖추는 것입니다.

섬김의 모델을 따르고 보여주는 표지판이 돼라

18장

예수님께서 최후의 만찬을 위해 제자들을 불러 모으셨을 때, 제자들은 누가 크냐 하는 문제로 갈등하고 있었다. 유월절 잔치에 모인 그들은 누군가가 다른 사람의 발을 씻어주어야 한다는 것을 예민하게 인식하고 있었다. 문제는 발을 씻겨주는 사람이 가장 낮은 사람들이라는 것이었다. 그래서 그들은 발에 흙이 묻은 채 앉아 있었다. 너무 예민한 문제라서 그 일에 대해 아무 말도 하지 않으려 했다. 누구도 가장 낮은 자로 여겨지고 싶지 않았기 때문이다. 그때, 예수님께서는 수건과 대야를 들고서 큰 자에 대해 다시 정의하셨다. _리처드 포스터_Richard Foster

우리 시대 최고의 강사 중 한 명인 카키 로건Kaki Logan은 강력하지만 친숙한 이야기를 신선한 방식으로 들려줍니다.

"당신이 정말 중요한 VIP라고 가정해봅시다. 지역이나 국가적으로는 물론이고, 세계적으로도 알려진 유명인이라고 가정하자는 겁니다. 당신은 몇 년간 특별한 리더십 프로젝트를 수행해왔고, 당신의 비전을 이어가기 위해 좋은 사람들을 몇 명 직접 뽑았습니다. 삶의 마지막 몇 년을 그들에게 당신의 이론을 가르치는 데 바쳤습니다. 이제 오늘밤이 그들과 보내는 마지막 밤이라고 가정해봅시다. 이 사람들을 다시는 볼 수 없을 것입니다. 무엇을 하겠습니까? 이 선별된 사람들과 마지막 밤을 어떻게 보내겠습니까? 가장 중요한 사항들을 노란색 형광펜으로 표시하며 꼼꼼히 적어놓은 메모를 나누어 주겠습니까? 그들에게 가르치려는 내용을 효과적인 비주얼이 담긴 슬라이드 자료로 보여주겠습니까? 아니면 감동적이고 가슴 아플 만한 강의를 하겠습니까? 할 수 있는 방법은 다양합니다. 아마 모두 효과적일 겁니다. 보통의 사람들이라면 이쯤에서 대부분 놀라운 일을 연출하거나 자극적인 연설을 준비하려 할 것입니다. 하지만 누구처럼 옷을 걷어붙이고, 발을 씻어주겠다며 제자들에게 신과 양말을 벗으라고 지시하리라고는 꿈에도 생각하지 못할 것입니다."

말이 아니라 행동으로 보여주셨다

나사렛의 예수님, 우리가 종종 이해하지 못하는 이 예수님은 그 동네에서의 마지막 밤에 무엇을 하셨습니까? 맞습니다! 그분은 제자들의 때 묻고 더러운 진흙투성이의 발을 씻기셨습니다. 그 당시에 발을 씻어주는 행위는 사람이 할 수 있는 가장 낮은 일 가운데 하나였습니다. 노예 가운데서도 가장 낮은 계급의 종이나 하는 일을 의미했습니다. 그러므로, 예수님은 제자들에게 종의 리더십에 대해 말씀하신 것이 아닙니다. 행동으로 보여주셨습니다.

그런데, 요한복음 12장에 묘사된 이 장면의 바로 앞 장에서 예수께서는 하늘과 땅의 모든 권세가 자기에게 있다고 말씀하십니다. "아버지를 보고 싶으면 나를 보라"고 압축해서 말씀하셨습니다. 그 어떤 왕이나 통치자나 살아 있는 랍비보다 더 많은 권력과 권위를 주장하시는 예수님이 여기에 계시다는 말씀이었습니다. 하지만 우리가 읽은 것처럼, 예수님이 바로 그 다음에 하신 행동은 당시 계급제도에서도 가장 낮은 종들이나 하던 일이었습니다. 이것은 우리가 생각으로만이 아니라 삶을 통해서도 탐구해야 할 놀라운 역설입니다. 예수님께서 땀에 젖은 사람들의 발을 씻겨주신 것은 비굴한 나약함이 아니라, 믿을 수 없을 만큼 강력한 능력의 행위였습니다. 이 행위야말로 하나님의 진정한 모습, 무릎 꿇은 하나님을 보여주신 것입니다.

예수님은 우리가 하나님이 어떤 분이신지 알고 싶으면 예수님을 보아야 할 것이라고 말씀하셨습니다. 그러면 우리는 하나님께서 능력과 담대함으로 섬기신다는 것을 볼 수 있게 됩니다. 제자들의 발을 씻기는 일은 당시로서는 너무나 담대한 행위여서, 역사상 가장 위대한 지도자 중 한 사람이 된 베드로가 예수님께 "내 발은 절대로 씻지 못하실 것입니다"라고 말할 정도였습니다. 그는 놀라서 자빠질 것 같았습니다. 하지만 예수님께서는 "그러면 너는 결단코 천국에 들어가지 못할 것이다"라고 말씀하셨고, 이에 베드로는 "그러면 주님, 저를 머리부터 발끝까지 씻어주십시오"라고 말했습니다.

예수님은 제자들의 발을 씻기신 후에 무엇을 하셨나요? 제자들에게도 그렇게 하라고 말씀하셨습니다.

신약의 그리스도는 섬김의 리더십의 살아있는 화신이시며, 그분의 삶은 그분이 우리를 부르시는 섬김의 리더십의 표본이십니다.

"먼저 된 사람이 나중이 될 것이다."

"가장 큰 사람이 가장 작은 사람이 될 것이다."

"너희 중에 가장 큰 자는 섬기는 자가 되어야 하리라."

이 말씀들은 우리가 따라서 살아가도록 부르심을 받은 그분의 말씀 가운데 일부에 불과합니다. 우리는 이 성경 말씀이 실제적이고 생생하게 나타나도록 해야 합니다. 단지 이 진리를 믿는 것이 아니라, 그대로 행동해야 합니다.

다른 사람을 내 앞에 서게 하기

"먼저 된 자가 끝이 되어야 할 것이다." 이 말씀은 저를 항상 혼란스럽게 하는 말씀이었습니다. 저는 이 말씀이 듣기에는 멋있고 흥미로우며 시적 울림이 있다고 생각했지만, 현실에서 무엇을 의미하는지는 전혀 이해하지 못했습니다. 그러다 문득 깨달았습니다. 그리스도가 하신 것처럼 똑같이 종이 된다는 느낌으로, 우리가 진정으로 누군가를 격려하는 사람이 된다면, 우리는 자동적으로 다른 사람을 우리보다 앞에 서게 할 것입니다. 우리는 그들이 일을 해낼 수 있도록 하고, 그들을 격려하고, 그들에게 힘을 실어줍니다.

만약 제가 에르마, 짐, 다니엘, 패트릭, 로이스, 팸, 잭, 조시와 함께 어떤 일을 한다면, 저는 결국 어디에 서 있게 될까요? 마지막입니다! 왜냐하면 저는 다른 사람들이 각자의 최선을 다할 수 있도록 밀어주고 있기 때문입니다. 섬김의 리더십 개념을 터득한 사람은 자연스레 가장 뒤에 있게 됩니다. 이런 것이 하나님 나라의 거꾸로 된 가치입니다.

저는 세미나에서 참석자들에게 자신의 가치를 생각하게 해주려고 가끔 이런 실험 방법을 써봅니다. 참가자들에게 "자신이 중요한 사람이라고 생각하는 순서대로 2분 안에 줄을 서십시오"라고 말하는 겁니다. 그러면 참가자들은 공황 상태에 빠집니다. "어떤 기준으로 누가 더 중요하다고 생각하라는 거야?" 그들은 서로에게 물어봐야 합니다. 그때 한 남성이 이 질문의 의미를 알아챘다는 듯 우쭐거리며 줄 뒤쪽의 초라한 자리로 자랑스레 걸어가던 것이 기억납니다. 어떤 남성은 임신한 여성을 붙잡아 자기 앞에 세우더니 "이분보다 중요한 사람은 없다"고 설명하며, 다른 사람들에게는 각자 키에 따라 줄을 서라고 말했습니다. 나올 수 있는 반응은 수백 가지 이상이겠지만, 이 질문은 참가자들로 하여금 '무엇이 정말로 중요한지' 생각하게 만듭니다. 저는 이것이 하나님께서 우리에게 매일 물어보시는 질문이라고 믿습니다. 무엇이 정말 중요합니까?

우리가 가치를 비교하고 대조할 때의 기준은 성경에 기록되어 있는 그리스도의 삶입니다. 시금석이 되시는 그리스도의 삶이 없다면, 우리의 섬김의 리더십은 쉽사리 또 다른 꼬리표나 업적이 될 수 있습니다. 바로 그것이 제가 서론에서 말씀드린 위험입니다. 당신이 정말로 섬김의 리더십에 도달했다고 생각한다면 요점을 놓친 것입니다. 그건 겸손을 자랑스럽게 여기는 것과 같습니다. 우리에게는 시금석이 있습니다. 예수님의 삶이 우리에게 거듭하고 거듭하여 일깨워주시는 것은, 섬김의 리더십이 우리를 자유와 진리 안에서 계속 성장하도록 해주는 끊임없는 여정이라는 것입니다.

요한복음 8장 32절이 "너희가 진리를 알지니, 진리가 너희를 '행복하게' 하리라"고 말하나요? 아닙니다. 성공하게? 유명하게? 중요하게? 총명하게? 다 아닙니다. '자유하게' 하리라고 말씀하고 있습니다. 우리가 진리를 자유와 더불어 섞을 때, 우리는 섬김의 지도자가 되기에 충분할 만큼 자유로워질 수 있는 방법을 이해하기 시작할 것입니다. 그래야 예수 그리스도의 이름으로 우리 자신을 헌신할 수 있게 됩니다.

심리학자 에리히 프롬은 "주는 것이 아마도 우리 삶에서 가장 강력한 힘을 발휘하는 행위일 것"이라고 말합니다. 만약 제가 당신에게 뭔가를 준다면, 그것을 더 충분히 가지고 있다는 뜻입니다. 그 뭔가가 제게 차고 넘치는 것입니다. 이것이 기쁨이 나오는 곳입니다. 주는 것은 반사적입니다. 과제가 아닙니다. "알겠습니다. 해야 한다면요"와 같은 식의 의무적 행동이 아닌 겁니다. 자유로부터, 넘쳐흐르는 열망으로 이뤄집니다. 기쁨과 마찬가지로, 주는 것도 다른 사람과 나눌 때 배가 됩니다. 하나님 나라의 새로운 수학 법칙이 아닐 수 없습니다.

제가 그리스도인이 된 지 몇 년 안 되었던 고등학교 교사 시절로 돌아가 보면, 그리스도를 따를 때 일어나는 특이한 나눔의 행동에 대해 생각해볼 수 있는 일이 있었습니다. 어느 날, 교장선생님이 저를 세우시더니 이렇게 물었습니다. "한셀, 나는 자네를 이해할 수가 없네. 지난 8개월간 지켜봤는데, 자네는 방과 후에도 학교에 남아 엉망진창이고 문제 많은 아이들과 어울려 지내지 않았나. 왜 그랬던 건가? 왜 그렇게 빈민가의 아이들과 그렇게 많은 시간을 보낸 건가?"

"글쎄요. 잘은 모르겠지만, 그래야만 했던 것 같습니다."

"나는 이해가 안 되네."

"왜 그랬는지 정말 알고 싶으세요?"

그는 알고 싶다고 했습니다.

"교장선생님께서 지금 어떤 삶을 살고 계신지 모르겠지만, 저는 예수님을 영접하고 난 이후부터 이런 친구들과 얽힐 수밖에 없게 되었습니다. 그냥 본능적이고 반사적이라는 느낌이에요. 예수님께서 제가 어울리기를 바라는 사람들이 바로 이런 친구들 같거든요."

저는 어떤 책임감이나 의무 때문이 아니라, 제가 예수님에 대해 느끼고 이해한 것 때문에 그 일을 하고 싶어했던 것입니다. 그런 행동은 확실히 저의 선함에서 나온 것이 아닙니다. 예수님과의 관계에서 흘러넘친 것입니다. 그건 모두 하나님을 위한 일이었습니다. 제 말인즉슨, 다른 사람을 섬기는 일이 본질적으로 하나님을 섬기는 일이라는 걸 기억해야 한다는 것입니다.

무엇보다, 당신의 주된 책무는 그리스도와 당신 사이의 관계입니다. 그래야 다음엔 하나님과 연결되고, 예수 그리스도를 통하여 하나님으로부터 능력을 받게 되며, 그래서 넘치는 것을 자연스럽게 주게 됩니다. 만약 당신이 자기 힘으로 남에게 주려 하면서 섬김의 리더가 되려 한다면, 당신은 결코 지속할 수 없을 것입니다. 인간의 야망만으로는 그걸 유지할 수 없습니다. 당신이 예수 그리스도와의 관계에서 그분처럼 되고 싶어해야 자신을 내려놓을 수밖에 없게 될 거라는 이야기를 지금 하고 있는 것입니다. 당신은 그래야 합니다. 섬김의 리더로서 살아가기를 원하는 당신에게 예수님은 모델이시며, 유일한 능력의 근원이십니다.

섬김의 지도자는 무슨 일을 하는가?

그러면 우리는 증인이 되는 삶에 대해 이야기하고 있는 걸까요? 그것이 섬김의 지도자가 해야 할 일일까요?

언제가 저는 빌리 그래함 전도협회에서 연설해달라는 요청을 받았습니다. 복음 전도라는 긴박한 목표를 위해 모인 수백 명의 사람들 앞에서 연설하는 일이었습니다. 제가 그들에게 한 연설의 첫 문장은 이랬습니다. "저는 오늘 밤, 여기 모인 분들이 증인이 되지 말라고, 제게 있는 힘을 다해 말씀드리려 합니다."

맨 앞줄에 있던 목사님들의 얼굴이 잿빛으로 변했습니다. 그 말을 들은 사람들이 전부 놀란 표정이더군요. 제 수행원은 제가 미쳤다고 생각했답니다. 하지만 그들의 관심은 붙잡았지요. 그런 다음, 저는 이렇게 이야기를 이어갔습니다.

"사도행전 1장 8절은 무엇이라고 말합니까? '나의 증인이 되라'고 합니다. 이 말씀에는 단지 의미론적 차이만 아니라 중요하고도 본질적인 차이가 있습니다. 행하는 것과 증인이 되는 것에는 뚜렷한 차이가 있으니까요. 당신이 증인으로서 '존재'하는 것이 아니라면, 당신의 '행위'는 아무것도 아닐 것입니다."

하버드Harvard는 비언어적 의사소통에 대한 연구를 통해 칠십만 가지가 넘는 비언어적 의사소통 방법을 찾아냈습니다. 이 말인즉슨, 우리가 말로만 그리스도를 전하려고 한다면 70만 대 1의 확률에 맞서게 된다는 뜻입니다. 예를 들어, 제가 당신에게 가서 "만나서 정말 반가워요"라고 말하면서도 계속 시계나 보거나 뒤에 있는 다른 사람을 힐끗거리기나 한다면, 제가 전하려는 메시지를 믿겠습니까? 제 말을 통해? 아니면 제 행동을 통해?

예수님은 "내 증인이 되라"고 하셨습니다. 기본적으로 우리가 예수님의 증인이 된다는 것은 우리의 삶으로 그리스도를 표현하는 것을 의미합니다. 저는 그 일의 전형이 바로 섬김의 지도자가 되는 것이라고 믿습니다.

존 화이트John White는《투쟁》The Fight이라는 그의 책에서 "증인이 되는 것은 당신 자체인가, 아니면 당신이 하는 말이나 행동인가?"라고 질문하며 아래와 같이 답합니다.

증인이란 당신이라는 무엇이다. 하지만 언제나 무슨 말을 하는지와 무엇을 하는지가 당신이 증인인 것을 규정한다. 당신의 존재, 당신의 말, 당신의 행동, 이 세 가지가 당신이 증인으로서 온전해지는 것들이다. 본질적으로 증인은 자신이 보고 듣고 개인적으로 경험한 것에 대해 진실한 사람이다. 더구나 예수님의 증인은 진리를 말해야 할 뿐 아니라, 그대로 살아야 한다.[19]

본질적으로, 섬김의 리더십은 '표지판'입니다. 이것이 바로 화이트가 헌신적인 증인을 묘사하는 방법입니다. 표지판 이미지는 섬김의 리더가 가져야 할 공적 역할의 본질을 설명하는 훌륭한 비유입니다.

이렇게 생각해보십시오. 표지판은 무슨 일을 합니까? 당신이 어떤 표지판을 가리키며 "이야, 정말 멋져 보이는 표지판인데! 지능지수가 얼마일지 궁금한걸. 얼마나 똑똑하게 설명하는지 몰라! 모양도 좀 보라고!"라고 말하지 않습니다. 표지판은 한 가지 목적으로 사용됩니다. 당신이 가고 싶은 길을 가리키는 것이지요. 표지판의 글자가 굵직하고 명확해서, 바른 방향을 가리키는 것이 존재 목적의 전부입니다.

"표지판이 너무 매력적이어서 사람들이 표지판 자체에 관심이 쏠린다면, 그 표지판은 목적을 상실한 것이다"라고 화이트는 설명합니다. 맞는 말입니다. 우리가 그리스도를 위한 표지판이라는 말의 목적은 사람들이 우리를 어떻게 생각하게 만드느냐가 아닙니다. 사람들이 우리 때문에 예수 그리스도를 생각하게 되는 것이어야 합니다. 그런 점에서 우리는 그리스도의 표지판이 될 운명입니다. 표지판만으로는 티가 거의 나지 않아야 하며, 그리스도가 보이도록 길을 가리켜야 합니다.

우리는 하는 모든 일에서 보이지 않는 그리스도를 더 잘 보이도록 해야 합니다. 이것이 제 평생의 목표 중 하나입니다. 날마다 그렇게 되도록 투쟁해야 합니다.

19장 섬김의 지도자로 살게 만드는 창의적 원동력

우리가 모두 서로 다른 고유의 지문을 가지고 있는 것처럼, 각자 고유한 재능을 가지고 있다. 만약 그 재능을 다른 사람을 위해 쓰지 않고 자신을 위해서도 쓰지 않는다면, 우리는 더 빈곤해질 것이다. 예수님께서는 새로운 공동체로 우리를 부르고 계신다. 그곳에서 리더십은 다른 사람에게 효과적인 도움이 되는 것으로 평가된다. 그곳에서 우리가 할 일은 우리의 부를 다른 사람에게 나누는 것이 아니라, 그들의 재능과 부유함이 드러나게 하는 것이어야 한다. _로버트 레인스*Robert Raines*

지금쯤, 당신은 이 온전하고 고결한 섬김의 리더십 개념이 실제로 당신에게 가능한지 궁금해하며 눈을 굴리고 있을 것입니다. 우리가 절정의 삶을 사는 과정으로서의 일상을 알게 되면서, 삶의 방식이 어떻게 반응하게 되는지에 대해 반복적으로 이야기했지만, 그런 놀라운 변화에 대해 여전히 궁금해할 수도 있습니다.

서론에서 저는 거룩한 땀의 개념과 그 용어가 이 책의 독자들에게 섬김의 리더십을 발견하게 하는 모험으로 초대하기에 완벽하다고 믿는 이유를 설명하였습니다. 이제는 거룩한 땀이 연상시키는 이미지가 물집이 잡혀 있는 은혜의 손, 궂은 일을 마다하지 않는 거룩함과 재능, 용기, 비전, 열정에 대한 헌신이 하나로 뭉쳐진 강력한 이미지가 되었기를 바랍니다. 숨겨진 모험hidden adventure은 이 모든 것입니다. 하지만 무엇보다 숨겨진 모험이란, 성화sanctification가 단순한 사건이 아니라 과정이라는 것을 깨닫게 하는 믿음입니다.

제가 무슨 말을 하려는 걸까요? 당신은 성화라는 단어를 이전에 수천 번도 더 들어보았을 겁니다. 그것은 최선을 다하기 위해 거룩한 땀을 흘리며 헌신하는 사람 가운데 일어나는 변화의 열쇠입니다. 나는 프레드릭 비크너가 그의 보석 같은 책인《희망적 사고》Wishful Thinking에서 이 성경 용어의 실제를 가장 잘 설명했다고 생각합니다. 그는 구원이 '일회적 사건'이 아니라 '두 단계의 과정'이라고 설명합니다. 우리는 의롭게 될 뿐 아니라(1단계) 그리스도를 닮아갑니다(2단계).

사도 바울의 경험에 따르면, 사람들이 하나님께서 자기를 진정으로 사랑하신다는 것을 발견할 때, 그들의 모든 사랑스럽지 않은 모습에도 불구하고 그들을 의롭다고 하신 주님의 속성을 닮기 시작합니다.

비크너가 지적한 바와 같이, 쓸모없는 돼지의 귀가 비단 지갑이 되어가는 것이 바울이 말한 '성화'입니다. 바울은 이것을 두 번째의 중요한 단계로 보고 있습니다. 비크너는 우리의 변화에 대해 아주 잘 설명해주고 있습니다.

성화된다는 것은, 인간 자체가 죄를 더 좋아하는 죄인이기 때문에, 길고 고통스러운 단계이다. 많은 사람이 성화의 과정을 시작한 지 얼마 안 되어서 그만두며, 계속하는 사람이라 해도 대부분은 발을 질질 끌며 힘겹게 그 과정을 이어간다. 고통을 감쇄하기보다 감내해가며, 용서받은 사람이 용서하는 사람이 되기 시작하고, 치유받은 사람이 치유하는 사람이 되어가고, 사랑받은 사람이 사랑하는 사람이 조금씩 되어가는 것이다. 그 일의 대부분을 하나님께서 하신다. 바울은 이 과정의 끝이 영생이라고 말한다.[20]

용서받은 사람이 용서하는 사람이 된다! 치유받은 사람이 치유하는 사람이 된다! 사랑받은 사람이 사랑하는 사람이 된다! 이것이야말로 진정한 크리스천의 이미지가 아닌가요?

그러나 저 또한 '발을 질질 끌며' 성화의 과정을 지나고 있는 자신을 봅니다. 여러분도 그렇다는 걸 저는 알고 있습니다. 누구도 다르지 않습니다. 비크너가 지적했듯이, 견디는 사람들은 조금씩 변화됩니다. 그가 말한 것처럼 '하나님이 그 일의 대부분을 하시기' 때문입니다. 우리는 버텨내고 헌신을 지속하며 조금씩 변화되어감으로써, 기쁨 넘치고 동정심 있고 유능한 섬김의 리더가 될 것입니다. 그건 사실입니다. 이런 일이 때마다 제 삶에서 일어나는 것을 제가 보지 못했다면, 이 일에 대해 글을 쓸 생각은 전혀 하지 못했을 것입니다.

섬김의 지도자의 프로필

자신을 내어주는 방식에 대해 아는 것이 섬김의 지도자가 되려는 당신에게 도움이 되리라고 생각합니다.

섬김의 지도자가 자기 삶을 견인하는 구체적인 방법을 몇 가지 들 수 있는데, 이를 통해 당신이 삶을 어떻게 변화시킬 것인지에 대해 좋은 아이디어를 얻을 수 있을 것입니다.

첫째, 섬김의 리더는 다른 사람과 자신의 차이를 인식하고 축복할 줄 압니다.

하나님의 계획이 아름다운 건 하나님께서 우리 모두를 다르게 만드셨기 때문입니다. 지금까지도 그렇지만, 저는 앞으로도 유일한 버전의 팀 한셀입니다. 이 소식을 듣고서 안심하는 분들이 많을 줄 압니다. 저는 같은 말을 당신에게도, 모든 사람에게도 할 수 있습니다. 당신은 이런 말에 대해 생각해본 적이 있나요? 그 누구도 당신이 예수님과 맺은 것과 같은 관계를 가지고 있지 않습니다. 당신이 가진 것은 절대적으로, 긍정적으로 독특합니다. 우리가 그걸 전부 다르게 표현하는 건 놀라운 일이 아닙니다.

우리와 그리스도의 관계가 독특하듯이, 그분이 우리에게 주신 생명도 독특합니다. 인생은 우리의 유일한 기회입니다. 이 책에서 계속 말씀드렸듯이, 자기가 될 수 있는 최고의 자신이 되는 것이 한 번뿐인 인생을 살아갈 수 있는 유일한 길입니다. 그러므로, 그런 독특함은 우리의 삶에 섬김의 리더로서 적용됩니다. 저는 단지 저 자신의 목적을 따라 섬기는 리더로 부름받았을 뿐입니다. 누구도 흉내내선 안 됩니다. 저는 여기에 나열된 아이디어들을 저만의 독특한 삶의 상황과 방식에 사용할 것입니다.

둘째, 섬김의 리더는 증명할 것도 없고, 잃을 것도 없습니다.
복음주의 기독교계에서는 특별히 '순응해야 한다'라는 압박감이 너무 큽니다. 그러나 로마서는 우리에게 헌신적인 비순응주의자가 되라고 말합니다. "너희 주변 세상이 너희를 그 틀에 가두게 하지 말고, 오직 하나님께서 너희 마음을 속에서부터 바꾸시게 하여, 너희를 향한 하나님의 선하신 계획과 그의 모든 요구를 충족시키며 참된 성숙의 목표로 나아가라"(로마서 12:2 필립스성경).

과자 자르는 칼 같은 이미지의 기독교는 우리를 위한 것이 아닙니다. 우리는 달라야 합니다. 척 스윈돌Chuck Swindoll이 말했듯이, 우리는 증명할 것도 없고 잃을 것도 없습니다. 순수하게 그리스도의 추종자가 되도록 부르심을 받았을 뿐입니다. 섬김의 지도자는 누구에게 증명할 것도 없고 잃을 것도 없기 때문에, 삶을 최대한 자유롭게 살아갈 수 있습니다.

우리의 삶은 의무가 아니라 놀라운 특권입니다. 당신이 저를 좋아하는지 싫어하는지, 저는 걱정할 필요가 없습니다. 그런 건 섬김의 지도자가 되려는 목적이 아닙니다. 저는 주님의 목소리만 따르고 있습니다. '단 한 명의 청중'을 위해 연주하고 있습니다. 그리고 저 자신과 다른 사람들 사이에서의 차이를 기뻐하라는 말을 들었습니다. 저 자신의 다른 점을 기뻐하는 순간, 저는 다른 사람들이 자기들만의 다른 점을 기뻐하도록 도울 수 있고, 그들과 저 자신을 긍정적으로 도울 방법을 찾을 수 있습니다.

셋째, 섬김의 리더는 격려자입니다.

태도가 남다른 사람들과 함께 일하는 데서 만들어지는 차이는 놀랍습니다. 섬김의 리더의 태도는 관대하며, 사람들의 최고의 자질에 대해 잘 알아보고, 그들을 칭찬합니다. 그들이 할 수 있게끔 하며, 그들의 역량을 향상시키며, 그들을 격려합니다.

방에 들어오는 사람에게는 두 가지 유형이 있습니다. "저 왔어요"라고 말하는 사람과 "여기 계셨군요"라고 말하는 사람입니다. 당신은 어떤 유형의 사람에게 더 끌립니까? 어느 쪽이 당신을 더 격려하게 됩니까? 우리는 얼마나 자주 다른 사람들을 격려할 기회를 놓칠까요? 이와 관련해, 제 삶을 영원히 바꾸어놓았던 사건이 하나 생각납니다.

어느 해 크리스마스 연휴 기간에, 저는 3-4천 명의 신도가 있는 아주 큰 교회에 가서 바흐의 오라토리오 연주를 듣기로 했습니다. 저는 바로크 음악을 좋아합니다. 그 공연은 정말 굉장했습니다. 공연이 끝나자, 저는 공연 전체를 지휘하고 오르간을 연주한 신사에게 인사해야겠다는 생각이 들었습니다. 그 신사의 팔을 붙잡고서 흥분한 채로 외쳤습니다. "정말 멋진 공연이었습니다! 이번 크리스마스 시즌에서 최고였습니다! 제가 본 공연 중에서도 최고였고요!"

하지만 그의 반응은 저를 완전히 당황하게 했습니다. 그가 울기 시작했기 때문입니다. 저는 속으로는 당황했지만, 당연히 '생존 전문가'로서 적절히 대처했습니다. 말을 더듬어가며, 그 신사를 당황하게 한 것에 대해 연거푸 사과했거든요. "죄송합니다. 정말 죄송합니다. 저는 이 교회 교인이 아니고, 그냥 구경하러 온 것뿐입니다." 그런 다음 군중 속으로 사라지려 했습니다. 제가 돌아서려 하자, 그는 눈물을 닦으며 제 소매를 잡았습니다. 마침내 평정심을 되찾은 듯 제게 말하더군요. "너무 놀랐습니다." 저는 의아해서 물었습니다. "선생님, 제가 이해를 못 한 것 같습니다. 무슨 말씀이세요? 너무 놀랐다니요?"

그는 머뭇거리다가, 눈물을 글썽이며 말했습니다. "아, 제가 이 교회에서 18년간 있었는데, 이런 말을 해준 분은 당신이 처음입니다."

저는 깜짝 놀랐습니다! 그날 밤 저는 집에 가서 무릎을 꿇고 하나님께 간절히 기도했습니다. 제가 다른 사람들을 격려할 수 있는 또 다른 기회를 절대 놓치지 않도록 도와달라고요.

섬김의 지도자는 다른 무엇이 아니라 격려하는 사람이고, 다른 사람에게 용기를 불어넣는 사람입니다. 그것이 바로 공동체가 하는 일입니다. 우리는 우리 안에 살아계시는 그리스도를 서로에게 상기시킬 필요가 있습니다.

저의 경우, 때로는 제 안에 계신 예수님을 스스로 보기보다, 다른 사람 안에서 그분을 보기가 더 쉽습니다. 오늘 아침처럼 말이지요. 잠에서 깼을 때 몸이 좋지 않다고 느끼면, 저는 화장실에 들어가 거울을 보며 말합니다. "오 주님, 억울해요!" 하지만 다른 사람이 제 안에 있는 그리스도를 보고 저에게 그렇게 말한다면, 그 말이 저에게 얼마나 큰 의미인지 저는 표현할 수 없습니다. 이 말은 제가 누구의 소유인지를 상기시킵니다.

격려에 대해 이야기하십시오! 노먼 하벨Norman Habel의 시 '아주 특별한 사람들'은 제가 지금까지 들어본 그 어떤 표현보다 격려에 대해 잘 표현하고 있습니다.

주님, 내가 사랑하는 특별한 사람들로 인하여
감사드리고 싶습니다.

내가 그저 나라는 이유만으로 나를 사랑하는 특별한 사람들,
있는 그대로의 내가 중요하다고 믿어주는 사람들,
내가 뒤틀리고 역겨워도 견딜 수 있는 사람들,
내가 감정을 토해낼 때 들어주는 사람들,
내가 적당한 말을 찾을 수 없을 때 기다려주는 사람들,
내 영혼이 잠들었을 때 나를 흔들어 깨워주는 사람들.
이런 모든 특별한 사람들에게
외치고 싶습니다.
감사하다고 외치고, 또 외치고 싶습니다.

그 사람들은 어떤 오늘에서든 어떤 내일에서든
나이기도 한 나의 부분을 찾아줄 사람들이며,
나의 부분이 자유로워질 때까지 나와 함께 아파해줄 사람들이며,
내 삶이 다할 때, 나의 마지막 남은 부분까지도
사랑해줄 사람들입니다.

그런 저의 아주 특별한 사람들을 위해서
노래하고 싶습니다.
사랑한다고 노래하고, 또 노래하고 싶습니다.

주님, 이 사람들이 저에게는 세상의 어떤 것보다
더 큰 의미가 있습니다. 때로는 주님보다 더….
그런 사람들을 통해, 저는 주님께서 진리이심을 믿기 때문입니다.
그런 사람들이 엉망진창인 나를 용납해줄 때,
주님도 저를 받아들여 주십니다.
주님도 저를….

**넷째, 섬김의 지도자는 세상에서 그리스도를 드러내고
또 드러내는 하루하루를 삽니다.**

한 어린 소년이 주일학교를 마치고 신이 나서 집으로 돌아왔습니다.
엄마는 아들이 신났다는 사실 때문에 신이 났습니다. 엄마가 물었습니다. "무슨 공부를 했어?"

소년이 말했습니다. "아, 모세와 이스라엘 사람들이 어떻게 이집트에서 해방되었는지에 대한 내용이었어요."

훌륭하고 창의적인 엄마는 "아, 그렇구나. 그래서 어떻게 되었어?"라며, 모르는 척, 또 물었습니다.

"엄마, 이스라엘 사람들이 이집트에 붙잡혀 있었고, 파라오가 그들

에게 나쁘게 했다는 건 아시잖아요? 파라오는 그다지 좋은 사람이 아니었어요. 그래서 모세는 너무 화가 났죠. 엄마, 기억하시죠? 모세가 입었던 특별한 옷이요."

"아니?" 엄마는 눈썹을 치켜올리며 말했습니다. "그건 잘 기억나지 않는데…."

"엄마, 모세는 특별한 옷을 입고 있었는데, 옷 안에는 전자 확성기가 있었어요. 모세가 그걸 꺼내 들고서 '이스라엘 사람들아, 여기서 나가자! 이집트 사람들아, 너희는 여기 있어!'라고 말했어요. 이스라엘 사람들은 바로 그곳을 떠나 광야로 가다가 홍해에서 길이 막혔어요. 뭘 해야 할지 몰랐죠. 하지만 모세는 아주 똑똑했기 때문에, 다시 옷 속으로 손을 넣어 무전기로 헬리콥터를 불러 고무보트를 가져오게 했죠."

"고무보트라고?" 엄마는 놀라서 물었습니다.

"네! 고무보트를 이용해서 다리를 만들었어요. 모세는 그러고 나서 확성기를 꺼내 이렇게 말했죠. '이스라엘 사람들은 여기로 오세요!' 뒤에 숨어 있던 애굽 사람들에게는 이렇게 말했어요 '너희 모든 애굽인들은 그 자리에 그대로 있어!' 그리고 이스라엘 사람들이 반대편에 도착했을 때, 모세는 다시 옷에서 무전기를 꺼내 제트기를 불렀고, 애굽 사람들이 오기 전에 다리를 폭격하게 했어요."

아이는 숨을 고르며 이야기의 결론을 말했습니다. "이스라엘 사람들은 이렇게 해서 출애굽했어요!"

그 아이의 엄마는 당신이 생각하는 것처럼 너무나 어이가 없었습니다. 그래서 물었습니다. "교회 선생님이 정말 그렇게 얘기해주셨다고?"

소년은 다소 수줍은 표정을 지으며 말했습니다. "어…, 꼭 그렇지는 않아요. 하지만 제가 선생님이 해주신 대로만 얘기했으면, 엄마는 절대 믿지 않으실 거예요!"

때때로 우리는 정말로 성경이 말하는 대로 믿지 않습니다. 세상에 하나님을 보여주기 위해, 하나님께서 우리를 부르신다는 건 더 믿기가 어렵습니다. 하나님은 훨씬 멋진 방법으로, 그 일을 쉽고 편하게 하실 수 있으실 겁니다. 그러나 성경은 우리에게 "나의 증인이 되어라"라고 말합니다. "너희는 그리스도의 몸이다"라고도 말합니다. 우리는 그저 오늘도 살아계신 예수 그리스도를 다시 나타내도록 부름받은 것입니다. 우리는 누구를 만나든지, 어떤 일을 하든지, 다시 사신 예수님을 나타내야 합니다. 여기에는 피할 방법이 없습니다.

최근의 연구는 행동을 변화시키는 유일한 방법이 모델링을 통한 것이라는 걸 다시 밝혔습니다. 다시 말하지만, 우리가 누구인지가 우리가 하는 말보다 더 중요합니다. 문제는, 우리라는 모델이 좋을 수도 있고 좋지 않을 수도 있다는 것입니다. 그래도 우리는, 원하든 원하지 않든, 그리스도의 증인입니다.

미국에서 가장 크고 훌륭한 기독교 캠프 중 하나를 운영하는 조 화이트Joe White는 어느 날 노인이지만 활력이 넘치는 어느 남자와 함께 나무를 패던 이야기를 들려주었습니다. 거의 종일 그와 함께 일하며 친분을 맺은 다음, 영적인 것에 대해서도 대화를 해보기로 했습니다. "선생님, 당신은 예수 그리스도를 당신의 개인적인 구세주로 알고 계십니까?" 조가 노인에게 묻자, 노인은 단호히 답했습니다. "아니요. 알고 싶지 않습니다!" 그의 강한 어조에 조는 매우 당황했습니다. "무슨 일이 있으셨군요?" 조가 묻자, 노인이 답했습니다. "예, 그렇습니다."

"왜냐고 물어봐도 될까요?"

"저는 25년 전에, 이 근처에 있는 교회를 위해 나무를 패고 정말 열심히 일해주었습니다. 하지만 교회는 저에게 한 번도 그 일에 대해 감사해하지 않았고 돈을 주지도 않았습니다. 예수님의 추종자들이 저런 사람들이라면, 저는 예수님이 어떤 분이신지 알고 싶지 않습니다."

우리는 좋든 싫든 삶의 모든 행동에서 매일 그리스도를 대표합니다. 섬김의 리더는 이것을 알고 있고, 그에 따라 살아갑니다.

다섯째, 섬김의 리더는 어디에 있든 예수님을 나타낼 틈을 찾아 메워줍니다.

에스겔서에 나오는 것처럼, 우리 주변에는 '틈'이 너무나 많습니다. 틈, 곧 격차는 가정, 직장, 일상 속 어디에나 있습니다.

현존하는 가장 위대한 섬김의 리더 중 한 사람인 마더 테레사는 섬김의 리더십의 가장 큰 부르심이 우리 가정에 있다는 것을 계속해서 상기시켜줍니다. 우리는 세계를 돌아다닐 필요가 없고, 캘커타로 이사할 필요도 없습니다. 섬김의 리더십은 장소를 불문하는 우리의 생활방식입니다. 그러므로 우리는 주변의 틈을 인식해야 하고, 동정심을 가지고서 그 틈에서 유능하게 대응해야 합니다.

섬기는 리더들이 존재와 행동을 통해 무엇보다 노력해야 할 것은 하나님을 그 상황 속으로 모셔들이는 것입니다. 어쩌면 우리 가정이 이렇게 중요한 일을 하기에는 가장 어려운 곳일 수도 있지만, 또한 그런 일이 가장 필요한 곳이기도 합니다. 실제 생활이 이루어지는 가정에서 먼저 섬김의 생활방식을 실천하지 않는다면, 어떻게 가정 밖에서 다른 사람들을 섬길 수 있겠습니까? 섬김의 리더십은 가정에서 시작하여, 이웃, 학교, 교회, 직장, 그리고 세상으로 퍼집니다.

여섯째, 섬김의 리더는 창의적인 문제해결사입니다.

톰 사인Tom Sine은 계속해서 중요한 점을 지적합니다. "20세기에 산다는 것은 창의적으로 산다는 것을 의미합니다. 우리 대부분은 미래가 현재와 비슷할 것이라고 예상합니다. 미래가 단순히 좀 더 발전된 현재일 것이라고 생각하며 계획을 세우는 겁니다. 하지만 당연히 그렇지 않습니다. 미래가 미래라고 불리는 이유는, 그저 미래이기 때문입니다. 우리는 미래가 어떨지에 대한 단서밖에는 가지고 있지 않습니다."

그러므로 섬김의 리더는 항상 새로운 것을 시도할 준비가 되어 있는 창의적인 삶을 살아야 합니다. 봉사할 수 있는 새로운 방법을 시도해야 합니다. 때로는 완전히 새로운 각도에서 문제를 바라보아야 할 때도 있습니다.

우리는 앞서 벅민스터 풀러의 저서인 《시너지》Synergetics에 대해 이야기한 바 있습니다. 기억하신다면, 그의 아이디어는 1 더하기 1이 2보다 클 수 있다는 것입니다. 왜냐하면, 결합된 노력은 때때로 그 부분들의 합보다 많을 수 있기 때문입니다. 이런 사고는 창의적이고 문제 해결적입니다. 겉으로는 2차원적으로 보이는 문제를 3차원적인 방식으로 보는 것입니다.

대부분의 문제에는 해결책이 있습니다, 만약 우리가 해결책을 볼 수 있을 만큼 창의적이라면 말입니다. 섬김의 리더는 평범하지 않고 전형적이지 않으며, 때로는 이상할 정도로 단순한 방법으로 문제를 해결하는 감각을 키울 수 있습니다.

알렉산더 캘란드라Alexander Calandra의 다음 이야기는 흔치 않은 창의성을 보여주는 독특한 사례입니다.

오래전에 어느 동료 교사로부터 시험 문제를 채점한 것에 대해 점검해 줄 수 있을지 묻는 전화를 받았습니다. 동료 교사는 물리학 문제에 대해 답한 어떤 학생에게 0점을 주려고 했고, 그 학생은 채점 시스템이 본인에게 불리하게 설정되지만 않았다면 만점을 받아야 한다고 주장하고 있다는 것이었습니다. 이에 따라 그 교사와 학생은 이 문제를 공정한 중재자에게 보여주기로 했고, 그 중재자로 제가 선정되었습니다.

저는 동료의 사무실에 가서 그 시험 문제를 읽었습니다. "기압계를 사용하여 높은 건물의 높이를 재는 것이 어떻게 가능한지 설명하시오." 그 학생은 답을 이렇게 썼습니다. "기압계를 건물 꼭대기로 가져가서 거기에 긴 줄을 달고 기압계를 바닥까지 내린 다음, 다시 끌어 올려 밧줄의 길이를 측정합니다. 밧줄의 길이가 건물의 높이입니다."

저는 그 학생이 질문에 나름 완벽하고 정확하게 답했기 때문에 학점을 인정받을 근거가 있다고 지적했습니다. 이걸로 만점을 주게 되면, 그 학생은 물리 수업에서 높은 학점을 받게 될 것입니다. 하지만 높은 등급을 받으려면 답안이 물리학적으로 인증되어야 하는데, 이 답안이 그것까지 확인해주는 건 아니었습니다. 나는 그 학생에게 답을 다르게 써보라고 제안했습니다. 학생이 저의 제안에 동의해서 약간 놀라긴 했습니다. 저는 그에게 6분간 답을 새로 쓸 시간을 주었고, 그의 답이 어느 정도는 물리학에 대한 지식을 보여주어야 한다고 경고했습니다. 하지만 그는 5분이 지나도 아무것도 쓰지 않았습니다. 포기할 거냐고 물었더니, 아니라고 하더군요. 자기는 이 문제에 대해 답을 많이 가지고 있고, 단지 그중에서 가장 좋은 답을 생각하는 중이라고 말했습니다. 그래서 저는 계속하라고 말했습니다. 바로 다음 순간, 그는 이렇게 답을 말했습니다.

"기압계를 건물 꼭대기로 가져간 다음, 지붕 가장자리에 제 몸을 기댑니다. 거기서 기압계를 떨어뜨리고, 스톱워치로 떨어지는 시간을 잽니다. 그런 다음 공식 $S=1/2\ at^2$을 사용하여 건물의 높이를 계산합니다."

이 시점에서 저는 동료 교사에게 포기할 의향이 있는지 물었습니다. 그는 학생의 답변을 인정했고, 거의 만점을 주었습니다.

저는 동료의 사무실을 나오면서, 그 학생이 그 문제에 대해 다른 답이 더 있다고 말한 것이 기억났습니다. 그에게 다른 답들이 무엇인지 물었습니다. "아, 있지요"라고 하더니, 이렇게 답을 말하더군요.

"기압계를 사용해서 높은 건물의 높이를 측정하는 방법은 여러 가지가 있습니다. 예를 들어, 맑은 날에 기압계를 꺼내 기압계의 높이와 그 그림자의 길이를 잰 다음 건물의 그림자 길이를 재면, 간단한 비율을 사용해서 건물의 높이를 잴 수 있습니다."

"좋아. 그럼 다른 방법은?"

"네, 선생님이 좋아하실 만한 아주 기본적인 측정 방법이 있습니다. 이 방법은 먼저 기압계를 가지고서 계단을 오르는 겁니다. 계단을 오를 때마다 벽에 기압계의 길이를 표시합니다. 그러고 나서 표시해 둔 마크가 몇 개인지 세보면 건물의 높이를 알 수 있습니다. 아주 직접적인 방법이죠. 물론 좀 더 세련된 방법을 원하신다면, 기압계를 줄 끝에 묶어 추처럼 휘둘러 거리에서의 중력과 건물 꼭대기에서의 중력값을 잴 수도 있습니다. 원칙적으로 두 중력값의 차이로 건물의 높이를 계산할 수 있는 겁니다."

그는 마지막으로, 결론적인 방법이라며 이렇게 말했습니다.

"이 문제를 해결하는 방법이야 많지만, 아마도 가장 좋은 방법은 기압계를 지하실로 가지고 가서 건물관리실의 문을 두드리는 일일 겁니다. 관리자가 왜 왔냐고 물으면 이렇게 말하면 됩니다. 여기 좋은 기압계가 있습니다. 이 건물의 높이를 알려주시면 이 기압계를 드리겠습니다."

그 시점에서, 나는 그 학생에게 이 문제에 대한 전형적인 풀이 방식을 정말 알고 있는지 물었습니다. 학생은 답을 알고 있다고 말하면서, 단지 고등학교와 대학교의 강사들이 그에게 주제의 구조를 탐구하고 생각하는 법을 가르치기보다, 새로운 수학에서 자주 그렇듯, 지나치게 현학적으로 규칙에 얽매여 답을 강요하는 것에 질렸다고 말했습니다.

우리는 창의적이어야 하고 평범하지 않아야 하며, 문제에 겁먹지 않아야 합니다. 그리고 새로운 방식으로 생각하는 법을 배워야 합니다. 기독교인인 우리가 주로 기존의 생각 속에서 고립되어 성장해왔다고 말해도 충격적이진 않을 것이라고 저는 생각합니다. 우리는 좀 더 유연해져야 합니다.

일곱째, 섬김의 지도자는 세상의 필요에 무의식적으로 관여할 것입니다.

언젠가 한 친구가 제게, 성경과 관련된 자신의 문제는 성경에서 이해하지 못하는 부분이 아니라 이해한 부분이라고 말한 적이 있습니다. 사실 예수님이 말씀하신 개념 가운데 일부는 이해하기가 어렵습니다. 이 책 전체에서 우리는 성경의 모순, 즉 역설에 대해 자주 언급했습니다. 그 중 하나는 왕국에서 가장 큰 사람이 가장 작은 사람이 되고, 가장 작은 사람이 가장 큰 사람이 된다는 것입니다. 저는 예수님이 성공을 절대적으로 반대하신다고 생각하지는 않습니다. 그러나 "나중 된 자가 먼저 될 것이다"라는 말씀은 우리로 하여금 성공에 대해 세상이 보는 것과 근본적으로 다른 방식으로 보게 만듭니다.

위대함에 대한 예수님의 생각은 우리에게 매일 쏟아지는 생각과 정반대입니다. 오늘날 주변의 시선을 생각하지 않고 살아가는 것은 거의 불가능합니다. 자신의 선행의 결과에 대해 생각하지 않으면서, 어떻게 무슨 일이든 할 수 있겠습니까?

로마서를 새롭게 읽음으로써 삶이 변화된 나의 성숙한 기독교인 친구 이야기를 기억하시나요? 그녀는 자신이 죄인임을 알게 된 후, 마침내 자신이 행한 모든 선한 일이 아버지에게서 온 것임을 이해했다고 말했습니다. 이것이 바로 겸손이며, 교만한 자의식을 가지지 않게 하는 열쇠입니다. 겸손은 우리의 선행이 '우리로부터' 오는 것이 아니라 '우리를 통해' 오는 것임을 단순하게 인식시켜줍니다.

저는 어떤 사람이 너무나 겸손하여, 무모하기까지 하다고 묘사되는 말을 들었습니다. 우리가 이야기하고 있는 맥락에서, 그 묘사는 일리가 있습니다. 특히 섬김의 리더에게 겸손이란 자신을 덜 생각하는 것도 아니고 더 크게 생각하는 것도 아닙니다. 단순히 자신에 대해 전혀 생각하지 않는 것입니다. 그저 하나님께서 당신과 사람들을 통해 세상에서 하시는 일에 무의식적으로 참여하는 것입니다.《하나님을 아는 지식》Knowing God 의 저자인 패커 J. I. Packer 는 언젠가 칭찬의 전형이라고 할 만한 말을 들은 적이 있다고 했습니다. 그에 대해 누군가 이렇게 말했거든요. "그는 매우 집중하였으며, 하고 있는 일에 무의식적으로 몰입해서 자신이 거기 있는지조차 모를 정도였습니다."

패커의 일화는 제가 나이 많은 어느 신사와 나누었던 대화를 생각나게 합니다. 그는 특별한 존재감과, 힘있고도 진실한 평안을 느끼게 하는 분이었습니다. 대화 도중 어딘가에서 "나이가 들수록 물질적인 것이 덜 중요해지는 것 같아요"라고 그가 말한 것을 기억합니다. 그러고 나서 그는 "그러고 보니 중요했던 것들이 덜 중요해지는 것 같습니다"라고 덧붙였습니다.

저는 그날 밤 집으로 돌아가는 길에, 정말 중요한 것이 무엇인지에 대해 곰곰이 생각해보았습니다. 생각하면 할수록, 저는 그 성자 같고 소박한 신사의 지혜를 더 깊이 깨닫게 되었습니다. 우리는 '중요성'과 '외모'를 지나치게 강조하면서, 종종 형식과 본질을 혼동합니다.

섬김의 리더들은 때때로 스스로에게 다음과 같은 질문을 던져야 합니다.

당신의 평판이 당신의 인격을 능가합니까?

기독교인으로서의 명성과 예수 그리스도 중에 어느 것을 원하십니까?

지금보다 더 예수님을 사랑해본 적이 있습니까?

제 아내가 가장 좋아하는 성경 구절은 "네 첫사랑을 기억하라"로 시작됩니다. 우리 중 많은 사람들이 처음 주님을 접했을 때 얼마나 열정적이고 신나게 주님과 사랑에 빠졌는지 기억합니다. 때때로 그 감정은 서서히 지루한 일상으로 사라지고, 우리가 단순히 기독교적 명성을 지키고 있는 삶의 상태에 도달할 때까지 지속됩니다. 저는 우리가 하나님과의 관계가 성장함에 따라 그분을 더욱 사랑하고, 해를 거듭할수록 우리의 열정이 자라날 수 있기를 바랍니다. 그런데, 열정이라는 단어는 이제 우리 기독교인들이 거의 사용하지 않는 단어입니다.

토저A. W. Tozer는 예수님과 함께 십자가에 못 박힌 사람들에게 세 가지 뚜렷한 특징이 있다고 말합니다.

① 그들은 오직 한 방향만 바라보고 있습니다.

② 결코 되돌릴 수 없으며,

③ 더 이상 자신만의 계획을 가지고 있지 않습니다.

그것은 열정적인 헌신일 뿐 아니라, 그리스도 안에서 자기를 의식하지 않는 자유이기도 합니다. 이 책의 첫머리에 언급된 필립스성경의 에베소서 3장 14절부터 21절에는 이 내용이 훌륭하게 요약되어 있습니다.

이 위대한 계획을 생각할 때, 나는 아버지 앞에 무릎 꿇고 기도합니다. 아버지의 영광의 풍성하심을 따라 성령이 여러분의 속사람을 강건하게 하여주시고, 믿음으로 그리스도가 여러분의 마음속에 머물러 계시게 해주시기를 빕니다. 여러분이 사랑 안에 뿌리를 내리고 터를 잡아, 모든 성도와 함께 그리스도의 사랑이 얼마나 넓고 깊고 높은지 깨닫고, 우리의 이해를 훨씬 뛰어넘는 사랑을 알게 되기를 빕니다. 그리하여 하나님의 모든 충만함으로 여러분이 충만해지기를 빕니다. 이제 우리 안에 계신 분의 능력으로, 우리가 감히 구하거나 상상하는 것 이상으로 더욱 넘치게 주실 수 있는 분에게, 교회 안에서와 그리스도 예수 안에서 영광이 영원무궁하기를 빕니다. 아멘!

얼마나 놀라운 기도입니까! 하나님께서는 우리가 그리스도 안에서 자유로워질 때에, 그리스도께서 우리를 통해 일하실 수 있도록 '허용'해드릴 때, 평범한 우리들의 삶을 통해 놀라운 일들을 하십니다. 짐 엘리엇Jim Elliot이 너무나 훌륭하게 말했듯이, "잃을 수 없는 것을 얻기 위해 지킬 수 없는 것을 버리는 사람은 바보가 아닙니다."

"십자가만큼 성공적입니다"

섬김의 지도자는 성공하도록 부름을 받았습니까? 아니면 신실하도록 부름을 받았습니까?

클라렌스 조던Clarence Jordan은 남다른 능력과 헌신을 지닌 사람이었습니다. 그는 두 개의 박사 학위를 가지고 있었는데, 하나는 농업 분야이고, 다른 하나는 그리스어와 히브리어 분야였습니다. 자기의 놀라운 재능으로 원하는 것은 무엇이든 선택할 수 있었습니다. 하지만 그는 가난한 사람들을 섬기기로 결심했습니다. 1940년대에 조지아주 아메리쿠스Americus에 농장을 설립하고, 그곳을 코이노니아 농장Koinonia Farm이라고 불렀습니다. 그곳은 가난한 백인과 흑인을 위한 공동체였습니다. 당신이 짐작할 수 있듯이, 이런 생각은 1940년대 남부 최남단에서 잘 받아들여지지 않았습니다. 아이러니하게도, 저항의 대부분은 마을 사람들만큼이나 인종차별의 법칙을 따르던 선량한 교회 사람들에게서 나왔습니다. 마을 사람들은 클라렌스를 막기 위해 할 수 있는 모든 짓을 시도했습니다. 그들은 클라렌스를 받아들이지 않았으며, 노동자들이 마을에 차를 가지고 오면 타이어에 펑크를 냈습니다. 무려 14년 동안이나 클라렌스가 하는 일을 막으려 했습니다.

마침내 1954년, KKK단Ku Klux Klan은 클라렌스 조던을 완전히 없애버리기로 했습니다. 어느 날 밤, 총과 횃불을 들고 와서는 코이노니아 농장의 모든 건물에 불을 지르고, 클라렌스의 집에 총을 쏘아댔습니다. 떠나기를 거부한 어느 흑인 가족을 제외하고 모든 가족들을 쫓아냈습니다. 클라렌스는 KKK의 목소리를 듣고서 누가 거기에 가담했는지 알 수 있었습니다. 짐작할 수 있듯이, 그들 중 일부는 교회 사람들이었습니다. 그중 한 사람은 그 지역 신문의 기자였습니다.

다음 날, 그 기자는 농장에 남은 것이 무엇인지 확인하겠다며 찾아왔습니다. 잔해에서는 아직 연기가 나고 있었고 땅은 그을렸지만, 그는 클라렌스가 들판에서 여전히 괭이질을 하며 식물을 심고 있는 것을 보았습니다. 기자가 클라렌스에게 말했습니다. "끔찍한 소식을 들었습니다. 당신 농장이 문을 닫은 비극에 대해 기사를 쓰려고 왔습니다."

하지만 클라렌스는 괭이질을 멈추지 않고 식물을 심었습니다. 기자는 가방을 싸는 대신 씨를 뿌리고 있는, 이 조용하고 결단력 있는 남자에게 계속 깐족거리며 그의 반응을 기다렸습니다. 마침내 기자는 거만한 목소리로 말했습니다. "조던 박사님, 당신은 두 개의 박사 학위를 취득하고 14년 동안 이 농장을 위해 일했는데, 아무것도 남지 않았네요. 그동안 얼마나 성공적으로 살았다고 생각하시나요?"

클라렌스는 괭이질을 멈추고서, 날카로운 푸른 눈으로 기자를 향해 조용히, 그러나 단호하게 말했습니다. "십자가만큼 성공적입니다. 기자 선생, 당신은 우리를 이해하지 못한 것 같습니다. 우리가 추구하는 것은 성공이 아니라 신실함입니다. 우리는 여기를 떠나지 않습니다. 좋은 하루 보내세요." 그날부터 클라렌스와 그의 동료들은 코이노니아를 재건했고, 그 농장은 오늘날까지 건재합니다.

클라렌스는 섬김의 리더십을 이해했습니다. 우리가 추구하는 삶의 본질은 성공이 아니라 신실함입니다. 섬김의 리더십의 성공 여부는 소명에 대한 신실함으로 측정됩니다. 그렇다면 소명은 무엇일까요? 그

276

것은 우리가 될 수 있는 최고가 되는 것이며, 우리 안에 있는 놀라운 잠재력을 발견하고 활용하는 것이며, 그런 다음 섬김의 리더십의 생활 방식으로 가진 모든 것을 내어주는 것입니다.

섬김은 우리 삶에서 계속되는 십자가의 역사를 통해 우리 본성의 일부가 되어야 합니다. 그리스도의 십자가의 궁극적인 연약함 가운데에서, 무한한 능력이 세상에 드러났습니다.

더그 맥글래샨Doug McGlashan은 이 책이 무엇을 다루고자 하는지 보여주는 살아있는 예입니다. 그의 종된 마음은 뛰어난 지도력으로 강화됩니다. 그가 월드비전 잡지에 쓴 '수건'이라는 글을 저에게 보여주었습니다. "끝이란 우리가 시작하는 지점이다"라는 말은 우리에게 적절하고도 도전적인 생각을 준다고 저는 믿습니다.

수건

아직도 축축한 열한 쌍의 발로 얼룩진 수건이 세면대 옆 구석에 걸려 있습니다. 여느 때처럼 말이죠.

하지만 오늘 밤은 다릅니다. 그 수건은 하인 소녀가 걸어놓은 것이 아닙니다. 그들이 선생님이라고 부르는 분이 걸어놓은 것입니다. 주인이 제자들을 위해 하인의 일을 하고 있다고요? 그건 완전히 잘못된 일입니다. 그런데 어찌된 영문인지, 그분은 그 행동을 옳게 만드십니다.

몇 분 동안, 열한 쌍의 눈이 생각에 잠긴 채 수건과 세면대에 고정되어 있었습니다. 하지만, 그날 밤에는 더 시급한 문제가 있었습니다.

잠깐만요! 그분이 서로의 발을 씻겨주라고 말씀하시는 건가요? 하지만 이 사람들이 그걸 진지하게 받아들인다면요? 만약 그들이 실제로 발을 씻겨주셨던 분을 모방하면 어떻게 될까요? 물론 내일 아침이면 그 생각이 말도 안 된다는 것을 자각하게 될 것이지만.

하지만 오늘 밤, 그 순간의 빛 속에서 상상력이 지배합니다. 하인의 수건이 새로운 방식의 거대한 기치가 될 수 있을까요? 딱히 그럴 것 같진 않습니다. 사람들의 모습을 보면 말이지요. 하지만 어쩌면, 정말 어쩌면….

우리 안에 계신 그분의 능력으로, 우리가 감히 구하거나 상상하는 것보다 더 많은 것을 할 수 있는 그대에게, 예수 그리스도의 은혜와 하나님의 사랑이 영원하시길 간절히 축원합니다. 아멘.

1. Major W. Ian Thomas, The Saving Life of Christ (Grand Rapids, Mich.: Zondervan, 1961), 64-65.

2. Fredrick Buecher, Hungering Dark (San Francisco: Harper and Row, 1969), 13-14.

3. Martin Bell, The Way of the Wolf (New York: Seabury Press, 1968), 43.

4. Oswald Chanbers, My Utmost for His Highest (New York: Dodd, Mead and Co., 1935), 151.

5. Becky Manley Pippert, Out of the Salt Shaker (Downer's Grove, Ill.: InterVarsity Press, 1979), 40-41.

6. Eugene Peterson, Traveling Light (Downer's Grove, Ill.: InterVarsity Press, 1982), 45.

7. 빌 4:19; 마 6:25; 눅 12:32; 마 6:33; 잠 23:7 KJV; 막 9:24 KJV; 약 2:17; 롬 8:31; 마 7:7; 막 11:24.

8. John Powell, The Secret of Staying in Love (Allen, Tex.: Argus Communications, 1974), 11.

9. "How to Stop Wasting Time—Experts' Advice," U.S. News & World Report 92 (Jan. 25, 1982), 51-52.

10. Herb Gardner, A Thousand Clowns (New York: Penguin Books, 1961) 70, Act 2.

11. Alan Loy McGinnes, Bringing Out the Best in People (Minneapolis: Augsburg, 1985), 66-67.

12. Lois Cheney, God Is No Fool (Nashville: Abingdon Press, Mich: Zondervan, 1983), 25.

13. Charles W. Colson, Loving God (Grand Rapids, Mich: Zondervan, 1983), 25.

14. McGinnis, 76.

15. Lewis B. Smedes, How Can It Be All Right When Everything Is All Wrong (New York: Harper and Row, 1982), 11,15.

16. Clyde H. Reid, Celebrate the Temporary (New York: Harper and Row, 1972), 43-44.

17. George Bernard Shaw, Man and Superman, Plays by George Bernard Shaw (New York: Signet Classics, 1960), 257.

18. Henri Nouwen, "The Desert Counsel to Flee the World," Sojourners, June 1980, 18.

19. John White, The Fight (Downer's Grove, Ill.: InterVarsity Press, 1978), 61.

20. Frederick Buechner, Wishful Thinking (San Francisco: Harper and Row, 1973), 85-86.